Friedrich Weinreb

Die jüdischen Wurzeln des Matthäus-Evangeliums

Friedrich Weinreb

Die jüdischen Wurzeln des Matthäus-Evangeliums

Verlag der Friedrich Weinreb Stiftung

Dies ist eine Neuausgabe des erstmals 1972 im Origo Verlag veröffentlichten Werkes gleichen Titels, dem der Verleger das folgende Vorwort voranstellte:

Zum ersten Mal in der Geschichte der Exegese des Alten und Neuen Testamentes wird hier von jüdischer Seite der Versuch unternommen, das Neue Testament neu, offen und unbefangen, zu sehen und es von einem ungewohnten und herausfordernden Standpunkt aus zu betrachten.

Das hier Vorgetragene hat seinen Grund in der jüdischen Tradition der weithin vergessenen, auch in modernen jüdischen Kreisen unverstandenen Mündlichen Thora, der alten Überlieferung. Wenn wir hier den Begriff »Grund« verwenden, denken wir an die doppelte Bedeutung des Wortes. Der Grund, der Wurzelgrund, der vorliegenden Schrift ist diese uralte Tradition *und* der Beweggrund, das Motiv, das Bewegende der vorliegenden Aussage ist ebenfalls die Tradition. Von der Substanz dieser Lehre und dem Motiv des Sprechens ist die Rede. Es ist also zunächst eine Darlegung dessen, was der Kern der jüdischen Tradition ist, was in ihr geschah, und wie sie ihre jetzige Struktur bekam.

Diese ausführliche Einleitung in die Grundbegriffe der jüdischen Tradition, die hier zur Sprache kommt, und in die ursprüngliche Vorstellungswelt der alten Juden, bereitet das Hauptthema vor, die Auslegung des Matthäus-Evangeliums.

Im übrigen verweisen wir auf die anderen Bücher von Friedrich Weinreb, insbesondere das »Buch Jonah«, sowie die »Symbolik der Bibelsprache«

Neu gestaltete, inhaltlich unveränderte Neuausgabe der 1991 im Thauros Verlag Weiler erschienenen Erstausgabe.
Dritte Auflage

Satz, Gestaltung und Produktion durch Gorbach, Büros für Gestaltung und Realisierung, Utting am Ammersee und Augsburg
Gesetzt aus der DTL Fleischmann
Druck und Bindung durch Memminger MedienCentrum, Memmingen
Printed in Germany
ISBN 978-3-905783-71-1

Meinen Schülern

Inhalt

Zu dieser Ausgabe und ihrer Fortsetzung

In seiner Vorbemerkung von 1972 weist Friedrich Weinreb darauf hin, daß sein Erzählen vom Matthäus-Evangelium alles andere als mit der Erwartung oder gar dem Plan verknüpft war, daß daraus Bücher werden könnten. Es hat dann auch vier Bearbeiter gebraucht, um ein erstes Erscheinen seiner Mitteilungen im kleinen Kreis in Buchform möglich zu machen. Der 1972 im Origo Verlag Zürich herausgekommenen Broschur war ein Blatt »Errata« beigefügt, auf dem nahezu ein halbes Hundert Druckfehler, zum Teil sinnentstellende, berichtigt werden mußten. Man bat dafür um Nachsicht wegen der »besonderen Entstehungsgeschichte des Druckmanuskripts, zusammen mit Terminschwierigkeiten«.

Für die vorliegende Neuausgabe wurden die Fehler in der Erstausgabe berichtigt, die textliche Bearbeitung als solche aber unverändert übernommen, trotz mancher Bedenken. Lediglich einige wenige Fußnoten mit weiterführenden Hinweisen auf später erschienene Bücher des Autors wurden hinzugefügt.

Schon 1972 war eine Fortsetzung vorgesehen. Vielleicht kommt es nun 1992 dazu, so Gott will. Parallel zum Markus-Evangelium, das Friedrich Weinreb in seinen letzten Lebensjahren besprochen hat (1984 und 1985), könnten auch weitere Bände zum Matthäus-Evangelium erscheinen, mit dem Weinrebs fortlaufendes Kommentieren des Neuen Testamentes in den Jahren 1970/1971 begann.

Ein außerordentlich intensiver, unbefangener und grundlegender Beginn, wie sich im Hinblick auf den »Kreuzweg« (1982), aber vor allem auf die »Innenwelt des Wortes im Neuen Testament« (1988) zeigt.

Hinzuweisen ist noch auf einen besonders glücklichen Umstand. Schon in den siebziger Jahren wurde Weinrebs

Erzählen von Matthäus auf Tonband aufgenommen und ist auch in Form von CDs beim Weinreb Tonarchiv unter weinreb-tonarchiv.de erhältlich.

Weiler im Allgäu am 8. Dezember 1990
Christian Schneider

Wichtige Vorbemerkung

Ich habe einen Kurs über Matthäus gegeben. Es schien mir wichtig zu sein, daß einmal ein völlig orthodox lebender und denkender Jude, von seiner Welt aus, seinen Gedanken über Matthäus, und damit über das Neue Testament, freien Lauf ließ. Freien Lauf, auch in dem Sinne, daß er nicht unter dem Zwang historischer Auseinandersetzungen zwischen Christentum und Judentum stehen wollte. Erlösung bedeutet doch auch, daß man sich vom in der Zeit Geschehenen lösen kann. Man kann dann verzeihen, wenn man auch nicht gerade vergessen muß.

Eine der wichtigen Erfahrungen und Einsichten meines Lebens bestand darin, daß ich lernte, daß tatsächlich alle Menschen in das Bild, und Gleichnis Gottes erschaffen werden. Das heißt, daß alle Menschen unsere Nächsten sind, Brüder und Schwestern. Und daß menschliche Fehler und menschliches Versagen, überall ziemlich gleich verteilt sind, so wie menschliche Auserwähltheit und menschliche Größe. Der geschichtlichen Herkunft nach sind Christen und Juden einander besonders verwandt. Das Christentum entstand in Israel, es stammt aus Jerusalem. Die Wege trennten sich aber. Das Christentum schnitt sich bewußt von seiner jüdischen Wurzel ab. Gott hat es so gewollt, sonst wäre es nicht geschehen. Das Christentum hat aber auf seinem Weg durch die Zeiten ganz Großartiges hervorgebracht. Einmalig große Menschen, heilige Menschen, herrliche Gedanken, tiefe Einsichten. Es hat auch viel Leid erlitten und viel Leid anderen zugefügt. Wer dürfte es wagen, den Sinn dieses Geschehens leichthin zu deuten? Die Zeiten wurden aber so gefügt, daß ein Verständnis zwischen der Weltanschauung des Christentums und der der Juden möglich erscheint. Wie überhaupt mit dem Zurückgehen der Bedeutung der räumlichen Distanz ein tiefergehendes Verständnis zwischen allen Völkern und Kulturen er-wächst. Während politische Auseinandersetzungen schärfer wurden, zeigte sich auf der anderen Seite ein Fallen vieler Schranken im menschlichen Sichverstehen – gerade als ob die technische Entwicklung beide Seiten ausdrückte.

So wurden Christen und ihre Lebenseinstellung mir während meines Lebens brüderlich nahe. Wenn man einen Bruder liebt, interessiert man sich für sein Denken und Handeln. Es ist dann ein warmes Interesse. Denn Liebe drückt sich in Wärme aus. So schaute ich auf das für das Christentum entscheidende Buch mit warmem Interesse. Nicht also in dem Sinne, wie es früher oft geschah, wer wohl recht hätte. Ich verstehe, daß Gott mit dem Christentum etwas anderes vorhatte als mit dem Judentum. Daß also Christentum und Judentum nicht identisch sein sollten. Im menschlichen Körper sind Lungen und Herz gleich wichtig. Beide sind lebensnotwendig. Und doch sind ihre Funktionen grundverschieden. So soll Christentum nicht Judentum werden, und Judentum nicht Christentum. Es wäre tödlich. Aber beide sollten miteinander Verbindung haben und auf einander eingestellt sein. Sonst leidet der Menschheitskörper an Krankheiten, die auch zum Tode führen können.

Man verstehe also richtig. Ich, als geborener Jude, mit einer langen jüdischen Ahnenreihe, stehe dem Christentum, so wie es sich im Laufe der fast zweitausend Jahre entwickelt hat, als ein interessierter Bruder in der Menschheit gegenüber. Sagen wir, so wie das Herz der Lunge gegenübersteht. Nach seinen Funktionen, nach seiner Organisation, ist es mir fremd. Mir müßten diese

Funktionen und diese Organisation sogar unrichtig erscheinen – genauso wie es umgekehrt der Fall sein dürfte. Die Zeit der Krankheit sei aber vorbei. Denn beide bilden einen Teil des Menschheitskörpers. Es gibt in der Menschheit aber auch Hindus, Buddhisten, Moslems, Neger usw. Sie alle bilden Organe des Menschheitskörpers. Wenn der Mensch auferstehen will als göttliches Wesen, im Bilde und Gleichnis Gottes, dann wird eine sich hingebende Verständigung von einem zum anderen kommen müssen. Vielleicht wird die Zeit dafür jetzt reif. Es würde Sinn geben unseren technischen und wissenschaftlichen Errungenschaften. Dort zeigt sich, daß zusammengegangen werden *muß*.

Von diesem Standpunkt aus kenne ich das Neue Testament. Und ich erkannte, wo es herkam, wo es in der Zeit herkam. Ich dachte mir, wie würde ich es verstanden haben, damals, als noch keine Trennung der Wege von Christentum und Judentum stattgefunden hatte. Wie hätte ich es verarbeitet, mit dem damals im Judentum vorhandenen Wissen und Glauben? Da erkannte ich die starke Verwandtschaft und zu gleicher Zeit wurde mir der enorme Abgrund bewußt, welcher sich durch die Entwicklung des Christentums inzwischen aufgetan hatte. Und ich dachte mir: wenn die Christen – und die meisten sind ja heute aufnahmebereit und guten Willens, *das* wüßten! So erfuhr ich die Wurzel des Christentums und erfuhr zugleich, wie radikal das Christentum dem Saft aus dieser Wurzel den Zugang abgeschnitten hatte. Ich dachte: ja, ja, aufgepfropft wird dort gesagt, aber man sieht nur noch das Aufgepfropfte, sieht es als den ganzen Baum und zieht den Saft aus sich selber zu sich selber und verleugnet den Baum, auf den man aufgepfropft ist, will nichts von den Wurzeln des Baumes wissen.

Also fing ich an, diesen Saft – zunächst nur für mich selbst – doch einmal einzulassen. Ich hatte große Freude. Nicht in dem Gefühl, recht zu haben – ganz und gar nicht. Das Herz hat recht für das Herz, die Lunge für die Lunge. Aber ich freute mich, weil die Einheit, das Brudersein mir immer klarer wurde. Ich weiß, Überheblichkeit und Hochmut herrschen in beiden Lagern. Wozu sollen wir aber menschliche Schwächen entscheidend sein lassen, wo wir vom Menschen als Bild Gottes erfahren? Es wird Christen geben, die überhaupt nichts verstehen von der Einheit des Menschen und glauben werden, jetzt Material zu haben, womit sie im Gespräch mit Juden ihre eigenen Gefühle der Unsicherheit kompensieren können und Mission treiben. – Ach, ein Jude wird doch nie Christ. Nur wenn er schon kein Jude mehr ist, könnte er es sein, und der andere könnte es anderen einreden. Das Herz bleibt Herz, es kann keine Lunge werden. Und es wird Juden geben, die nur sich als Menschen sehen, die damit die Einheit von Gottes Schöpfung zerbrechen und sagen werden: Wozu ist das Gerede von der gemeinsamen Wurzel gut, das kann uns doch nur schaden.

Ich glaube aber, diese Reaktionen gehören der Geschichte an. Die Zeit ist jetzt groß, sie führt uns zum Erkennen, zum Wiedererkennen des Bruders. Zusammenarbeit im Geschäft oder in der Politik oder in der Wissenschaft ist immer nur partiell. Sie läßt das Wichtigste im Menschen ausgeklammert. Sie erkennt den Menschen nur als ein diesseitiges Wesen an. Die Worte Gottes geben dem Menschen aber zum Diesseits auch das geheimnisvoll Andere, das Jenseitige.

Und so fing ich an zu erzählen. Vor einer »zufällig« zusammengewürfelten kleinen Gruppe von Christen. Ich fing beim Anfang an, mit Matthäus. Ich erzählte, weil es das erste Mal war, daß es überhaupt so erzählt wurde, ohne Eile. Griff zurück, griff vor, griff vor allem zur alten jüdischen Überlieferung. Was anfänglich mehr den Charakter einer Causerie hatte, entwickelte sich zu einem richtigen Kurs. Mein Erzählen wurde im Hause von Herrn Willi Nussbaumer in Kloten bei Zürich auf Tonband aufgenommen. Nach fast einem Jahr mit wöchentlich zwei Stunden bin ich erst bei Kapitel 12 von Matthäus angelangt.

Begeisterte Zuhörer wollten diese »Causerie im kleinen Kreis«, gerichtet an die Anwesenden und eingestellt auf ihr Interesse und auf ihr Niveau, in Buchform herausgeben. So haben nun *Dr. Gunter Marwik* und seine Frau, geborene *Holy*, das Tonband abgehört und eine erste Bearbeitung geliefert. Um diese druckreif zu ma-chen, haben die Herren *Dr. Friedemann Horn* und *Dr. Hans A. Wyss* den Text nochmals durchgesehen. Und so kamen dann diese Seiten zustande. Sie enthalten nur den Anfang meiner Ausführungen, nach meiner Schätzung höchstens ein Achtel. Erst im Laufe der Zeit entwickelte sich die wöchentliche Causerie zu einer Art Kurs. Die Behandlung des Stoffes wurde gestraffter, zielbewußter. Dennoch schien es mir gut, diesen Anfang un-gefähr so wiederzugeben, wie ich ihn erzählt habe, das heißt, wie er durch die Bearbeitungen vom Tonband schließlich herauskam.

Denn mein Erzählen war lebendig, ungehemmt; ich wollte zusammen mit den Zuhörern dieses Hineinlassen des Saftes aus den Wurzeln zustandebringen. Es war ein Abtasten, ein Aufbauen, ein langsames Sich-formen. So soll es auch in diesem Büchlein erscheinen. Wenn ehrliches Interesse da sein wird, wenn man weiter mitleben will mit dem weiteren Aufbau, dann könnten bis Kapitel 12 wohl noch sieben bis acht solche Bändchen erscheinen. Man verstehe sie aber als das, was sie sein wollen, als einen ersten Versuch, diese alt-jüdischen Wurzeln ihren Saft fließen zu lassen, einen Versuch, der in der ehrlichen Absicht unternommen wird, im anderen Menschen Gottes Bild zu erkennen, ihm diesen Saft zu vermitteln, weil er ebenfalls ehrlich, in der gleichen Absicht, diesen Saft erhalten möchte. Ein solcher Versuch muß schließlich zum Guten führen. Aus diesem Grunde habe ich mich auf ein solches Wagnis eingelassen.

Zürich, im Juni 1972
Friedrich Weinreb

Das Leben, Denken und Forschen unserer Vorfahren hat tiefe Spuren hinterlassen. Vieles wurde fester Wissensbestand, anderes blieb im Fluß. Vor allem die Vorstellungen über beinahe jedes Thema des menschlichen Lebens kamen und gingen auf Grund der speziellen Forschungsergebnisse und im Zuge des Zeitbildes.

Den Büchern der Bibel ging es nicht anders. Die verschiedensten Auslegungen folgten sich im Laufe der Zeit. Was vor ein paar Jahrhunderten richtig erschien, wurde bald überholt – was haben wir heute noch davon? Geht man den Quellen nach, achthundert oder tausend Jahre zurück, dann ist jene Welt so abgrundweit von uns entfernt, und wir haben uns inzwischen so weitgehend verändert, daß Vergleiche komisch wirken. Der Schriftenkomplex aber, den man das Neue Testament nennt, wurde in einer Welt verfaßt, die sich schon von den Wurzeln trennen wollte, aus denen sie selber herausgewachsen war.

Wir alle wissen, soweit wir überhaupt ein Wissen darüber haben und Geschichte einen Teil unseres Wissens nennen dürfen, daß sich das Christentum weiterentwickelt hat. Wegentwickelt von seinen Ursprüngen. Das Christentum wollte mit dem Judentum sein, jüdisch in einer gewandelten Art. Jedenfalls wollte man christlicherseits das Ende der Zeit erleben und das Ende der Zeit sehen. Was sich christlich nannte in Ländern wie Palästina oder in Kleinasien, war schon nach relativ kurzer Zeit wieder ausgetilgt, sofern es nicht islamitisch wurde. Das Christentum hat sich erst fern von seinen Ursprungsstätten selbständig entwickelt. Schon geographisch und historisch ist es also zu einem Bruch im Frühchristentum gekommen. Es ging nicht so, wie viele

Leute es sich vorgestellt hatten, die in jener Zeit lebten; für das ganze Volk und die ganze Welt breche jetzt eine andere Epoche an, sie werde aus Palästina die neue Botschaft bringen. Nach kurzer Zeit wurde gar nicht mehr von dort aus verkündet, andere Völker folgten und nahmen den Platz ein. Das Christentum wanderte, nach Rom, Konstantinopel (Byzanz), und es wurden neue Zentren der Ausbreitung wichtig.

Es lebten hier vollkommen andere Menschen, die bis vor kurzem, wie man das damals nannte, Heiden gewesen waren, und keine Ahnung hatten von diesen komplexen Traditionen. Sie traten plötzlich in Kontakt mit der Bibel, mit einer neuen Religion, und übernahmen sie in ihre Welt, so wie diese Welt für sie nun einmal aussah. Die Folge war, daß der ganze Ursprung des Wissens, der Tradition und des Lebens, aus dem dann das Neue Testament geworden ist, in Vergessenheit geriet. Ohne das Verschulden der Leute, doch dank besonderer Verhältnisse und Umstände. Es war eine ganz neue Welt, es waren ganz andere Menschen, ohne Verbindung mit der ursprünglichen Vergangenheit.

Die Prediger in den Ländern, die dem Christentum neu erschlossen waren, reisten meist aus oder über Rom heran. Wenn noch vereinzelte Traditions-Kontakte bestanden, so schwächten sie sich im siebten Jahrhundert ab, weil der Islam, mit Mohammed an der Spitze und seinen Nachfolgern, die Ursprungsländer eroberte, die Bevölkerung zum Teil ausrottete, vertrieb oder, was damals noch mehr der Gewohnheit entsprach, die Leute zum Glaubenswechsel zwang. Also, der ursprüngliche Kern, die Substanz, aus dem sich die christliche Religion entwickelt hat, bestand schon im Mittelalter nur noch teilweise. Bis die Kreise, in denen sich die Tradition von Anfang an festgesetzt hatte, auch noch zerschlagen wurden, dauerte es noch etwas länger. Ich denke an Nordafrika, das auch ganz islamitisch wurde, an Kleinasien, die heutige Türkei, und Vorderasien, die in immer größerem Maße dem Islam verfielen. Schließlich blieb noch ein kleiner Rumpfstaat, Byzanz; aber auch er wurde schließlich besiegt und vernichtet.

Aus Byzanz kamen die Schätze des Humanismus nach dem Westen. Der christliche Einfluß aber dehnte sich nach Rußland aus, sowie in den Osten und Nordosten Europas. Der geschichtliche Prozeß löste das Christentum in Palästina und Kleinasien von seinen histo-rischen Wurzeln ab. Die einzige Verbindung war schließlich nur noch die Bibel. Sie stammte tatsächlich von Palästina, das Alte wie auch das Neue Testament. Man lebte im Westen in dieser neuen christlichen Welt ohne eine Ahnung von dem Leben, der Weltanschauung, der Weltsicht und vor allem der Erbschaft der dortigen Menschen, jener Erbschaft, wodurch sie ein so reiches Leben gelebt hatten, und die durch Jahrtausende bewahrt worden war. Wenn Paulus und die Kirchenväter von Tradition und Überlieferung sprechen, so knüpfen sie in ihren Predigten dort an, an einem geistigen Gut, das damals selbstverständlich war. Jede Sprache in Europa benutzt Ausdrücke und Wörter aus einem Wissen, das seit Hunderten von Jahren europäisches Wissen ist. Wenn ich von einem Wissenskern spreche, muß ich das nicht weiter erklären. Der Ausdruck »Kern« ist von den Atomkernen und ihrer gewaltigen Kraft genügend bekannt. Auch das Judentum, mit seiner weitläufigen Geschichte, hat einen Kern-Komplex des Wissens aus der antiken Welt tatsächlich ohne Unterbruch bewahrt und mit sich getragen. Diesen Komplex, mit dem man lebte, den man wußte und in dem man dachte, vermittelte die Bibel, das Alte Testament. Man erzählte sich, was in der Bibel jedes Wort, jeder Satz bedeutet und was die Begriffe aussagen; sonst hätte man einfach sehr vieles nicht verstanden. Es eröffneten sich nun aber verschiedene Auslegungen, und es ergaben sich Streitigkeiten um den Inhalt der Begriffe. Die Gefahr der Willkür bestand. Es ist unter den Juden auch immer wieder vorgekommen, daß man ohne das große Wissen der Tradition über die Bibel sprach und sagte, die Bibel meine speziell dieses oder jenes – ganz nach eigenem Gutdünken. So läßt sich die Bibel denn auch von Sekten und politischen Gruppen ausnutzen. Man kann alles mit ihr beweisen, wenn man nur will. Denn viele ihrer Begriffe sind für uns ohne Auslegung ihrer Bedeutung zu vage, so daß wir tatsächlich keine eigene Antwort geben könnten. Es ist ausgeschlossen, den Sinn gewisser Bilder zu erkennen, ohne über andere Dinge und Zusammenhänge Bescheid zu wissen. Ohne Verständnis kann der eine sagen: »Dieses Gleichnis sehe ich so.« Und ein anderer: »Nein, ich sehe das Gleichnis so.« Der Esel, der Fisch, das Brot, sie werden nach Gutdünken ausgelegt. Man kann so unendlich fortfahren. Es mußte aber so kommen; denn ich kann nur wiederholen, in der Welt ist nichts, das Gott nicht wollte. Sonst wäre es nicht geschehen. Und wir sollten nicht kritisieren, daß es so kam. Wir können es uns ja nur rein menschlich erklären. So hat sich also zum Beispiel die europäische Kultur entwickelt, die großen Einfluß auf andere Weltteile hatte, auf Nordamerika, auf Südamerika ausgriff und noch weiter durch die Kolonisation. Wenn wir indes gewaltige Gebiete in Asien und Afrika betrachten, dann fehlt dort jede europäische Kultur, höchstens daß heute große Stauwerke gebaut werden. Man hat dort natürlich auch Kanonen, Tanks und Radar, dann aber hört die europäische Kultur auf. Es gibt keine Verwandtschaft mit dem europäischen Denken. Auch der religiöse Kult und die religiöse Denkart tragen andere Züge.

Das Gemeinsame liegt nur an der Oberfläche. Kommt man mit Japanern und Chinesen ins Gespräch, so wissen sie selbstverständlich gewisse Dinge über unsere Technik. Sobald es aber um Wichtigeres geht, sieht man sich einer vollkommen anderen Welt gegenüber, einer anderen Geschichte, einer anderen Tradition, ganz anderen Bräuchen, die uns sehr fremd sind. Wir machen sie vielleicht ein wenig lächerlich, so wie die anderen auch über uns lächeln: Reichlich komisch! So sehen wir eine völlig fremde Welt.

Spricht man mit diesen Menschen, und nicht nur über Produktion, Handel und Schiffahrt, so merkt man, daß sich eine ganz andere Welt öffnet. Deshalb spricht man kaum etwas Wesentliches mit diesen Leuten. Es besteht die Gefahr, daß man sich fremd bleibt. Man spürt sogleich, es ist hoffnungslos weiterzureden, weil die Menschen dort mit ihren völlig anderen Begriffen einfach nicht verstehen können.

Nun ist aber ein entscheidender Wandel eingetreten. Europa war für die Welt lange Zeit, bis vielleicht vor hundert Jahren, stärker als vor fünfzig Jahren und noch viel stärker als vor zwanzig Jahren, tonangebend. Jetzt hat Europa die Weltrolle wieder verloren. Bis vor hundert Jahren war die europäische Welt beherrschend. Die anderen lebten zwar auch, aber ohne daß sie von den Europäern als gleichwertig behandelt worden wären. Jetzt indes ist die andere Welt explodiert, und wir sehen: Europa, die europäische Kultur, ist nur ein winziger Teil, wie auch Nordamerika nur ein kleiner Teil der Welt ist. Die übrige Welt läßt nun von sich hören und kündigt sich an: Auch wir sind hier!

Heute können wir es nicht mehr übersehen: die zwei Großmächte, welche die Kultur mitbestimmen und den Gang der Welt, sind Asiaten. Dort herrschen Begriffe, die wir nicht verstehen. Ganz abgesehen davon ist der weitaus größte Teil der Menschheit asiatisch, und Europa macht nur einen kleinen Bruchteil der Welt aus.

Wir sind auch Zeuge, daß die europäische Kultur ein ganz neues Gesicht bekam. Die Formen erscheinen europäisch, aber das innerlich Europäische, das früher mit dem Christlichen in katholischer, protestantischer oder griechisch-orthodoxer Konfession gleichzusetzen war, ist im Begriffe, sich vom europäischen Menschen zu lösen. Jetzt werden dessen Entscheidungen von ganz anderen Momenten bestimmt. Er meint jetzt in erster Linie das Äußere: ob sein Wohlstand sich vermehre, die politische Ruhe zunehme, oder welche weiteren wissenschaftlichen Forschungen wünschbar seien. Diese Vorstellungen haben mit dem Christentum nichts mehr zu tun. Es ist eine Zeit angebrochen, in der das Christentum eine große Krise durchmacht. Nur die Sekten hier und dort, die isoliert leben, tun so, als ob nur sie existierten, wie auch ein Egoist glaubt, nur sein Ich zähle in der Welt, und alles andere könne untergehen, wenn nur ihm nichts geschehe.

Man spricht von der religiösen Krise, weil der moderne Mensch aufhört, an das zu glauben, woran er bisher geglaubt hatte. In der letzten Generation meinte er zu glauben, aber er glaubte nicht mehr wirklich. Er hatte sich in einen sanften Schlummer gewiegt. Er dachte, es könne vielleicht noch etwas daran sein, aber es war kein wirklicher Glaube mehr, keine Überzeugung und keine Sicherheit. Es hat keinen Sinn, hier ausführlicher über die Gründe dieser Entwicklung zu berichten. Ich will nur feststellen, daß es so war. Heute stehen wir vor einer

Situation, die weit schlimmer ist als die Umweltverschmutzung. Es ist eine Art Seelenentleerung, eine Entseelung der Welt, eine Glaubensleere, katastrophal und wahrscheinlich viel gefährlicher als jede Art von Umweltverschmutzung. Dagegen läßt sich technisch etwas unternehmen. Aber gegen das andere kann man nichts unternehmen, denn einen Menschen zu überzeugen, das wissen wir alle, ist ein sehr schwieriges Unternehmen. Jeder Mensch glaubt in seiner Angst und Unsicherheit, er habe recht. Er will nichts anderes hören. Je ängstlicher und unsicherer er ist, desto weniger will er hören. Nur er hat recht, und seine Freunde haben recht, alle anderen haben keine Ahnung. Wenn man dann prüft, was er an Beweisen vorbringt, und was sein Leben anfüllt, dann findet man, eigentlich sei er verrückt – wie kann er nur daran glauben. Was ist eigentlich los mit ihm, weiß er von dem Anderen nichts, oder will er es nicht wissen?

Es bleibt eben diese große Leere in der Welt. Man hat nichts, weiß nichts, ist unsicher und klammert sich an den materiellen Wohlstand, und man hofft, daß man recht alt werde. Über das Kommende will man nicht mehr nachdenken. Die Ausnahme bilden die Futurologen. Der Ausdruck ist genügend bekannt: Nach uns die Sintflut! Damals, in der französischen Geschichte des 18. Jahrhunderts, als 1789 die Revolution in Frankreich ausbrach, da wußte man: so geht es nicht weiter. Eine Katastrophe kam über Frankreich, und Europa hat sich geändert. Aber was später folgte, nach einiger Zeit der Ruhe, einem Jahrzehnt oder einigen Jahrzehnten, das war viel einschneidender. Europa hat sich nach 1815 mehr geändert als Jahrhunderte zuvor. Äußerlich und auch innerlich. Europa und die Welt haben einen ganz anderen Menschen hervorgebracht. Man kann die heutige Jugend nicht mehr verstehen und findet, sie benähme sich leicht verrückt, ohne weiter nach dem Grund zu fragen. Es ist wirklich nicht anzunehmen, daß alle Jungen ganz verdorben sind, aber warum benehmen sie sich so? Ist es vielleicht eine Krankheit? Fehlt ihnen etwas? Protestieren und rufen sie vielleicht, wie ein Verwundeter schreit?

Es sind ja nicht nur die Autos, welche die Welt verschmutzen, sondern es greift etwas ganz anderes um sich. Der Mensch nämlich ist vergiftet, oder er ist ganz ausgehöhlt, leer geworden und abgestorben. Und diese Tatsache ist viel schlimmer, denn diese Art Mensch kümmert sich nicht um Umweltverschmutzung, kümmert sich nicht im geringsten um diese Welt, glaubt nicht mehr an sie. Diese Menschen sagen, wir wollen genießen, solange es noch geht, wir machen mit, wir wollen unser Vergnügen – aber viel weiter, was kann denn schon sein?

Die Welt hat auf dem schon lange eingeschlagenen Wege so weit kommen müssen. Wir wissen alle, wie es um die christliche Religion steht. Im Judentum und im Islam ist es genauso. Das Zeitalter der Religion – man wagt es kaum zu sagen – ist zuende. Hie und da trifft man noch ein kleines Häufchen Gläubige, aber für die Welt ist es nicht mehr da. Man kann hören: Bei Wahlen haben religiöse Parteien doch oft noch viele Stimmen, aber man vergißt, hier stimmt man nicht für die Religion, man stimmt ab über wirtschaftliche Versprechen, über politische Versprechen dieser Parteien. Die Politiker selber wagen kaum mehr über Religion zu reden, hie und da einmal, weil es irgendwie dazu gehört, zu dem, was man den konservativen Menschen nennt, der das Alte behalten will. Der erwähnt manchmal die Worte der Bibel. Und ein anderer zitiert einen gegenteiligen

Vers, und so hält man sich gegenseitig zum Narren mit religiösen Zitaten, vergißt aber, daß man diese Zitate für wirtschaftliche und politische Zwecke mißbraucht. Es hat nichts mehr mit Religion zu tun.

Ich tönte an: das Christentum hat sich in seiner Schönheit und Kraft in Ländern entwickelt, in denen die Verbindung mit den Traditionen der christlichen Frühzeit nicht mehr bestand. Hier, in Europa, in Italien nach seiner Eroberung durch die jungen Völker des Nordens, nach Verwüstungen und Völkerwanderungen, die über Italien hinweggingen und die ganze Welt erschütterten, zerbrach die Ordnung. Ein dünner Faden alter Tradition hielt noch, aber keine echte Verbindung mehr zu dem, in dem das Christentum und das Judentum wurzeln. Dies hat es auch mit sich gebracht, daß nunmehr eine neuartige Motivierung des Christentums ohne die alten Traditionen entstand: das europäisch motivierte Christentum. Auch von einer nordafrikanischen und vorderasiatischen Motivierung kann man sprechen, sie dauerte aber nur kurze Zeit an. Über eine Reihe von Jahrhunderten nach der Völkerwanderung schweigt sich die Geschichtsschreibung so gut wie aus. Es sind Jahrhunderte, über die wir kaum etwas wissen, vielleicht sechsbis siebenhundert Jahre, während denen Europa ziemlich im Dunkeln liegt. Ich glaubte, die Schuld liege bei den Schulbüchern, und mußte mich nach ausführlichen Studien überzeugen, daß man über das damalige Europa wirklich nur sehr wenig weiß. Wir wissen lediglich, daß viele Völkerstämme sich vermischten, immer neue Völkernamen auftauchten. In der Schweiz erscheinen die Helvetier, dann die Römer mit ihrem Völkergemisch des Weltreiches, dann die Alemannen, in Graubünden eine Zeitlang vielleicht Etrusker, und im Wallis die Sarazenen. Die Sagen erzählen, woher sie kamen, da ihr Weg Jahrhunderte dauerte. Und auf ihren eigenen Traditionen errichteten sie einen Überbau, man könnte vielleicht sagen, eine universale Weltanschauung, eine Welt des Wissens, die christlich geprägt war und nur eine Kirche, die katholische, zuließ. Bei Thomas von Aquin zum Beispiel begegnen wir einer Philosophie der Welt, des Glaubens und des Wissens. Sie hat sich immer mehr entwickelt, Europa bekam nicht nur seine philosophischen Grundlagen durch das Christentum, über die Verbindungen mit Spanien gewann auch die arabische Kultur ihren Einfluß. Die arabische Kultur war damals eine der wichtigsten Kulturen der Welt. Sie hat über Spanien und weiter nach Frankreich und auf das übrige Europa eingewirkt. Großartige Werke des Denkens und Wissens sind von ihr geschaffen worden. Dann entwickelte sich Ende des Mittelalters eine Forschertätigkeit, aus der die moderne Naturwissenschaft hervorgehen sollte. Man untersuchte die Materie. Man betrachtete sie und nahm die Natur wahr. Eine neue Art der Weltanschauung brach sich Bahn. Diesseits der Alpen begann der Humanismus, Erasmus, Reuchlin, der religiös-nationale Hus waren seine Begründer. Und jetzt war eine europäische Grundlage, eine europäische Auslegung, Motivierung und Erklärung des Neuen Testaments geschaffen. Von dieser, der christlich-europäischen Seite, machte man sich an die Auslegung des Alten Testamentes. Die Grundlagen des Alten Testamentes sind indessen von ganz anderer Art. Sie wurden von europäisch motivierten Christen übernommen, und sie wurden dementsprechend ausgelegt.

Die Ausleger glaubten, was sie schrieben. Es gab großartige Menschen darunter, einmalige Persönlichkeiten der Weltgeschichte. An Ehrlichkeit und Aufrichtigkeit bei der Suche nach der Wahrheit hat es ihnen nicht gemangelt. Ihnen verdanken wir zum Beispiel, daß sie die alte griechische Kultur, Aristoteles, Plato und viele andere, in die europäische Kultur einbauten, die dann starke christliche Prägung erhielt. Die Grundlage und Lebensform dieser gelehrten Forscher und Prediger war vorwiegend griechisch-römischer Geisteshaltung. Keinesfalls jüdischer. All dies hat seinen Sinn gehabt und hat so sein müssen. Ohne diese Periode wäre Europa nie christlich geworden, und die Welt hätte wohl nie etwas von der Bibel gehört.

Das Judentum lebte, soweit es uns geschichtlich bekannt ist, immer für sich, ganz abgeschlossen. Es war kaum je darum besorgt, andere Völker von den Ideen zu überzeugen, aus denen es sich erhielt. In den Jahrhunderten vor Christus und auch in seinem Jahrhundert, hört man zuweilen, daß Grenzvölker zu Juden wurden. Was da genau geschehen ist, weiß man nicht mehr. Diese Geschichten sind nicht biblisch. Sie stammen aus anderen Quellen. Es sieht so aus, als ob man einfach nach der Eroberung eines Landstrichs den Bewohnern gesagt hätte: »Nun seid ihr Juden und somit trauen wir euch. Wenn ihr aber nicht wollt, dann verlaßt dieses Land, oder es geschieht euch etwas.« In Babel, wo die Juden nach ihrer Verbannung durch Nebukadnezar wohnten, lebten sie als geschlossene Gemeinschaft. Schon nach der Verwüstung des ersten Tempels ist der weitaus größte Teil des jüdischen Volkes dorthin in die Verbannung gebracht worden, nur ein winziger Teil ist später unter Esra und Nehemia zurückgekehrt. Man spricht von vierzigtausend Menschen. Ob diese Zahl real ist oder einen symbolischen Wert darstellt, weiß ich nicht. Sicher ist, daß der weitaus größere Teil in den Ländern der Verbannung verblieb. Nach der jüdischen Zeitrechnung fand die Verbannung vor etwa 2500 Jahren statt. Wie wenige Juden aber nach Palästina zurückkehrten, ist sozusagen unbekannt geblieben. Man glaubt immer, es hätte sich um alle Juden gehandelt. Heute kehren weit mehr Juden nach Palästina zurück als unter Esra und Nehemia. Mindestens ein Viertel der Judenheit lebt heute in Israel, unter Esra und Nehemia war es ein viel kleinerer Prozentsatz, welcher die Rückkehr in die Heimat wählte.

Doch überall, auch im heutigen Irak und heutigen Iran, bzw. Persien, lebten sie ganz für sich. Über Nordafrika verstreut lebte eine große Zahl von Juden. Viele waren nach Ägypten geflohen und haben sich dann weiter über die Küste verbreitet. Viele flohen nach Vorderasien und bildeten dort große jüdische Gemeinden. Viele flohen nach Italien und Griechenland, nach Athen und Rom. Sie bildeten dort einen relativ großen Bevölkerungsteil, aber auch dort lebten sie unter sich abgesondert. Vom Wunder der Bibel erzählten sie nicht. Sie fühlten kein Bedürfnis danach und fanden wahrscheinlich, daß die Welt um sie so weit von der ihren entfernt war, daß man mit diesen Heiden einfach nicht reden könne. Sie seien doch so überzeugt, recht zu haben, daß es besser sei zu schweigen. Das hat sich erst geändert, als das Christentum erstarkte und anfing, sich in Europa auszubreiten. Rom machte es zur Staatsreligion. Weil es die Macht des römischen Weltreichs hinter sich hatte, fing es auch eine eifrige Mission unter den Heiden Europas an. Ein ganz neues Lebensgefühl leitete es, da die Verbindung mit dem alten Wissen abgerissen war. Insofern es noch, während des Krieges 66-70 nach Christus und später in den Jahren 135-138, Judenchristen gab, sind sie in der Folge fast durchwegs vertrieben und auf dem

Sklavenmarkt verkauft worden oder zwangsweise zu Römern gemacht worden, also zu Heiden.

In Galiläa, im Norden des Landes, hielten sich Reste christlich-jüdischer, auch alt-jüdischer Gemeinden. Aber sie waren schwach und sind allmählich fast völlig ausgelöscht worden. Nur einige kleine Gruppen können sich darauf berufen, ohne Unterbruch dort ihren Wohnsitz gehabt zu haben. Und dann ist erst noch die Frage, ob es stimmt, denn manchmal denkt man sich nur, daß es sich so verhalten habe. Dafür ein typisches Beispiel: Ein ehemaliger Präsident von Israel, Ben Zwi, der auch als Wissenschaftler tätig war, hat sich speziell für die Untersuchung der Frage interessiert, wie sich die Bevölkerung Israels zusammensetze, und woher sie stamme. Er meinte damit natürlich nur die arabische Bevölkerung. Woher die jüdische kam, aus Rußland, Deutschland usw., das wußte man. In seinen Büchern gelangte er zu einem merkwürdigen Schluß: Die Araber in Palästina seien vorwiegend Islamiten und nur wenige Prozent darunter wirklich Araber. Von diesen sei ein großer Teil erst später aus Arabien zugewandert. Die Mehrheit der Bevölkerung stamme von den Ureinwohnern ab, die dort ansässig waren, als die Araber Palästina eroberten, zur Zeit Mohammeds. Sie seien damals zwangsweise Islamiten geworden. Die Bevölkerung setze sich aus Juden, Judenchristen, Griechen und Römern zusammen, und Leuten, die im Laufe der Jahrhunderte in Palästina hängengeblieben seien. Offiziell seien das alles Araber. Es seien aber keine Araber. Ich halte diese Untersuchungen für eine wissenschaftlich ehrliche Arbeit.

Ben Zwi, der auch ein frommer Mann war, hat unter anderem eine ganz merkwürdige Geschichte von einem Dorf in der Nähe Hebrons erzählt, wo heute die gefährlichsten Araber, man könnte sagen, die Fedayin, hausen.

Es ist ein Dorf der dauernden Unruhen. Es wird dort im Handumdrehen geschossen und Minen werden gelegt. Dies Dorf sei vor etwa hundertzwanzig Jahren, um 1840, noch jüdisch gewesen, dann auf Befehl mohammedanisiert worden. Diese Abkömmlinge von Juden sind heute die wildesten Terroristen. Wir sehen also, wie es mit einer anfänglich jüdischen und jüdisch-christlichen Bevölkerung gehen kann. Und wahrscheinlich ging man in der Türkei genau gleich vor, und wandelte alle die alten christlichen Gemeinden um. Es hat mich immer gewundert – ich verbrachte drei Jahre in der Türkei –, Türken zu begegnen, die blond, blauäugig waren, von einer ganz anderen Rasse, nur keine Türken, und dennoch seit Jahrhunderten Türken waren. Ja, meinten sie, man habe ihnen öfters gesagt, sie seien wahrscheinlich Griechen, die später, im 13. oder 14. Jahrhundert, als die Osmanen eingefallen waren, einfach vertürkt wurden. Sie kämpften für Mohammed und den Sultan, waren sogar vielleicht bei der Belagerung Wiens dabei und halfen, den Balkan türkisch-islamisch machen. Das waren ursprünglich vielleicht die ersten christlichen und vorher jüdischen Gemeinschaften, hochgebildet, Hüter alter Tradition.

Ich will mit diesen einführenden Worten sagen – da ich ja vom Neuen Testament sprechen will –, daß Sie von mir nicht erwarten können, ich würde dogmatisch oder im Anschluß an die Kirchenväter etwas erklären. Meine Tradition liegt nun einmal an einem ganz anderen Ort. Es ist eine völlig andere Tradition. Zum Teil beruht das Wissen der Kirchenväter auf der Gnosis, und diese Gnosis färbte die frühchristlichen Lehren. Es handelte sich dabei um eine Philosophie, halb christlich, halb heidnisch, mit jüdischen Elementen durchsetzt. Die frühen christlichen Schriftsteller waren stark von ihr beeinflußt. Sie redeten ja zur damaligen Welt, und sie haben deshalb die Begriffe der Welt benutzt, um mit ihnen das Christentum zu erklären. Die Völker hätten es sonst nicht verstanden. Man mußte also die vorhandenen Begriffe benutzen, um deutlich zu machen, was gemeint sei.

Man kann sich vorstellen, daß die religiösen Häupter hie und da auf Juden gestoßen sind und staunten über ganze Bibliotheken voll von Manuskripten, Schränke, gefüllt mit Handschriften, die über die Tradition erzählten, aber auf eine ganz fremde Weise. Die Juden, die diese Schätze besaßen, sagten, dies sei die jüdische Tradition. Worauf selbstverständlich das folgte, was immer erfolgt. Man sagt: Das kenne ich nicht, und wie soll ich es anfangen, einen Riesenschrank, vollgestopft mit tausend Büchern, zu studieren? Wenn ich anfange, bin ich zunächst nur ein Analphabet, kann die Sprache kaum lesen, und das soll ich alles studieren können? Wir haben schon eine Lehre aufgebaut, und wie sollen die Leute es verstehen, wenn wir sie jetzt etwas ganz anderes lehren? So haben wir es nun aufgebaut, und so geben wir es weiter. – Diese Abkehr von der alten Tradition bewirkte auf die Dauer auch eine Irritierung, ein Ärgernis; wenn man nur davon hörte, sagte man schon: Das ist schlecht, falsch, verrückt und unsinnig. Diese seltsamen Leute wollen einfach nicht an die neue Lehre glauben, sie sind hartnäckig und weigern sich zu glauben. Was können also ihre Schriften schon Gutes enthalten? Das darf man einfach nicht lesen. Folgerichtig kamen dann die Zeiten der Verfolgung und Verbrennung dieser Schriften. Sie wurden in großem Maßstab immer wieder beschlagnahmt und verbrannt, ohne daß man überhaupt lesen konnte, was darin stand. Man sagte, es seien ketzerische Schriften, sie seien nicht von Gutem. Die

Juden hätten ganz andere Ideen. Sie lebten anders, etwas könne da nicht stimmen, man müsse es eben verbrennen. Es entstand ein Leitsatz europäischen Christentums, der noch nicht sehr alt ist, vielleicht etwa tausend Jahre, daß man sich sträubte, irgend eine alte Quelle aus dem Judentum anzuerkennen, weil es einfach nicht in die Denkweise des Christen hineinpaßte. In diese Welt, die man sich mit dem Christentum aufgebaut hatte. Daß man mit der Bibel auch nicht zurechtkam, wußte man recht gut. Die vielen Auslegungen der Bibel führten immer wieder zu neuen Sektenbildungen und im Katholizismus zu immer neuen Abweichungen. Mit dem Protestantismus zog eine Menge von neuen Vorstellungen ein, Luther, Zwingli, Calvin – es hörte nicht auf. Zusammen mit dem Kirchenwesen Englands und der Aufsplitterung in Amerika sind die Glaubensrichtungen fast nicht mehr zu zählen. Eine jede interpretiert auf ihre Weise, weil eine richtunggebende Grundlage fehlt. Man weiß nicht mehr, wie die Bücher der Bibel einst gelebt wurden, wie die Menschen waren, von denen in der Bibel erzählt wird. Jene Menschen können sicher nicht thomistisch gedacht haben. Ihr Thomas von Aquin wurde ja erst tausend Jahre später geboren. Die Gedankenwelt eines Esra und Nehemia war fremd geworden. Damals trug alles ein anderes Gesicht. Auch die Begriffe hatten einen anderen Inhalt, zu dem man den Anschluß verloren hatte.

Das ist meine Sicht der Dinge. Wenn ich Ihnen nun verspreche, aus dem Midrasch zu erzählen, dann dürfen Sie gar nichts von der christlichen Lehre erwarten, wie sie Ihnen oft erzählt wurde. Erstens kenne ich sie zu wenig, und zweitens weiß ich nur so viel, wie ein normaler Laie der heutigen Welt davon wissen kann. Ich bin vielleicht ähnlich einem gebildeten Christen. Ich kenne die Quellen und auch die theologischen Bücher, so gut wie ein Theologe freilich nicht. Sicher weiß ich nur, daß alle Bücher, die Theologen studieren müssen oder studieren wollen, nichts vom Inhalt der Quellen aus der Zeit enthalten, als die Bibel gelebt wurde. Wie ich Ihnen schon sagte: Wenn man von etwas keine Ahnung hat, so ist man naturgemäß dagegen.

Solche Reaktionen sind zu erwarten, wenn es um den Glauben geht, um eine Überzeugung, die plötzlich in Frage gestellt wird.

In der theologischen Befriedigung, alles möglichst spät zu datieren, ist eine Art Schadenfreude verborgen, eine bösartige Freude, die man gegenüber anderen Religionen hegt, daß man alte Quellen, um ihr Alter nicht anzuerkennen, auf später datiert. Zum Beispiel auf das Jahr, in dem eine Niederschrift angefertigt wurde. Finden wir eine Handschrift aus dem Jahre 1291, und eine ältere ist nicht entdeckt, dann behaupten wir, das sei erstmals um 1291 geschrieben worden, wird aber später eine Handschrift aus dem Jahre 1033 gefunden, so entsteht eine neue Theorie, eine neue Doktorarbeit. Keiner wird zugeben, daß es vielleicht noch ältere Handschriften gibt, oder daß vielleicht zuerst gar nicht aufgeschrieben wurde und man nur erzählte und erklärte, mündlich. So hat sich in der Theologie eine befriedigende Boshaftigkeit entwickelt, alles auf möglichst spät zu datieren. Das Neue Testament erlebt das gleiche Schicksal. Ich weiß von christlichen Theologen, die mir immer zu erklären und mich zu überzeugen versuchten, daß im Neuen Testament alles viel neueren Datums sei als angenommen. Es sei eben nicht wahr, daß alles von Paulus stamme, was seinen Namen trage. Bei weitem nicht alles sei von ihm selbst geschrieben worden, und die ersten

Niederschriften des Matthäus seien auf eine viel spätere Zeit zu datieren. Die Behauptung, daß die Basis fehle, für die man sich verbürgen könne, daß das Neue Testament auf ihr beruhe, muß eine eigenartige Genugtuung verschaffen. So läßt sich vorstellen, daß man unbewußt böswillig wird, und aus diesem Grunde alles Geschehen auf einen späteren Zeitpunkt ansetzt. Zwar sei die Bibel von Leuten gemacht, die sehr gut zu schreiben und zu formulieren wußten, vielleicht auch heilig genannt werden dürften, wobei man heute allerdings das Wort »heilig« mit einem gewissen Lächeln ausspricht, heilig klinge doch etwas komisch. Man anerkennt sie freilich doch als große Menschen, als Propheten, worunter man schon wieder etwas ganz anderes versteht als früher. Und so hat sich denn alles weiter entwickelt, daß einfach keine Wurzel der Bibel mehr existiert, die im Menschentum wirklich bis zum Uranfang, bis in die Schöpfung zurückreicht. Entweder ist die Wurzel einfach abgerissen worden, oder man leugnet, daß von diesem Ort eine Verbindung bis zur Wurzel bestehe. Wenn dem Baume ein neuer Zweig aufgepfropft wird, sagt man, alles fange erst damit an, wo das Pfropfreis beginne. Den Baum sieht man nicht, der ganze Baum existiert nicht mehr. Oder der Baum ist böse und krank, und nur das Stück, wo ich bin, existiert noch. Sonst nichts. Mit der Ratlosigkeit kam diese Denkart auf. Man wußte nichts mehr von diesem Ersten, Alten, zu erzählen.

Was später alles gesagt wurde, berücksichtige ich hier nicht. Es mußte alles so geschehen, und es war der Weg für die Welt, daß es so bekannt wurde. Es hat seinen Sinn gehabt.

Aber jetzt, wir sehen es täglich, leben wir in einer Periode, in der neue Richtungen und Denkmodelle wenig nützen. Ihre Analysen trocknen aus. Man spürt, daß die einzige Rettung darin bestände, die Verbindung mit der Wurzel wieder aufzunehmen. Vielleicht fängt durch diese Verbindung alles wieder an zu leben, zu grünen, weil dann etwas keimt, das wir die ganze Zeit einfach übersahen und für nichts achteten. Die Kirchenhäupter wollten nichts davon wissen; sie kümmerten sich gar nicht darum, sie konnten meistens auch die Quellen nicht lesen.

Die hebräischen Sprachkenntnisse waren jedenfalls dürftig. Es reizt zum Lachen, wenn man in zeitgenössischen Schriften Zitate liest. Es sind Verschrobenheiten. Man verstand zwar einzelne Worte, aber nicht den Bedeutungszusammenhang der Sätze. Überzeugt davon, daß kein Mensch es kontrollieren könne, wurde etwas zusammengeschrieben. Von den Wurzeln der Sprache wußte man nichts mehr.

Man glaubte nicht mehr an die Angaben der Bibel. Jesaja sei zum Beispiel gar nicht von Jesaja geschrieben worden, sondern viel später. Gleiches gelte von den Evangelien. Es seien zeitlich verschiedene Texte zu unterscheiden, und man müsse die Datierung viel später ansetzen als bisher. Vor vielen Textstellen steht man ratlos und verlegen. Die Pfarrer dachten, sie müßten nun einmal predigen, woran sie selbst nicht mehr glauben konnten, weil es ihnen die Wissenschaft als unwahr bewiesen habe. Ihrer Ansicht nach war die Wahrheit, daß das Quellenmaterial unzuverlässig sei. Dadurch habe es auch mit Jesus nichts mehr zu tun, wenn es überhaupt eine Schrift gab, deren Verfasser als Zeuge dabei war. So entwickelte sich in Ermangelung eines Besseren das Christentum zu einer Moral-Religion, nach der man »brav« zu sein hatte. Jeder Staat besaß seine eigene Kirche, die sich gegen die anderen Kirchen abgrenzte. Eine neue Art Heidentum machte sich breit, wobei im Grunde nur der Staat galt und die Staatskirche. Alles andere sah man als fremd und feindlich an, man verstand sich nicht mehr. Die Vorstufe der katastrophalen Lage von heute war erreicht.

Ich werde nun also im Zusammenhang mit den alten Quellen vom Matthäus-Evangelium erzählen, vor allem wie diese Quellen aufzufassen sind, woher und wodurch sie auf uns kamen. So könnte vieles wieder lebendig werden, weil die Verbindung mit den Wurzeln wieder hergestellt ist. Und dann erkennt man im Neuen Testament die Spuren von dem, was die jüdische Überlieferung kennt als die Geschichte der Erlösung. Wie wird denn der Mensch erlöst?

Keineswegs mit Rechthaberei. Habe ich recht, oder hast du recht – so geht es doch immer. Und ich werde es dir beweisen, da Vers soundso, und dann haben die Leute immer so ein Buch bei sich und blättern ganz schnell und zeigen auf Verse, die meist angestrichen sind. Schau, dieser Vers sagt das auch, und ich habe also recht. Der andere aber blättert ebenfalls, zeigt dir einen anderen Vers: Nein, ich habe recht, denn hier steht ... Und so geht es endlos weiter, jeder hat seine Theorie aus lauter Unsicherheit sich ausgedacht.

Die Bibel ist, wenn wir das einmal festhalten wollen, in erster Linie ein heiliges Buch, das man nicht gebrauchen kann, um sein Recht zu beweisen. Überhaupt, wenn ein Mensch das Bedürfnis hat, sein Recht zu beweisen, befürchte ich, daß er gar nicht recht hat. Ich empfinde es als einen Hinweis, daß er sich zumindest sehr unsicher fühlt. Er will sich immer selber überzeugen und beweisen, daß er recht hat, weil er eigentlich nicht spürt, ob es auch stimmt. Die Bibel ist ein Ganzes, das muß man stets sehen.

Wenn ich schon zitieren will, könnte ich aus den Büchern Mose Zitate herausgreifen, die mir beweisen, daß ich recht habe, wenn ich Völker, die vertrieben werden sollen, mit Frauen, Kindern und allem ausrotten will. Es steht so in der Bibel: Rottet sie aus ohne Mitleid und Erbarmen! Andere Stellen freilich stimmen wieder nicht damit überein. Aber ich könnte fortwährend mit der Bibel in der Hand beweisen und gegenbeweisen. Das geht nicht. Denn die Bibel ist wie die Welt: eine Schöpfung. So mannigfaltig wie die Welt ist, so vielfältig ist die Bibel. Alles ist in ihr enthalten. Aber auch alles, von einem Ende bis zum anderen, äußersten Ende. Aber eben mit dem Sinn, auch ein Ganzes zu bleiben. Schon die Idee, die manche Leute auf jüdischer und christlicher Seite hegen, daß es ein Altes und ein Neues Testament gebe, ist der Beweis, daß eine falsche Anschauung sich eingeschlichen hat. Bestimmt, es gibt einen Bund und eine Erneuerung des Bundes, aber das eine kann nur auf der Basis des anderen gründen und bestehen.

Das Neue Testament spricht über die Erlösung, und wie die Erlösung in die Welt und über die Menschen kommt, und was dann geschieht. Und wenn ich in diesem Sinne spreche und es so sehe, so muß ich erst hervorheben, welch eine Fülle der Tradition sich anbietet, aus der geschöpft werden kann, und um die jene Leute wußten, die noch in dieser Tradition standen. Sie schrieben aus diesem Wissen. Alles ist schließlich eine Inspiration Gottes. Ihre Schriften stammen aus jener Welt, und sie wußten und kannten die Worte, in welche die biblischen Erzählungen gekleidet waren.

Wie ich schon sagte, hat es keinen Sinn, das Matthäus-Evangelium Vers für Vers durchzunehmen, ohne eine Verdeutlichung der Grundbegriffe im Hebräischen. Es kämen sonst Mißverständnisse auf. Das wäre schade, vieles könnte dadurch verlorengehen. Ich werde mich jedoch kurz fassen, und nicht viele Grundbegriffe erklären und auch nur kurz behandeln, was unter den alten Quellen verstanden wird, den Quellen aus dem Altertum, worauf eigentlich das ganze Wissen, die Weltanschauung, die nötige Vorbereitung des Menschen schon basieren, des Menschen, dem dann das Geschenk dieser Bücher aus einer anderen Welt übergeben wird. Wir sehen aber, wir alle können erkennen, daß der Mensch, wie er heute erzogen wird, kein Verständnis mehr für diese Bücher hat. Er will sie gleich seiner Welt anpassen. Der Welt und den Begriffen, in denen er erzogen worden ist. Das Resultat ist verzerrt, denn die Bücher sind dem Menschen gegeben, und unter einem Menschen versteht man ein ganz waches Wesen, wach auch für eine andere Welt. Der heutige Mensch ist nur für diese Welt wach. Seine Augen sind einzig für diese Welt geöffnet, wie eben die Augen eine Verengung des Blikkes nach dem Sündenfalle befällt. Das Auge für die andere Welt ist geschlossen. Wenn man von wach spricht, meint man auch, daß die Augen für die andere Welt ganz offen sein sollen, dann ist das Wort »Mensch« erst richtig am Platz. Es ist ein Vorzug, ein Besonderes, Mensch zu heißen. Der Hinweis der Überlieferung ist deutlich: Sie sagt nämlich, daß der Name für den Menschen im Hebräischen, der Ursprache, Adam ist. Bezieht man dies aber auf den Menschen, wie er später ist, so wird er nicht mehr Adam genannt, sondern in Anlehnung an den Stammvater Enosch »anaschim«, eine Mehrzahlbildung zum Namen Enosch, wie von nun an im Hebräischen tatsächlich alle Menschen genannt werden. Die Frauen heißen »naschim«. Die Mehrzahl Enoschim, die Menschen, leitet sich also von Enosch ab.

Von Enosch wird gesagt, mit ihm fange eine Sünde an, und zwar in dem Sinne, daß man seit Enosch anfängt, Gott in der Zeit zu sehen, oder die Zeit auf die menschliche Ebene herabzuziehen und nur alles als zeitliche Erscheinung und sonst nichts anzuerkennen. Die Überlieferung erzählt ferner, daß dann ein Drittel der Menschheit untergehe. Wir glauben dann gleich an die Zahl 3 und zählen ab, daß von drei Menschen einer untergeht, also eine Riesenkatastrophe eintritt. Es wird aber folgendermaßen erklärt: Von dieser Dreiheit ist ein Teil, nämlich die Eins, der Ursprung, der sich in zwei Teile teilt und damit zur Zwei wird. Im Sichtbaren bleibt diese Zwei übrig, aber die ursprüngliche Eins geht nun im Bewußtsein der Menschen verloren. Es bleibt nur die aus der Zwei hervorgehende Vielheit, der Ursprung geht verloren. Das sei die Folge der Sünde der Enoschzeit. Der Mensch lebt nur in der Zweiheit, wenn der Ursprung, die Eins, für ihn verlorengegangen ist, und dadurch ist er eben kein Mensch, kein Adam mehr. Dann heißt er Enosch.

Wenn wir also sagen, die Bibel komme dem Menschen als eine Offenbarung entgegen, so verlangt dies eine entsprechende Vorbereitung des Menschen, damit er dieses Geschenk in Empfang zu nehmen imstande ist. Der Mensch, und man muß hier Enosch sagen, der Enoschmensch, benimmt sich meistens umgekehrt und will keine Vorbereitung. Er stürzt sich, so wie er ist, krank von seiner heidnischen Kultur, vom Nichtmehrverstehenkönnen des Sinnes des Lebens, krank von der ausschließlichen Fesselung an seine naturwissenschaftlichen Interessen und Studien, an Karriere und Geschäft, so erzogen wie er nun einmal ist, ohne weiteres auf das Heilige, und dann will er haben, daß das Heilige so zu ihm sich verhalte, wie seine bisherige Auffassung es verlangt.

Das Heilige muß *seine* Maßstäbe anerkennen, die ihm da in seiner Erziehung, in der Schule und in der Welt erteilt worden sind. Wenn wir das tun und uns der Bibel so nähern, sind wir so gut wie verloren. Die Bibel sagt uns dann nichts, sie bleibt ein verschlossenes Buch, auf das wir uns stürzen, weil wir keinen Rat mehr wissen, und dann versuchen, Verse zu klauben. Wir haben aber keine Ahnung mehr von den Grundbegriffen, der Grundbedeutung des Ganzen. Wie ein Kind äußerlich so erzogen wird, daß es lesen, schreiben, rechnen lernt und weiß, wie man sich benimmt, und dann erst in die Welt hinaustritt und der Welt begegnet, so muß auch der Heranwachsende und Erwachsene für die Bücher der Bibel vorbereitet werden. Es reicht nicht aus, daß er lesen gelernt hat und Bibellektüre betreibt. Die vielen Dinge seiner Erziehung überlasten ihn, und heidnisch ist ja seine ganze Erziehung. Auch die Stunde Religionsunterricht, die geschichtlich und nur geschichtlich erteilt wird, ist nach meiner Auffassung eine heidnische Belehrung. Zu verlangen, daß er die Bibel dann verstehe, ist allerdings unmöglich.

Deshalb muß ich die Grundbegriffe kurz darlegen. Eine ganze Erziehung müßte darauf ausgerichtet sein. Ich werde darum versuchen, wenigstens die Hauptzüge dem Verständnis nahezubringen, und erzählen, woher die alte Überlieferung stammt. Eigentlich bedeutet Überlieferung, im Hebräischen »Kabbala«, eine Übergabe. Die Kabbala hat, ich möchte das sogleich einfügen, nichts mit der sogenannten Kabbalistik und ihren kuriosen Verdrehtheiten zu tun. Nur den Begriff hat sie mit ihr gemeinsam. Die Kabbalistik ködert die Sensationsgier. Man will sich kritiklos an der Geheimnistuerei laben und widmet sich fast mit Wollust diesen Dingen.

Kabbala bedeutet eine Übergabe, eine Weitergabe. Wir sollten zu lernen anfangen, daß die Offenbarung des Wortes sich nicht auf Zeitliches bezieht. Sondern uns an den Gedanken gewöhnen, alles, was in der Zeit erscheint, könne nur deshalb erscheinen, weil es schon als ein Wesentliches vorher vorhanden ist. Vor der Zeit, immerwährend und fortdauernd, als Wesentliches da ist. Es ist ein Trugschluß zu glauben, etwas könne aus dem Nichts in diese Zeit geboren werden. Nein, in der Zeit ist es zwar zum ersten Male da. Dort aber ist es vorher schon längst gewesen. Wie auch vom Messias gesagt wird, er sei schon vor der Schöpfung bei Gott, also ewig daseiend. Damit ist gesagt, daß er überzeitlich ist und in der Zeit erscheinen kann, und nicht nur einmal. Mag sein, daß er einmal vor aller Augen gesehen wird und das andere Mal verborgen bleibt. Aber etwas Wesentliches, die verborgene Erscheinung, ist immer da. Auch in der Zeit. Das wesentliche Sein Gottes prägt jede Sekunde der Zeit. Auch wenn wir es nicht sehen, nicht hören und nicht spüren, dann liegt es nur an uns, weil wir die Verbindung mit dem Wesentlichen nicht mehr aufrecht- und intakthalten können.

Wir haben die Verbindung abgeschnitten, weil uns das Wesentliche die Lust an diesem Leben, so wie wir sie verstehen, nimmt. Die Lust am Wesentlichen ist ganz anders. Wer im Rausch versunken ist, begehrt aber keine andere Lust als den Rausch. Das andere stört, er erbost sich, wird sogar gehässig, wenn man ihm den Rausch wegnehmen will. Versuchen Sie es einmal bei einem Betrunkenen, er wird aggressiv. Seinen Rausch will jeder behalten. Man kann dann tatsächlich das Wesentliche nicht sehen. Bestenfalls sagt man: Möglich ist es, daß dies und jenes einmal geschah, und daß es damals auch sehr viel bedeutete, aber heute sind wir es losgeworden und leben so, wie es uns paßt. Ein Zitat aus jenen Zeiten ist manchmal schön, leben aber wollen sie alle ihre eigene Welt, in der sie sich wie Herren fühlen.

Überlieferung im biblischen Sinne heißt, daß das Wort zum ersten Mal offenbart wird. Das Wort in der Bibel, denkt man meistens. Das ist natürlich richtig. Es ist aber vor allem gemeint, was im Worte ist, dies wird geöffnet. Das Wort ist gleich einem Behälter, einem Faß, es ist eine »teba«, ein Schiff oder ein Kästchen, das einen Inhalt verschließt. Wenn es sich aber öffnet, dann tritt uns aus dem Wort das Wunder entgegen, und wir begrüßen es und sagen: Jetzt habe ich es gespürt. Jetzt weiß ich, der Hauch des Ewigen hat mich berührt. Jetzt bin ich ewig. Denn ich habe die Verbindung zwischen mir und dem Inhalt des Wortes verspürt: das Wort hat sich offenbart. Das Wort ist in mir zum Geschehen geworden.

Was aber bedeutet die Offenbarung? Viele meinen das rein geschichtlich, daß am Sinai einmal dem Mose die Thora gegeben wurde, oder die Zehn Gebote, wie man ja sagt, und da habe sich das Wort offenbart. Doch betrifft dies nur einen Teil des Geschehens. Auch wenn man das alles gut mitbekommen hat, versteht man diese »Zehn Worte« ungenügend. Es heißt im Hebräischen nie »Zehn Gebote«. Diese Redewendung ist eine Erfindung der späteren Theologie. Im Hebräischen und im Judentum heißt es stets: »Die Zehn Worte.« Das bedeutet: In diesen zehn Worten – es sind eigentlich im hebräischen Urtext hundertzweiundsiebzig Worte – liegen zehn Begriffe, die immer als eine Zehnheit erscheinen. Die Schöpfung geschieht durch zehn Worte Gottes, und die Offenbarung ist dem Menschen gegeben in den zehn Worten.

Immer gilt diese vollständige Zahlenreihe der Zehnheit als Grundbegriff und Grundsatz der ganzen Zahlenwelt. In diesen zehn Worten steckt tatsächlich, könnte man sagen, für den, der es versteht, das ganze Weltall. Aber es will noch mehr sagen: Am Sinai steigt Gott herab in diese Welt. Der Name Sinai bedeutet nämlich die Mondseite des Lebens, und die Mondseite des Lebens ist die Körperseite, die Leibseite. Körper ist zu wenig, der Leib ist mehr: das Ganze, das wahrgenommen werden könnte. Dann erscheint Gott auch in dieser Welt des Leiblichen und offenbart das Wort. Und es wird gesagt, in dieser Überlieferung des Wortes bringt Gott dann gleich eine Mitgift mit, wie ein Vater, nämlich die genaue Kunde, was das Wort enthält, was es bedeutet, und wie es in dieser Welt erfaßt werden könnte. Es werden also nicht nur die zehn Worte, die 172, wie ich eben sagte, mitgeteilt. Es wird überhaupt der Sinn des ganzen Lebens mitgeteilt. Und zwar wird erzählt, daß er dem Mose mitgeteilt wurde. Mose will sagen, wie es bei seiner Namensgebung auch schon ausgesprochen wird: der aus dem Wasser Gezogene.

Wasser im alten Wissen ist der Ausdruck der Empfindung im Stofflichen, die Empfindung in der Zeitwelt. Das Zeitempfinden drückt sich im Stofflichen als Wasser aus. Alles drückt sich im Stofflichen aus. Engel und andere Himmelswesen, für uns unsichtbar, drücken sich in dieser Welt auch in Tieren und Pflanzen aus. Alles ist ein Ausdruck des sonst nicht Ausdrückbaren. Uns sagen Tier und Pflanze nicht viel. Wir können wohl daran riechen und sie essen, aber weiter bedeuten sie uns im

Grunde nichts. Wir fragen selten, woher die Pflanzen- und Tierwelt ihre wunderbare Struktur hat, wie wunderbar und weise die Natur ist, und wie sinnvoll alles geschieht. Weil sie eben Ausdruck eines ganz Anderen ist. Alles in der Welt ist Ausdruck eines Anderen. Und Wasser ist wiederum ein Ausdruck dessen, was in der Engelwelt seine eigene Existenz führt: die »ophanim«, die Räder, wovon auch Hesekiel spricht. Die Räder sind in der anderen Welt die Zeit. Hier im Wasser drückt sie sich aus, dem Fließen des Wassers. Das Wasser ist also Zeit.

In der Geschichte der Erlösung aus Ägypten fürchtet Pharao den Erlöser und versucht, sein Kommen zu verhindern, indem er sagt: »Jedes männliche Kind soll ins Wasser geworfen und ertränkt werden.« Das bedeutet also, es soll in der Zeit untergehen. Es soll in der Uniformität des alles Bedeckenden der Zeit vergehen, damit es nicht in die Höhe auffahre. Man könnte sagen, wir erziehen heute einen Normal-Menschen, einen Konformisten. Das entspricht dem Begriff des Ertrinkens in der Zeit. Und die Eltern des Mose, die in der Überlieferung eigentlich als die himmlischen Eltern gesehen werden, machen für ihn ein Kästchen. Kästchen, »teba« im Hebräischen, bedeutet das Wort. Sie legen Mose in das Wort hinein, und weil sie ihn dort hineinlegen, bleibt er im Zeitfluß erhalten. Er geht nicht in ihm unter. Aber nicht nur er bleibt erhalten.

Bekanntlich geht die Geschichte so weiter, daß der Pharao selber, der ihn so fürchtet, ihn, den Erlöser, an seinem Hofe erzieht, während er doch alle Vorkehrungen getroffen hatte, um ihn zu vernichten.

»Mose am Sinai« will also besagen, daß diese Realität sich im Absoluten abspielt: es ist der Mensch, der in Ägypten als Erlöser erscheint für Israel. Dort sagt er, er werde es von der Welt Ägyptens erlösen, doch nicht er, sondern Gott werde es tun. Er komme zu ihnen, aber Gott werde sie erlösen. Dieser Mensch ist es, der dann Israel auf Gottes Geheiß zum Sinai führt, und am fünfzigsten Tage nach der Erlösung aus Ägypten wird dort das Wort eröffnet, geoffenbart. Und in diesem Moment wird eigentlich dem Menschen alles mitgeteilt, was das Wort enthält. Es ist nicht nur, wie man sich denken könnte, ein Kommentar zur Bibel, sondern eine Lehre für das ganze Leben. Wo immer das Leben sich weiter abwickelt, in dieser oder in einer anderen Welt. Kunde vom Sinn des Lebens, dem Wert und der Erfüllung des Lebens, damit der Mensch die Gewißheit fühle, er sei nicht verlassen, er habe einen Vater, der alles für ihn bereitet, und er erfahre alles durch das erzählte Wort. Am Sinai, wo Gott in diese Welt herabsteigt, dort wird also das Wort geoffenbart, und Mose übernimmt das Wort und die Lehre von Gott. Gott gibt sie diesem Menschen Mose. Er ist für die Geschichte im Exodus bis zum Deuteronomium der Erlöser. Er verpersönlicht die Erlösung bis an die Grenze des Gelobten Landes. Während der ganzen Wüstenwanderung ist er der ausersehene Führer auf diesem Wege in die neue Welt. Und auch in der neuen Welt bleibt er die Grundlage, wie Josua es selber sagt, und wie es auch gesagt wird: »Die Thora von Mose hütet, die Lehre hütet.«

Auch das Ende des Alten Testamentes in den Propheten, auch bei Maleachi, sagt mit Nachdruck: »Gedenket der Lehre meines Knechtes Mose.« Und dann erst kommt die Sendung des Elia.

Also vom Sinai stammt die Überlieferung. Wenn wir einmal abstrahieren, indem wir vom Nur-Zeitlichen abgehen, dann werden wir auch verstehen können, daß hier nicht etwa erzählt wird, im Jahre 2449 nach der Schöpfung der Welt geschah es. Denn dann müßte man gleich die Frage stellen: Und was taten denn die Menschen vorher? Wir sind sehr schnell bereit zu sagen: Sie taugten eben nichts, nur wir taugen etwas. Sie waren leider unerlöst. Wie wenn Gott Geschöpfe gemacht hätte, um sie leiden zu lassen: Ihr sollt leer ausgehen!

Immer fühlen wir eine Neigung in unserem evolutionistischen Denken, daß einzig nur wir unter allen die Gescheitesten sind, die bisher jemals waren. Höchstens gestehen wir zu, daß unsere Kinder, weil wir sie ja gemacht haben, noch etwas gescheiter sind als wir. Aber die Ehrfurcht vor Vater und Mutter, die sich bis zum Ursprung, bis zu Gott erstrecken sollte, sie haben wir nicht. Denn Ehrfurcht vor Vater und Mutter will besagen: Ehrfurcht für das Vorige, und das bedeutet doch auch vor Gott. Wenn wir uns einmal vom Zeitlichen absetzen, werden wir verstehen, daß die Offenbarung am Sinai im Menschen zeitlos wohnt. In uns lebt als Fundament, man könnte auch sagen als Kern, das Zeitlose. Das ist es eigentlich, wodurch wir existieren. Es will auch sagen, daß die Offenbarung nicht auf das Jahr 2449 datierbar ist, sondern vorweltlich existiert. So wird auch in der Überlieferung gesagt. Die Thora, die Gott dem Mose übergibt, bedeutet eigentlich Lehre. Es sind nicht etwa nur die fünf Bücher Mose, wie man meint. Thora bedeutet Lehre im umfassendsten Sinne, was ein Lehrer gibt. Und der Vater, auch der Vater im Himmel, ist, wie wir sagen, der Lehrer.

Deshalb gilt auch nach altem Brauch der Lehrer als ein Ausdruck Gottes in dieser Welt. Wunderbar, weil er ein Lehrer ist. Ich meine natürlich nicht einen Lehrer, der alles mögliche lehrt, sondern den Lehrer, der den Menschen ins Geheimnis führt, bis in die innerste Kammer des Palastes, zu Gott. Von großer Freude erfüllt, in ekstatischer Bewegtheit, zeigt er dem Schüler: Sieh es an, alles das hat Gott der Welt gegeben; weil er die Welt so liebte, ist er bis zu euch herabgestiegen, damit er mit euch die Wende durchführen kann. Um das geht es, um diese Wende, um die Umkehr.

Oft wird der Mensch, der am äußersten Punkt ist und nichts mehr vor sich sieht, es zur Wende kommen lassen. Aber vorher fällt er immer tiefer, wird gesagt. Ganz unten erst, ganz unten, im Äußersten, kann die Umkehr erfolgen. Und für diese Umkehr, ihr zuliebe, ist alles gemacht, was gemacht ist. Deshalb ist der Lehrer, der dem Menschen zur Umkehr verhilft, auch Ausdruck des Göttlichen, weil er die Aussicht zur Umkehr bietet. Das ist Thora, vom Worte »lehren«, – die Lehre aller Dinge durch den Vater im Himmel.

Es soll deshalb deutlich gesagt sein: Die Theologie hat nicht recht, die alles so gern in Klassen und Gruppen einteilt, wie man auch in der Botanik und Tierkunde klassiert. Wenn die Theologie von der Thora behauptet, daß sie lediglich die fünf Bücher Mose und noch etwas mehr umfasse, dann behauptet sie etwas Unrichtiges. Die Thora umfaßt in jeder Beziehung die Sinnerklärung des Lebens, wie nur der Vater im Himmel sie uns geben kann. So weitreichend und so überwältigend ist sie, daß sie für das ganze Leben ausreicht. Man kann nie sagen, man habe die Thora ausgelesen. Denn sie öffnet sich immer weiter. Dieselben Begriffe erscheinen beim nächsten Lesen mit neuen Farben und erzählen unerschöpflich viel. Die Thora führt den Menschen durch alle Welten hindurch bis zum Vater. Selbst wenn der Mensch tausend Jahre lebte, nach unserer Zeitrechnung, auch ein Leben in anderen Welten führte, es ginge weiter und weiter. Das Lernen der Thora hätte seinen Fortgang. Der Vater erzählt und der Mensch hört in großer Freude zu, daß er empfangen darf.

Das Hohelied, die Geschichte von einem König und seiner Geliebten, läßt Gott und den Menschen sich begegnen. Der Mensch, der auf dem Wege ist. Die anderen umgeben ihn mit Eifersucht und Neid, aber dieser Mensch will gehen, und ihn zieht eben auch die Liebe des Lehrers, wie die Liebe den Lehrer zieht, zu ihm, dem Schüler, dem Menschen. Eine Liebe, von der im Hohelied erzählt wird. So wird der Sinn des Begriffes Thora verstanden. Man sagt denn auch: Es gibt eine Thora, als den Kern, der für euch im Worte immer unverfälscht da ist, so daß man kein Wort hinzufügen oder wegstreichen könnte. Ein Ganzes aus dem Himmel. Und so wenig wie ihr die Planeten oder die Sterne aus dem Weltall wegholen könntet, so wenig könnt ihr ein »Tütel oder Jota« vom Worte, von dieser Thora wegnehmen. Sie ist und bleibt unverfälscht, ganz. Der Kern, er ist ein brennendes Feuer in dieser Welt.

Die mündliche Thora

Die mündliche Thora dagegen ist das immerwährende Erzählen eines Lehrers für seine Schüler aus diesem Wissen, das Gott im Ursprung der Welt dem Erlöser erzählt, also dem vorweltlichen Erlöser schon und dem kommenden Erlöser erzählt. Die Liebe des Vaters zum Erlöser ist so groß, daß er ihm alles offenbart. Es existiert, wie man sich leicht vorstellen kann, kein Geheimnis zwischen Vater und Erlöser. Das ist die Lehre, die Gott dem Mose während der 40 Tage am Sinai gibt. Das ist der Grund der »mündlichen Lehre«.

Vom Lehrer dagegen wird erwartet, daß er sich ganz darauf beschränkt, nur diese mündliche Lehre zu verbreiten. Nicht etwa seine Lehre, die er sich dank seiner Gescheitheit, seines Wissens, selbst ausgedacht hat.

Davon sollte er besser schweigen oder sagen: Ich dachte mir, daß es so sein könnte. Eben das soll er sagen, und niemals es aufschreiben oder es vortragen, daß man auf den Gedanken käme, das sei nun die Lehre vom Himmel. Er wird höchstens sagen: Ich dachte, auf Grund von gewissen Umständen könnte man es so sagen. Der weise Lehrer wird auch das lassen. Es bleibt schon soviel übrig für Tausende und Abertausende von Jahren, was zu erzählen ist, was schon vom Ursprung her ist, warum sollte er dann seine eigenen Neuigkeiten dazu tun? Die mündliche Lehre vom Sinai, wird gesagt, wurde Joschua übergeben. Mose erhält sie und übergibt sie sogleich dem Joschua, dieser zieht in das Gelobte Land. Er bekommt die mündliche Lehre in ihrer Ganzheit.

Man hat es deshalb auch nicht unternommen, diese mündliche Lehre aufzuschreiben. Stets werden Menschen, so heißt es, da sein, die sich Gott öffnen, daß sie die mündliche Lehre in Kurzfassung, wie sie der Lehrer lehrt, wie eine Saat aufnehmen. Und wenn der Lehrer unterrichtet, wird es beim Schüler zweifellos schon gedeihen, und es wird wachsen. Der Lehrer gleicht dem Bauern, der den Samen auswirft. Und beim Schüler gedeiht es und reift zur Frucht. In der Saat liegt schon alles, nicht nur die Frucht, die beim Schüler heranwächst, sondern auch alle Früchte, die nachher kommen, sind schon in dieser ersten Frucht vereinigt.

Man erwartet, daß das Wort des Lehrers beim Schüler lebendig heranwächst. Damit er selbst sein Leben lang erzählend es auch anderen weitergeben kann, was bei ihm herangewachsen ist. Er läßt es in sich geboren werden. Der Schüler wußte, daß er etwas Heiliges bekomme, nicht damit er Nutzen von der Welt habe, reich werde oder gescheit. Er bekam die höhere Weisheit, die bei Gott ist, und sie sollte er in Ehrfurcht trinken, aufnehmen und in seinem Leben wachsen lassen. Es gab immer Lehrer, die erzählen konnten. Deshalb wurde die Lehre auch nie aufgeschrieben.

Bis schließlich – und das ist nicht nur in der zeitlichen Geschichte so, es ist im Menschen allezeit möglich – es dann soweit kam, daß die Lehre sich trübte. Wenn das Kind oder der Schüler wächst, wenn er auch schon ein Erwachsener ist, aber noch im Wissen wächst, dann entsteht die Gefahr, daß Fremdes sich einmischt, und der Schüler nicht mehr zu trennen weiß zwischen diesem und dem Heiligen, das von ganz oben kommt, wo es gezeugt wurde. Mit der Vermischung kommt die Verwirrung. Man sagt denn auch, daß dies ein Zeichen ist, daß es in der Zeit, in der Welt, geschieht. Eine Zeit bricht an, nachdem es Propheten, Weise und Richter gegeben hatte – ich spreche natürlich von den Richtern der Bibel –, daß man nicht mehr weiß: Stammt das nun vom Lehrer oder ist es meine Zutat? Und deshalb wurde der Entschluß gefaßt: Jetzt werden wir das ganze Wissen dieser überlieferten Thora, die mündlich bleiben sollte, in kargen Marksteinen, so könnte man sagen, in Zeichen festlegen, damit man für immer weiß, wie der richtige Weg verläuft und nicht plötzlich in die Irre geht und behauptet, ja, so war es doch uns gesagt, ich erinnere mich daran.

Es war aber damals noch das innerste Wissen da. Und es wandten jene, die darum wußten, ein: Es läßt sich unmöglich aufschreiben. Es würde ja tausend und abertausend Jahre dauern. Wie könnten wir das, wer sollte das tun ? Einige Punkte lassen sich erklären, damit jeder Lehrer weiß, diese Punkte sind mir Wegweiser. Fahre ich Auto und muß in Richtung Stadt, so schaue ich auf den Wegweiser, ob ich auf dem richtigen Weg bin. So sind die aufgezeichneten Wegweisungen gemeint. Die

Landschaft unterwegs aber soll ein jeder genießen. Dieser Beschluß knapper Aufzeichnungen wurde ungefähr zwei- bis dreihundert Jahre vor Christus gefaßt. Man hat kein genaues Datum, man könnte gerade so gut sagen, es fing schon an in Babel, dieser Gedanke, wir sollten es tun. Reif war es aber erst, als man überzeugt war, jetzt müsse es geschehen. Man scheute davor zurück, weil etwas Festgelegtes starr wird. Der Mensch darf nichts zum Erstarren bringen, er soll immer Lebendiges machen.

Thora und mündliche Thora: die Einheit

Die Thora indessen, sie, die von Gott kommt, die Bibel, muß beständig sein, weil sie Feuer ist. Trotz ihrer Festgelegtheit lebendig, ist sie der Kern des Ganzen, auf dem alles übrige ruht. Der Sinn dieses Ganzen wurde mitgegeben, damit eine Einheit zustandekommen kann. Damit dieses Feuer, die geschriebene Thora, mit dem Gegenüber, das nachfolgt, eine Einheit werde. Das andere ist die Umhüllung der Thora, welche das brennende Herz in der Mitte ist. Alles andere ist Umhüllung und zeigt, wie schön es einmal sein wird, wenn Gedeihen ist und Fruchtwerdung. Doch Kern ohne Hülle, Hülle ohne Kern, eines ohne das andere ist unmöglich. Die beiden bilden die Einheit.

Dieses umhüllende Wissen ist im Laufe der Zeit gewachsen. Dem ersten Akt des Festlegens schloß sich eine zweite Phase an, in der man sagte: Unsere Wegweiser sind zu spärlich aufgerichtet. Es ist zu weit von einem zum anderen. Die Leute werden eigensinnig und wissen schon im Vorneherein alles besser. Es wäre gefährlich, sie unterwegs alles mögliche erzählen zu lassen, was nicht zutrifft. Die Lehrer müssen weitere Hilfsmittel bekommen.

Die zweite Phase des Festlegens dauerte ungefähr von 200 bis etwa 500–600 nach Christus. Da legte man fest, was vorher nur mündlich erzählt wurde. Man sagte: Wir müssen es festlegen, es ist uns zwar bekannt, und wir lehren es auch, aber wir glauben, weitere Generationen werden es nicht mehr wissen. Es kommt immer mehr Verwirrung hoch. Das Heidentum wächst und das Römische Reich, das heidnische Rom, wird in seiner Anziehungskraft, durch seine Macht und Philosophie überwältigend groß, so daß wir es jetzt festlegen müssen. Denn wir fürchten um unsere Schüler.

Unsere großen Schüler fragen oft nach dem, was sie wissen könnten und sollten. Was soll man tun? Die Fragen, die sie stellen, müssen wir aufschreiben. Dann sind sie schriftlich niedergelegt. Fragt einer dies und jenes, so antworte ich: Lies – dort ist es klar dargelegt. Warum fragst du? In dieser Art etwa ging es zu. Die Schüler diskutierten miteinander, der Lehrer hörte zu, schüttelte den Kopf und sagte: »Nein, so geht das nicht. Schreibt es auf, und diese Punkte sollen euch Wegweiser sein!« Das war als knapper Hinweis gedacht. Weiter wollte man nicht gehen. Es sind weiterhin ziemlich spärliche Anschriften an der Straße, die man fahren oder gehen soll. Speziell dort, wo der Weg sich trennt, wo zwei, drei oder vier Möglichkeiten sich anbieten, stehen die Wegweiser. Hierdurch geht der Weg, dem du folgen kannst. Er sieht schmal aus und nicht verlockend, gehe ihn dennoch, der andere führt dich zu einem Abgrund. Meide ihn. Du möchtest ihn nämlich gehen, und deshalb zeige ich dir den guten Weg. Auf diese Weise bestimmte fortan der Lehrer, daß von nun an nichts mehr aufgeschrieben werden mußte. Alles weitere soll der mündlichen Überlieferung überlassen sein.

Die Festlegung war nur Merkmal, Anzeige der Richtung, welche man einschlagen sollte. Eigene Interpretationen und die persönlichen Gefühle blieben vorbehalten. Die Überlieferung bestand eigentlich aus lauter Hinweisen. Man meinte und wußte, es stamme vom allerersten Anfang im Himmel, von dort sei es hergekommen, und mit dem Worte. Jedes Wort dieser Texte war Wort der Überlieferung.

Wenn ich nun das Neue Testament anhand der Überlieferung vornehme und erläutere, so existiert die Überlieferung nicht etwa *neben* dem Neuen Testament. Sie gehört zur Grundlage des Menschen für jeden, der sich an das Wort heranwagt. Das Neue Testament ist kein Buch, das wir mit unseren menschlichen Einsichten interpretieren sollten.

Für mich, einen, der aus der Alten Welt stammt, ist eine von menschlicher Überlegung kommentierte Bibel erstaunlich. Wie konnte es das geben? Im Judentum zum Beispiel war dies bis vor einigen hundert Jahren überhaupt undenkbar, es gab nur die traditionelle Erklärung der Bibel. Es gab nur die Erklärung des Lehrers für den Schüler. Sie fußte auf der mündlichen Lehre und nichts anderem. Man wagte keinen Schritt darüber hinaus. Man erklärte lediglich, was man von seinem eigenen Lehrer vernommen hatte, und dieser wieder von dem seinen, zurück bis zu Josua und Mose, bis zum Uranfang im Himmel. Andere Überlieferungen und Erklärungen gab es nicht. Erst vor etwa zweihundert Jahren begann man auch im Judentum, Kommentare über die Bibel zu schreiben. Man sei, fand man, inzwischen gescheit genug, und vergaß das Alte. Beides geschieht immer zur gleichen Zeit. Das Gescheitsein und das Vergessen. Man hat keine Zeit mehr, selber Schüler zu sein. Der Mensch sollte vor Gott und vor dem Erlöser sein ganzes Leben lang Schüler bleiben. Doch das vergaß man. Man wurde eingebildet und gab eigene Lehren, Auslegungen und Theorien zum Besten. Jetzt haben wir all die Kommentare der Bibel. Man muß sehr aufpassen, wenn man sich heute eine hebräische Bibel mit Kommentar kauft. Was weiß denn der Mann schon, der das schreibt? Schöne Gedanken – möge er sie haben, aber ich finde sie gewiß in der Lehre auch. Es bestand immer die Regel, daß man alles nur von einem Lehrer hören solle. Deshalb mein Staunen, daß man diese Regel in bezug auf das Neue Testament nicht kannte, und daß jeder, der nur wollte, seine Meinung äußerte, oft mit den besten Absichten, aber er urteilte nach seiner persönlichen Meinung. Er verglich Verse aus dem Alten oder Neuen Testament und wollte beweisen: Hier steht es so und so. Wie ich schon bemerkte, kann man jedes so geartete Argument unverzüglich widerlegen. Mit genauso überzeugenden anderen Versen. Das hat keinen Sinn, dazu ist die Bibel nicht da. Verstehen wir: Es ist ein brennendes Feuer, paß auf, es ist wie der brennende Dornbusch, den Mose auch am Orte der Offenbarung sieht. Dann heißt es weiter als Wichtigstes, Erstes: Rühre es nicht an, hier ist heiliger Boden. Tritt zurück, denn es ist nicht für das Spiel deiner Hände. Es ist heilig! Als Joschua ins Land Kanaan kommt, begegnet ihm ein Mann, ein Engel, der zu ihm spricht: »Heiliger Boden hier!« Die Welt, auf der du hier stehst, ist nicht die Erde, auf der du mit deinem Körper stehen kannst. Ziehe die Schuhe aus! Das In-den-Schuhen-stehen bedeutet immer: auf dem Körper stehen. Wer die Bibel so sieht, dem ist sie ein heiliges Buch. Selber darf man nicht daran rühren, das ist der Sinn.

Ich will nun zu erzählen versuchen, was auf Grund dieses alten Wissens, dieser alten Lehre, die im Anfang ganz vom Himmel kommt, über die Begriffe, die auch im Neuen Testament vorkommen, gesagt wird. Dann beginne ich, das Buch Satz für Satz zu lesen. Wir sehen, was es uns dann sagt. Bei jedem der Sätze muß ich natürlich viel erklären, eigentlich ein Leben lang. Das macht nichts aus, wir können das nur so tun, und es geht eben nicht schneller. Aber anfangen müssen wir. Wie weit wir kommen, werden wir sehen. Haben wir zehn Sätze richtig verstanden, so haben wir alles andere auch schon verstanden. In oberflächlicher Art tausend Sätze lesen, das wäre so gut wie nichts. Wann die Frucht wächst, wissen wir nicht. Der Gang der Entwicklung und des Werdens ist zeitlos, zum mindesten nicht genau bestimmbar. Unter Umständen dauert es nur ein paar Tage. Wer aber den Samen der Worte einem anderen geben will, daß sie Frucht werden, der muß Geduld haben. Die Saat muß begossen werden, es muß regnen, Tau muß fallen, mit Geduld und Hoffnung warten, was werden will.

Nun verstehen wir, was Überlieferung ist. Nichts spezifisch Jüdisches, es ist ein allgemein Menschliches. Die Bibel ist ja dem Menschen gegeben. Sie ist Israel gegeben, damit durch Israel sie den Menschen erreiche. Es kommt schon, nicht durch Zwang, ganz einfach dadurch, daß das Wort gelebt wird. Man muß sich in Geduld üben – die Wirkung ist da, zwar unsichtbar, aber doch da. Den Menschen aber ist die Überlieferung gegeben. Wo er auch lebt, und was er von Gott glaubt und über ihn denkt, und ob er von Gott gar nichts wissen will, sie ist dem Menschen überall gegeben, und wir sollen darum sie allen Menschen, wo sie auch sein mögen, erzählen. Ohne Zwang einfach mitteilen und darauf achten, ob die Frucht wächst, ob der Same auf Stein fällt oder in die Erde. Wir sollen aussäen; wenn es sein soll, sprießt es, und wenn nicht, dann eben nicht. Zwingen können wir es nicht, in der Erde nachgraben oder danach suchen, wie weit es schon gediehen ist. Wir würden den Keim nur töten. Er soll ruhig keimen, damit er groß und zur Pflanze wird. Ich kann bei der Frucht von Tier und Mensch nicht etwa nachsehen, wie weit sie entwickelt ist. Der Photograph kann keine Aufnahme machen. Man soll es in Ruhe lassen, es wächst schon. Das ist die Art, in der ich hoffe, vom Neuen Testament erzählen zu können. Daß die Früchte wirklich reifen, kann ich nur hoffen.

Erlösung

Man spricht viel davon, auch vom Erlöser, und jeder hat vielleicht schon eine vage Vorstellung davon. Sehr oft macht man sich zu meinem Erstaunen gar keine Vorstellung, oder hat darüber noch nie gründlich nachgedacht. Wir wollen aber doch versuchen zu sehen, was diese Worte in der alten Welt der Tradition bedeuten, und sie in unser Leben einpflanzen. Was bedeutet es, vom Gesalbten, dem Messias, von Christus zu sprechen? Es scheint ja ein wenig komisch, das Eigenschaftswort »gesalbt«. Die Salbe und das Salböl – was ist das? Und warum soll der Erlöser der Gesalbte sein? Wie stimmt das zusammen, und woher stammen die Worte? Es lohnt sich, diese Worte zu eröffnen. Bei Matthäus stehen am Anfang mehrere Begriffe, von denen es gut ist, daß wir sie vor Beginn der Auslegung untersuchen, damit sie dann nicht zu lange aufhalten. Im Zusammenhang mit dem Begriff Erlöser stellt sich überhaupt noch die Frage: Wozu ist die Welt so, daß man einen Erlöser braucht? Es liegt doch im Plan der Welt, der Schöpfung, daß der Erlöser schon vorher da war. Also gehört er zur Schöpfung? Und wir sollten uns einmal fragen, wieviele Leute sich das heute noch fragen.

Wer mit Menschen spricht, die von der Religion nicht mehr viel wissen wollen, oder eine ganz moderne Religion haben, dann hört man oft die Frage: Wozu all das Schwere in der Welt, daß man vor lauter Schwierigkeiten auf die Erlösung hoffen muß? Gerade als ob ein Spiel mit einem getrieben würde. Erst macht man einem Kinde Angst, und nachher sagt man, es sei ja nichts gewesen. Man habe es nur etwas zum Narren gehalten. Es sei schon alles in der besten Ordnung, von allem Anfang an. Das wäre eine Quälerei, und ganz absichtlich. Man darf doch einem Kinde keine Angst machen und es nicht erschrecken. Nur so zum Spaß. Es gibt im Menschen Neigungen, die Psychologen wissen das, die man unter dem Begriff des Sadismus zusammenfaßt, eine krankhafte Entartung, daß man Menschen erst Weh und Leid antut und Handkehrum als Retter und Helfer kommt. Den Edelmenschen spielt, der so gut ist. Davon gibt es alle Sorten. Etwa Chefs, die ihre Angestellten erst bis aufs Blut plagen und dann großzügig tun, mit großen Geschenken und freundlichem Getue. Das ist ein übles Spiel. Und die ganze Geschichte von der Erlösung, das sei auch nur ein Spiel, wird gesagt. Da werde erst gequält und dann erlöst. Was ist der Sinn dieser Schöpfung, der Welt in all ihrer Mannigfaltigkeit? Was ist denn diese Welt im Grunde, und wozu ist sie da? Zuvor habe ich einmal gesagt, das Wunder dieser Welt sei die Umkehr, das war ein Zitat. Der Mensch kann umkehren. Warum aber erscheint dieses Wesen, der Mensch hier? Ich werde versuchen, noch darüber zu reden, nur will ich ja über das Neue Testament reden. Aber wir werden dieser Frage auch im Neuen Testament noch oft begegnen. Jetzt nur in großen Zügen soviel: Der Sinn der Schöpfung, von dem im Alten Testament berichtet wird, ist es, daß Gott dem Menschen das Höchste und Größte, das Wunderbarste von allem schenken will, das es überhaupt gibt. Es ist so groß, daß es das Sich-wegschenken Gottes bedeutet, eigentlich daß Gott sich zurückzieht. Man kann sagen, das sei das Opfer, und denkt nicht darüber nach, was das heißt. Schon das Wort Opfer als solches ist falsch. Es ist in die Übersetzung hineingerutscht aus der lateinischen Übersetzung. Es ist deshalb falsch, weil dieses Wort im Text überhaupt nicht vorkommt. Doch hat es sich nun einmal eingebürgert. Man spricht also immer vom Opfer Gottes. Gott gibt die Einheit auf, das wäre richtig. Er gibt auf, der in Frieden und Glück Seiende zu sein und stellt so die Zweiheit seiner eigenen Einheit gegenüber, damit er uns das schenken kann, was das Allerhöchste ist. Diese Einheit, Gott selber, so wie erzählt wird, ist sein Geschenk. Mit der Weltschöpfung hat es begonnen, in der Phase des Sich-zurückziehens, des »Zimzum«. Gott zieht sich weit, weit zurück, bis ins Äußerste. Für uns sieht es jedenfalls so aus, damit der Weg zurück für uns zu einem Geschenk werde. Wir mit unserem Raum- und Zeit-Denken müssen uns das als einen Lebensweg vorstellen. Der Weg von oben nach unten, der Abstieg, spiegelt den Willen Gottes, dieses Geschenk zu machen. In einem immer weiter konkreten Festwerden, in einer immer stärkeren Verdichtung, manifestiert sich Gott bis zu dem Punkte, wo für uns das andere Äußerste sich darbietet: Der Uranfang der Welt. So wie im ersten Anfang alles noch eins ist, so ist am Ende der Konkretisierung alles vielfach ins Unzählige zersplittert. Was im ersten Anfang alles Verständnis und Glück war, ist am Ende in Unverständnis und Leid zerbrochen. Gerade an diesem Punkte des Endes, des Schmerzes, ist aber die Hoffnung auf die Rückkehr gekommen. Dazu ist ja diese Welt gemacht worden, so wird gesagt, damit die Rückkehr des Menschen erfolge. Die Rückkehr, auch räumlich-zeitlich, verkörpert den Sinn der Lehre und des Lebens. Denn auf dem Wege zurück, der zeitlich ist und ewig dauert, hat man jeden Moment zum Vater zurückgefunden. Es ist keine Dauer in dem Sinne, daß man sagt: Ich habe einen langen, langen Weg vor mir, bis ich den Vater, das Ziel, erreiche. Im Moment, da man sich umwendet, sagt die Tradition, sieht man das Ziel und auch Ihn, und man ist bei Ihm. Der Weg fängt an, mit uns zu gehen. Ohne Umkehr kann man reden und reden, aber man hat doch keine Ahnung vom Eigentlichen. Im täglichen Leben, in jedem Geschehen, soll man verspüren, daß es uns entgegenkommt, es soll uns aufgehen, was die ganze Natur, die Schöpfung und die Geschichte, kurz, alles uns sagen will. Das ist der ewige Weg zurück. Ein Gang zur Einswerdung und zum ewigen Einssein. Alles geschieht zusammen, in einem beglückenden Moment.

... und Verbannung

In diesem Zusammenhang ist das hebräische Wort »gal«, g-l, der Punkt der äußersten Verstofflichung. Hier gibt nur der Körper des Menschen den Ton an, und es wird nur der Körper wahrgenommen. Das Wort ist Stamm und Wurzel für verschiedene Begriffe. Es ist einmal Wurzel des Wortes »Körper«. Für den Körper, der als Körper an und für sich noch völlig seelenlos ist, wie auch für den Bereich, in dem der Körper herrscht und anordnet. Beides heißt »golem«. Ein Golem, denkt man sich, ist irgendein Roboter. Dies hat man aus dem Worte gemacht. Jeder Mensch, den man nur nach seinem Äußeren einschätzt, wird zu einem Golem. Deshalb soll man nie, so will es die Sitte, einen anderen Menschen anstarren. Man kann ihn einmal flüchtig mustern, jedoch nicht von oben bis unten einer Prüfung unterziehen. Das wäre beleidigend. Man würde einen Golem aus ihm machen. Als ob der Körper lediglich als solcher zählte.

Man sollte überhaupt den menschlichen Körper, wenn er nackt ist, nicht näher ansehen. Auch dies ist Beleidigung. Die Schamhaftigkeit des Menschen ist ein Zeichen, daß er darum weiß. Umgekehrt läßt sich sagen, daß die Schamlosigkeit das Zeichen ist, daß der Mensch etwas verloren hat und jetzt zeigen will: so bin ich, und ich werde es jedem zeigen, wie ich bin.

Mit der Verbannung, dem Exil, meint man nicht nur das, was in der Geschichtsstunde gelehrt wird: die Verbannung des Volkes Israel unter den Völkern. Verbannung meint viel mehr: jedes Geborenwerden hierher ist ein Gang in die Verbannung. Denn in dieser Welt, im Äußersten, ist man so weit fort von Gott, daß er hier wirklich zu einem verborgenen Gotte wird. Der Mensch müßte erst andere Organe wieder zum Leben erwecken, um Gott zu erfahren. Der Gebrauch seiner Organe, die ihm in dieser Welt ständig zur Verfügung stehen und dienen, ist zu wenig, um die Verbannung aufzuheben. Gott ist solange verborgen und vollkommen unsichtbar, und auch auf Umwegen nicht erfahrbar. Nun heißt Verbannung im Hebräischen »galuth«. Also auch hier »gal«, mit dem g und l, dem Gimel und Lamed. Wir verstehen nun, daß in »Golgatha« auch die Wurzel »gal« steckt, und daß eben dies ein Endpunkt des Geschehens ist. Es geschieht an einem ganz bestimmten Punkt, womit ausgesagt ist: An diesem Punkt tritt die Wende ein. Ein Absolutes wird euch offenbart, und ihr sollt es, dies absolute Etwas, jeden Tag und jede Stunde in euch lebendig sein und wirken lassen. Sonst würde es nicht absolut sein, sondern ihr machtet es gleich wieder relativ, zu etwas Bedingtem, und dann wäre es schließlich wertlos. Ihr hättet es getötet.

Im alten Wissen nennt man auch jedes In-die-Zeit-hineinzwingen des Absoluten ein Abtöten des Absoluten. Der Begriff Zeit in unserem Sinne ist im Hebräischen der Buchstabe Taw, der Zahlenwert 400. 400 ist in den alten hebräischen Hieroglyphen als Zeichen ein Kreuz. Das will besagen, daß man es »kreuzigt«, wenn man das Absolute in die Zeit hineinzerrt. Man tötet es am Kreuz, tötet es in der 400. Die 400 ist die unendliche Zeit.

Wir sollten also richtigerweise sagen, daß Gott schon im Absoluten die Schöpfung zustandekommen läßt, und gleich hinzufügen, daß die Schöpfung nicht nur einmal Ereignis geworden ist. Die Tradition sagt: Was ihr seht, ist eine Illusion der Zeit. Später werden wir darauf eingehen, was Zeit bedeutet und was eine Illusion in der Zeit ist. Es heißt nämlich weiter im überlieferten Wissen: Vergiß nicht, daß Gott jeden Tag die Schöpfung macht, nicht etwa wieder macht. Was für euch das Erleben jedes Tages ist: ihr sollt die Schöpfung erleben. Die Schöpfung war nicht einst, vor unendlich langer Zeit, die Schöpfung war und ist und wird sein, und ihr solltet jeden Tag mit Ehrfurcht verstehen: Gott gibt sich jeden Tag in diese Schöpfung. Er läßt sie werden, damit der Mensch bis an diesen äußersten Punkt des Seins gelange. Dort ist die Umkehr möglich. An jedem Tage erreicht die Schöpfung diesen Punkt. Wir sollten anfangen, die Zeit zu überwinden und uns selber nicht nur als Zeitwesen zu sehen, denn dann wären wir tatsächlich Zeitwesen, von denen im Anfang der Genesis gesagt wird: Sobald du von diesem Baume nimmst, stirbst du, das heißt: sobald du in der Zeit leben willst, stirbst du, bist du tot. Du lebst zwar im animalischen Sinne noch manche Jahre, bist aber schon tot. Du bist dem Tode sicher und von ihm gezeichnet.

Wenn du jedoch von dem Baume der Abtrennung und Zweiteilung nicht nimmst, dann hast du die andere Alternative vor dir, daß du ewig lebest. Deshalb wird immer eingeschärft: Ergreife die Lehre Gottes. Es ist der Baum des Lebens für den, der sie ergreift und festhält. Deshalb heißt es immerzu: Versuche endlich, die Zeit loszulassen. Erlöse dich von der Zeit. Tust du es, so wirst du dem Anderen begegnen und ewig sein. Eben sagte ich: erlöse dich von der Zeit! Ich mußte diesen Ausdruck benutzen – erlösen –, weil nun einmal im Deutschen kein gleichwertiges Wort zur Verfügung steht.

Im Hebräischen lautet der Sinn des gleichen Wortes erlösen: Bringe die Eins in die Zeit hinein, erblicke die Einheit in der Zeit. Sage nicht, ich sehe diesen Menschen, so wie er ist. Heute ist er 40 Jahre alt, und so ist er eben. Nein, sieh in ihm den Greis oder die Greisin, und auch das kleine Kind. Denn er ist zur selben Zeit alles, und das ist einer der Gründe, wie schon gesagt, daß man den Menschen nicht scharf anschauen soll. Denn schaue ich den Menschen auf sein Alter hin an, ob jung oder alt, so unterliege ich dem Eindruck, es seien viele alte Leute hier oder viele junge Leute. Nein, beides ist falsch, es sind Menschen, die Zeitgenossen, und nur deshalb, weil sie alle zeitlos mit mir da sind, sind sie auch Menschen wie ich. Das Sich-lösen von der Zeit bedeutet, daß man sich von der Bindung im Körperlichen lösen soll. Man soll nicht jemanden nach seiner körperlichen Erscheinung beurteilen und sagen: Dieser Mann sieht ganz sympathisch aus, und jener ist mir unsympathisch, diese Frau ist häßlich usw. Dann würde es wieder eine Beleidigung sein, entsprechend dem »gal«, wieder würde man den Menschen zum Golem stempeln. Es ist tödlich, du kreuzigst den Menschen, bringst ihn in die Zeit hinein. Bringe jedem, den du siehst, die Eins.

Die Eins im Hebräischen hat stets die Bedeutung Ursprung, alles umfassend. Nicht nur die Phasen von der Geburt bis zum Tod, sondern die Stadien vor der Geburt, vom Ursprung der Welt bis zu ihrem Ende. Der wirkliche Mensch lebt als Einheit. Er erscheint hier in der Zeit, seine Erscheinung ist eine Projektion in der Zeit. Sein Leben ist ein Leben der Einheit. Ich soll den Menschen so sehen können, und in den »gal«, in den Körper, soll ich die Eins hineintragen, sie erwecken.

Mit der Eins wird dann aus »gal« das Wort »goel«, das Wort für Erlöser. Wenn man dem Erlöser begegnet, so will das auch sagen, daß man in den Dingen dieser Welt, so wie sie uns erscheinen, den göttlichen Ursprung sieht, die Eins. Wenn ich eine Blume sehe, soll ich sie erlösen, die Eins in ihr anschauen, das Geheimnis in ihr. Und solches Anschauen läßt uns auch dem Erlöser begegnen. Er wird für mich sichtbar. Dann kann ich mit ihm sprechen, und er kann antworten. Das setzt nicht voraus, daß ich mich in einer außergewöhnlichen psychischen Lage befinde, etwa meditiere oder Visionen habe. Nein, er ist so ganz bei mir, wie ich in diesem meinem Leben bin.

Das ist mit dem Begriff Erlöser gemeint. Es ist das Geschenk der Selbsthingabe. Vom Urzustand begleitet er bis in das Äußerste und Letzte der Form. Er steigt herab und ist deshalb dann der Erlöser, weil er die »gal« zum Leben erweckt. Es ist die Eins im Wort »goel«. Unter dem Vorgang der Erlösung ist an sich schon zu verstehen, daß der Erlöser mit seiner Schöpfung mitgeht. Gimel-Lamed, in Zahlen 3-30, sind identisch mit dem Wort »gal«. Zahlen sind im Hebräischen stets zu gleicher Zeit auch Buchstaben, und umgekehrt. Es ist eine unzertrennbare Einheit (siehe F. Weinreb, »Zahl, Zeichen, Wort. Das symbolische Universum der Bibelsprache«, Verlag der FW-Stiftung). Wir verstehen den Wortsinn, wenn wir die Wörter als Gruppen von Verhältnissen erkennen. Einerseits baut sich für uns ein quantitatives Gefüge auf, z. B. 1-4, ein Zusammenhang von Verhältnissen, andererseits eine Harmonie. Das Wort entpuppt sich nach zwei Seiten: einmal ist es Lautgebilde, in einer tieferen Schicht aber auch Maß-Verhältnis.

Wir sahen das Wort »gal« als Wurzel für »golem« und »galuth«, für Golgatha. Betrachten wir den Zahlenwert. Das Wort »gal« ist der Wert 33. Da geht auch ein Licht auf, warum Jesus 33 Jahre alt geworden ist, wie es im Evangelium heißt. Verstehen wir, daß hier etwas Absolutes im Körperhaften mitgeteilt ist? Es soll uns nicht etwa dazu verleiten, nachzuprüfen, ob im Jahre 33 die Römer den Tod Jesu vermerkt haben. Oder etwa traurig sein, wenn wir nichts finden, und voller Freude, wenn wir einen Fund machen. Beides ist nicht am Platz. Es könnte der historische Fund eine Fälschung sein. Wichtig ist allein das Absolute, das immer existiert, auch heute: Golgatha. Es gibt auch heute das 33. Jahr. Und wenn man nun überlegt, daß dies sehr lange her sei, so hat man schon wieder relativiert und ein Verhältnis ausgerechnet zu anderen Zeitrechnungen. Schon hat es seine Kraft verloren. Die Erlösungsgeschichte wird dann richtig erzählt, wenn im »gal«, im Körperlichen, die Eins aufleuchtet. So soll es sein, daß die Eins hindurchleuchtet, die im Zentrum steht. Das Wort Erlöser, »goel«, schreibt sich in Zahlen 3-1-30. Die Eins ist umhüllt von der Drei und der Dreißig. Die 30 stellt hier, ebenso wie die 3, etwas Umfangendes dar, und die Eins in der Mitte ist das Zentrale.

Im Neuen Testament werden öfters Zahlen genannt, wie wir noch sehen werden. Es ist vorausgesetzt, daß man ihre Bedeutung kennt, ehe man die Geschichten liest. Wenn man, ohne das zu wissen, liest, kann man nur sagen: Wie schade für alle diese Menschen, die zu lesen beginnen und gar nicht wissen, welcher Reichtum – Reichtum ist viel zu wenig gesagt – hier verborgen ist! Sie lesen darüber hinweg, sie machen sich Sorgen, ob eine Stelle auch richtig sei, während es ganz anders gemeint ist und uns in der Erwartung gegeben wurde, der Mensch würde erwachen und fragen: Aber wozu ist das alles gesagt? Was will das von mir? Der Erlöser – was ist mit ihm? Man soll also nicht einen Gelehrten zitieren, denn Gelehrte sind meistens eingebildet, und deshalb oft auch einfältige Herren. Man soll nicht gelehrte Theorien betonen. Ich bin Bauern begegnet, die weise waren, und habe Gelehrte von unaussprechlicher Dummheit kennengelernt. Ich glaube also nicht, daß man auf die Professoren hören sollte. Man soll sich selber fragen: Wo finde ich das, was ist es, was sagt mir mein Menschsein darüber? Denn ich bin ein Kind hier, und mein Vater ist hier und dort. Er erzählt es mir auf die gleiche Weise wie allen anderen. Wenn ich es nur suche, dann könnte ich es auch finden. Das alles ist im Begriff der Erlösung eingeschlossen. Wenn aber Erlösung bedeutet, daß der Kern der Welt mit seiner Umhüllung geschaffen wird, wie sieht dann unter diesem Aspekt die Welt aus? Man könnte deshalb vom Neuen Testament als dem Bericht der Erlösung sprechen. Wie sieht diese Welt aus, in der die Erlösung lebt und stets von neuem stattfindet? Leider verlief die Entwicklung so, daß man sich heute fragt: Wie war die Erlösung? Und dann fragt man staunend weiter: Warum sieht die Welt trotzdem so aus?

Man redet sich vielleicht ein, das habe seine verständlichen Gründe. Die Schuld liegt aber bei jenen, die so reden, glaube ich. Sie hätten nicht sagen dürfen: Es war die Erlösung. Sie ist schon vom Uranfang an, bevor die Welt bestand. Die Erlösung ist schon da. Sonst hätte Gott die Welt nicht gemacht. Die Erlösung wird immer sein, jeden Tag. Wir leben eigentlich nur durch den Erlöser. Wir atmen nur deshalb. Wir können nur durch den Erlöser sein, wir könnten sonst keinen Augenblick existieren. Wir würden explodieren oder zusammensacken, ich weiß nicht, was geschehen würde, wir könnten einfach nicht sein. Auch unsere materielle Existenz – selbst das Böse, die Existenz böser Menschen, der Tiere usw., die wir als böse bezeichnen, ist auch nur für die Erlösung geschaffen und da. Sicher ist auch mein Fragen, Denken und Hoffen deshalb da. Wir lassen uns vom Psychiater beraten, und es gibt natürlich genügend Leute, die gern oder ungern hingehen und sich einer Analyse unterziehen, weil sie eben vergessen haben, daß sie durch den Erlöser leben. Sie brauchen dann wieder eine kleine Aufmunterung, damit sie wieder in Freude leben können. Sie sind wie ein Instrument, ein Uhrwerk, das nicht gut läuft und immer wieder aufgezogen werden muß, immer von neuem Hilfe von Uhrmachern benötigt.

Der Erlöser – der Gesalbte

Wir sollten deshalb vor allem versuchen, von allem Anfang an den Erlöser so zu sehen, zeitlos, überweltlich, und uns dann erzählen lassen: Was geschieht nun, wenn er im Menschen erscheint? Unter welchen Umständen?

Es gibt natürlich gewisse Maß-Verhältnisse, wie die Welt aussieht, wenn der Mensch am äußersten Punkt angelangt ist, wo er von der Erlösung hören kann.

Wir sollten in der Erlösung ein absolutes Geschehen, ein immerwährend Verborgenes, Daseiendes erkennen. Wie jeden Tag die Schöpfung aufs neue erscheint. Wie könnte denn die Schöpfung sein, Tag für Tag, und der Erlöser nicht? Nur ein geschichtliches Faktum? Das wäre eine Beleidigung und ein Spott, ja, ein Bespucken des Erlösers.

Nun gibt es auch einen anderen Namen, dem wir im Matthäus-Evangelium begegnen: das Wort Christus. Es ist ein griechisches Wort, wie wir wissen. Es ist die Übersetzung des hebräischen Wortes, das uns als Messias geläufig ist, eigentlich »maschiach«, »meschicheh« im Aramäischen. Der Begriff »melech ha-maschiach« im Hebräischen heißt »der König Messias«, »malchah meschicheh« im Aramäischen. »Maschiach« heißt, wie auch Christus, der »Gesalbte«.

Warum mache ich soviel Aufhebens von einem »Gesalbten«? Muß er denn gesalbt sein, könnte man sich fragen, und würde es nicht genügen, wenn wir statt dessen einen schönen Spruch für ihn sagten? Unter Salbung stellt man sich vor, daß dabei Öl verwendet wird. Die Hände werden fett davon, wenn es aus der Flasche läuft. Der Kopf wird mit dem ausgeschütteten Öl gesalbt. Es muß zu unseren Vorstellungen passen. Wenn nicht, dann dulden wir es nicht. Es ist unpassend.

Die Geschichte von Sodom und Gomorrha ist bekannt, wie auch die Geschichte vom Prokrustesbett. In der jüdischen Überlieferung gibt es sie auch. Es ist die gleiche oder fast die gleiche wie in der griechischen Mythologie. Die alte Überlieferung erzählt, Sodom sei die Welt, die unseren normalen Vorstellungen, unseren

Normen, entspricht. Wird also von einem Menschen gesagt, er sei ganz normal, so denke ich gleich bei mir: Er ist also ein Sodomiter. Kein sehr netter Vergleich, aber das geht bei mir unwillkürlich vor sich, dem kann ich nicht mehr abhelfen. Höre ich dagegen sagen: Der da, das ist ein Non-Konformist, ein recht lästiger Mensch, so sage ich mir: Wie gut, daß es die noch gibt! Von Sodom, dieser Normalwelt, heißt es, die Sodomiten empfangen jeden Gast mit einer eigenartigen Technik. Man legt den Gast nämlich auf ein Bett. Wieso ein Bett? Das Bett heißt hebräisch »mitah«, und das Wort ist eng verwandt mit »middah«, Maß. Man wendet also bestimmte Maßstäbe an, könnte man folgern.

Jeder Besucher von Sodom kommt auf dieses Bett zu liegen, er wird dessen Maßstäben angepaßt, genau nach den Normen dieser Welt. Nun gibt es natürlich fast niemand, der genau hineinpaßt. Einer von einer Million vielleicht. Darauf fängt man an, dem Unangepaßten für diese Welt das Maß zu nehmen. Ist er zu kurz geraten, wird er gestreckt; ist er zu lang, wird ein Stück abgehackt. Am Ende paßt er und ist – tot. Und so tötet diese Sodom-Welt alles, was von außerhalb kommt. Ihr Maß allein ist gültig. Sehr oft verfahren wir gleich. Es muß zu den Vorstellungen passen, die wir uns gemacht haben, zu den naturwissenschaftlichen Vorstellungen oder zu theologischen Ansichten. Man ist entweder Positivist oder Pietist oder Fundamentalist. Es muß sich in diese Vorstellung fügen.

Man sollte indessen das Haus so offenhalten, wie in der Überlieferung von Abraham erzählt wird. Alle vier Seiten seines Hauses zeigten offene Türen, damit die Gäste, die von weither kamen, von allen Seiten hineinkommen könnten. Und er rief sie, winkte ihnen, sein Haus zu betreten. Sie waren die Hauptpersonen. Der

Gast ist stets das Wichtigste, er kommt mit der Botschaft von draußen. Botschaft als Nachricht für diese Welt von außerhalb. Botschaft, »bessurah« im Hebräischen, hat den gleichen Stamm wie das Wort für Fleisch. Also Fleisch, auch das Fleisch des Menschen, und Botschaft sind sinnverwandt.

Wenn wir im Neuen Testament von einer Botschaft hören, besteht sie also in der Erscheinung hier, im Fleisch, als Erscheinung dieser Welt. Wir aber wollen, daß die Erscheinung so paßt, wie sie mit unseren Maßstäben gemessen werden kann. Verhält sie sich nicht so, dann können wir das nur bedauern. Schade! Darauf zerstückeln wir die Botschaft, wir töten das Erscheinende.

Also, ich betone es nochmals, die Bedeutung des Wortes Gesalbter, »maschiach« kann nur erfahren werden, wenn man sie auch von der Thora, von diesem Urwissen aus, beleuchtet und versteht. Sonst kommt man zu allerlei Ungereimtheiten, wie z. B. auch für das Wort Priester und Hohepriester. Das Wort »malkizedek«, das oft zu einem Melchisedek gemacht wird, hat auch seine besondere Bedeutung.

Gast bei der Tradition

Doch zunächst eine Bemerkung über meine Art der Einführung in die jüdische Tradition und mein Verhältnis zum Hörer. Eigentlich sollte man jeden Hörer dieser Weisheit so empfangen wie einen willkommenen Gast. Der Theologe wendet allerdings ein: Viele Gäste einzuladen, das war eine orientalische Sitte, und nur Orientalen waren so gastfrei. Nein, jeder Mensch sollte so sein. Der heutige Araber ist auch nicht immer gastfreundlich. Mensch ist Mensch, man sollte nicht sagen, nur Orientalen seien derart gastfreundlich, Schweizer, Dänen,

Deutsche dagegen nicht usw. Nein, gewiß nicht! Wer eine Botschaft von außen empfängt, soll sich erst einmal die Botschaft anhören, ohne die stillschweigende Absicht, sie sogleich nach den eigenen Vorstellungen umzumodeln und zurechtzustutzen. Jeder sagt sich, ich habe nun einmal meine Maßstäbe, das Lied, das ich in meiner Jugend gelernt habe, und ich werde aufpassen, ob die neue Melodie dazu paßt. Wenn nicht, dann zergliedere ich es. Wenn ich das merke, und man kann es merken, obwohl kein Wort fällt, dann versiegt alles, was ich zu sagen habe. Natürlich werde ich weitersprechen, aber nicht mehr die kostbarsten Gäste aussenden – denn die gingen in Sodom alle zugrunde. Darum hängt es so sehr vom Auditorium ab, ob es die Botschaft empfangen will, hören und erleben will.

Wenn die Saat in schlechte Erde fällt, oder giftig ist, was natürlich auch der Fall sein könnte, dann wächst eben nichts. Es geschieht nichts. Handelt es sich aber um eine gute Saat, dann müßte sie aufgehen. Doch nicht so, daß man den Samen zerlegt und unter das Mikroskop schiebt, sondern zustimmend sagt: Ich nehme den Samen auf, ich werde sehen. Wie soll es sonst wachsen? Meiner Meinung nach sollte man sich zum Zuhören bereithalten. Alles dringt aus den Wurzeln von uns allen herauf. Ich erzähle es eben in Worten, die von uns allen vernommen werden können. Ich könnte genauso gut in einem jüdischen Kreis sprechen, wie ich es auch schon tat, oder bei Atheisten, was auch schon geschehen ist. Ich spreche vor jedem Kreis.

Deshalb spreche ich immer spontan, frei, denn wenn es nicht in mir ist, wie darf ich dann sprechen? Es wäre andernfalls eine schreckliche Einbildung, dann doch zu sprechen. Ich könnte es ja allenfalls aufschreiben, hätte dann wohl Angst, ich käme beim Sprechen nicht weiter.

Es muß aber so sein, daß man aus seinem Wesen spricht. Doch nur einen Bruchteil, ein Hundertstel des Wissens, sollte man aussprechen. Denn auch das Unausgesprochene muß sein, damit es einmal ausgesprochen werden könnte. Ich spreche also frei und weiß zuvor nicht, was ich schließlich erzähle. Ich kenne den Gegenstand, weiß aber nicht, was ich im Moment im einzelnen sagen werde, weil es ganz von dem Kreis abhängt, der mir zuhört. Wenn man zuhören und empfangen will, geht alles gut. Wird aber gestört, ist aber ein »Störsender« zugegen, so merke ich es auch. Ich weiß zwar nicht von wem, und es interessiert mich auch nicht, aber es stört, und ich wechsle das Thema. Auch unser Thema könnte ich anders abhandeln. Es wäre allerdings schade, über diese köstlichen Dinge mit Distanz zu sprechen. Viel schöner wäre es, wenn ich mit Ihnen reden könnte, daß wir zusammen bis auf den Grund vordringen, bis ins Tiefste und Höchste. Daß wir tatsächlich zusammen ein Gespräch führen und miteinander reden und ich Ihnen zuhören könnte, das wäre herrlich. Denn es ist, glaube ich, einmalig, daß aus der Sicht des alten Wissens über das Neue Testament gesprochen und von ihm erzählt wird. Und wenn man das Erzählte in sich gedeihen läßt, kann es zu etwas ganz besonders Großem werden.

Unter dem Einfluß des griechischen Denkens, speziell durch die Philosophie von Aristoteles, haben wir uns sehr daran gewöhnt, nur Begriffe zu verstehen, die hier für unsere Welt gelten, und sie ganz scharf zu definieren und zu begrenzen, so daß sie eigentlich in bestimmten Formulierungen wie gefangen sind. Nur den Inhalt *dieser* Begriffe hält man für real. Alles andere, sobald es nicht in diese unsere Begriffswelt hineinpaßt, weisen wir zurück. Zwar fühlen wir uns nicht ganz wohl dabei, weil unser Ich doch nicht richtig befriedigt wird. Nun geht es aber gerade nicht darum, unser Ich zu befriedigen. Es handelt sich nur um das Eine: daß die Wahrheit zu uns kommt. Das ist dann auch der Weg und das Leben, aber unser Verstehen versagt. Man könnte es eine Tragödie nennen, anderseits muß es vielleicht so sein, eine Qual der Reinigung, daß man lange Zeit immer erneut mit den Begriffen kämpft. Jeder bringt in seinem Ich ja einen anderen Begriff mit. Er stimmt nicht überein mit der Begriffswelt der anderen. Man vereinsamt, wird dann leicht aggressiv, man will sich ausdehnen auf Kosten anderer, wie es auch die westliche Welt getan hat. Letztlich aus Einsamkeit und Angst. Die Vorstellung »der Gesalbte« sollte uns gleich von dem Gedanken fernhalten: das ist ein ganz bestimmter Mensch, über dessen Haupt und Körper sich Öl ergießt. Das wäre doch eine Flucht vor dem Wesentlichen in eine Ecke des Materiellen, wodurch wir uns vom Wesentlichen weit entfernen. Gerade das macht uns aber schließlich stutzig.

Was bedeutet denn Öl, das Salböl wirklich? Öl, hebräisch »schemen«, ist auch die Wurzel für das Wort für acht.

Acht: die kommende Welt. Sie, die schon in uns ist, hat uns eigentlich schon erlöst. Sie lebt in uns und wartet nur darauf, erkannt zu werden. Im alten Wissen nennt man sie den achten Tag. Die Realität der Welt, in der wir leben, trägt den Namen der siebte Tag. Nach der Schöpfung der sechs Tage ist es der siebte Tag. Es ist all das, was wir sehen können. Und der siebente Tag ist identisch mit dem Weg durch die Wüste, dem Weg aus der Gefangenschaft in das Gelobte Land. Das Gelobte Land liegt vor uns und die Gefangenschaft in Ägypten hinter uns. Das Gelobte Land ist das Land, das Leben, in dem der Erlöser tatsächlich daseiend steht und mit uns ist. »Schemen«, das Öl wiederum, mit dem er gesalbt ist, ist in Buchstaben das Wort für die Zahl acht. Es kommt nicht darauf an, das Krüglein der Salbung zu beschreiben und sich zu fragen, ob es in einem Museum aufbewahrt wird, aber der Begriff »Krüglein« ist wichtig in seiner ganz besonderen Bedeutung. Das stets Körperlich-machen-wollen ist nur Flucht, man versteckt sich vor dem Wesentlichen.

Wenn Adam sündigt, so versteckt er sich auch unter den Bäumen des Paradieses, wie gesagt wird. Ein Baum ist stets Symbol der Entwicklung. Er bricht aus dem Erdreich, dem Unbekannten, er wächst heran, wird groß und größer und verschwindet schließlich, kann aber als ein neuer Baum wiederkehren. Wieder als Baum, doch als ein anderer Baum. Wir verstecken uns ständig in der Welt der Entwicklung, in der Welt, in der wir faßbare Dinge um uns sehen. Wir verstecken uns darin, und dieses Verstecken ist identisch mit der Angst vor Gott. Nur will es keiner zugeben, daß er das tut. Er beteuert: Ich bin überzeugt, daß die Welt so ist! Und je lauter er schreit, desto ängstlicher ist ihm zumute. Wir sollten lernen, daß wir uns nicht in den Dingen, in der Dinghaftigkeit verstecken sollten. Wir sollten eben frei werden, uns von dieser Sünde, dem Griff nach der machtbetonten Erkenntnis, befreien. Deutlich ist uns gesagt: Auf diesem Weg wirst du nicht zur Erkenntnis gelangen. Höre erst Gott zu, dann wirst du Erkenntnis haben. Aber meine nicht, daß du zunächst Erkenntnis erlangen mußt und dann Gott beweisen kannst. Gott braucht keinen Beweis, und deine Nächsten brauchen deine Beweise ebensowenig. Gott braucht dich aber als Menschen, als ganzen Mensch, und das ist es, was er will: daß du nicht sündigst, also dich eben von der Sicht der Dinge hier lösest. Erst mußt du einmal Gott anhören, dann wirst du auch verstehen, was die Dinge hier bedeuten und sollen.

Deshalb sind die Schriftgelehrten im Menschen so gefährlich und tückisch, weil sie immer alles beweisen wollen und, wie schon gesagt, mit Zitaten zur Hand sind. Sie kennen alles genau, achten nur auf das Dingliche, aber nicht auf den Menschen an sich. Jeder Mensch ist der Nächste, wo er auch wohnt, wie er auch handelt, was immer er tut und denkt, jeder Mensch ist dein Nächster. Und gerade das will man nicht anerkennen. Man will lieber beweisen, daß man recht hat. Wozu aber? Gott braucht keinen Beweis, daß er recht hat, und der Erlöser braucht ihn auch nicht. Man könnte sagen, dem Erlöser tun diese Schriftgelehrten leid, die von Beweisen leben. Worum es geht, ist das Leben und das Tun. So soll man es verstehen: der Gesalbte gibt dem achten Tag den Namen. Der achte Tag ist nach dem Gesalbten benannt. Es hängt mit diesem Wort, dem Salböl zusammen. Auch dies weiß die alte Überlieferung, daß das Wort für Öl, »schemen«, im Absoluten der Sprache mit dem Wort Himmel identisch ist. Das Wort für unseren Begriff Himmel ist dasselbe wiederum wie für das Wort Himmel im absoluten Sinne.

Salbung bedeutet demnach auch ein Umhülltwerden vom Himmel. Es ist aber nicht der Himmel, von dem wir in unserem Streben sprechen, alles hier im Sichtbaren zu beweisen, der Himmel, in dem die Sterne und die Sonne zu finden sind. Das spricht wieder von unserem Verlangen nach der dinghaften Welt, nach dem Konkreten, wodurch wir das Wesentliche verlieren. Der Himmel heißt hebräisch »schamajim«. Einmal findet sich hier die Verwandtschaft mit »schemen«. »Schemen« ist tatsächlich auch »Himmel«. Ebenso ist zu beachten, daß hier das Sein in einer Doppelheit auftritt, in Zweiheit, und dies sich in der Endung des Wortes -ajim zu erkennen gibt. Das eine Sein schließt das andere Sein nicht aus.

Wir sagen stets in unserer Welt entweder Strich oder Punkt. Im Himmel ist es ein Entweder *und* Oder, ein Sowohl *und* Als auch. Es sind beide Seiten im Selben. Himmel ist also für uns ein Widerspruch, und der Widerspruch ist vereinigt. Der Himmel macht aus Leben und Tod eine Einheit. »Ajim« bedeutet immer das Doppelte. So ist denn »schamajim« durch die Endsilbe eine Doppelheit von »scham«. »Scham« bedeutet »dort«, Schamajim ist so auch der »doppelte Ort«.

Die Hülle des Salböls, das Gesalbtsein mit diesem Öl, will bedeuten: Dieser König, dieser Hohepriester ist ein vom Himmel Gesalbter. Der Himmel umhüllt ihn.

Und dann schaltet unser Denken wieder ein. Es ist die große Gefahr westlichen Denkens, daß es eigentlich immer wieder versucht hat, das heidnische Denken zur Untermauerung seiner Theologie zu benutzen. Wenn ich sage »vom Himmel umhüllt«, so heißt das nicht, daß wir uns einen Menschen vorstellen müssen, der hier ganz unmöglich ist. Die Geschichte im Neuen Testament zeigt es: Es *kann* hier ein Mensch sein – es ist das Abbild gleichermaßen für jeden Menschen. Jeder Mensch hat diese Umhüllung. Er könnte sie haben. Er könnte von ihr umhüllt werden, dann erkennt er auch den Himmel, und dann erkennt er auch den Erlöser. Dann erkennt er alles.

Wir sind leicht bereit zu sagen: Das war einmal. Oder man meint es symbolisch oder allegorisch oder, was weiß ich, wie. Statt dessen sollten wir als erstes damit anfangen, das Erzählte genau zu nehmen. Wenn es ernst genommen wird, dann kommt es uns schon nahe. Hören wir auf, unser Recht beweisen zu wollen. Wenn wir den Glauben haben, so besitzen wir weit mehr als Wahrheit, nämlich dasjenige, wovon die Wahrheit ausgeht, zu dem die Wahrheit hinstrebt. Die Wahrheit um und in uns wird ein Stück von uns selbst. Auf diese Wahrheit, dieses Fundament ist der Glaube gebaut. Auch die Sprache macht im Hebräischen dies deutlich: das Wort »emeth« steht für Wahrheit, und das Wort »emunah« für Glauben. Das Wort »emunah« – wir sprechen es aus, wenn wir Amen sagen – ist die höhere Stufe im Stamm des Wortes Wahrheit. Eine Wahrheit, die auf uns zukommt, welche die Richtigkeit unserer Begriffswelt übertrifft. Es ist keineswegs so, daß wir die Wahrheit mit unserer Begriffswelt erst beweisen müßten, um dann zum Glauben zu kommen. Der Weg ist gerade umgekehrt, nicht mehr wie beim Sündenfall. Jetzt steht als Erstes der Baum des Lebens. Wenn wir den Glauben haben, finden wir die Wahrheit in allen Dingen. Der Mensch will sie aber, von sich aus, selber gefunden haben. Ja nicht von einer Welt aus, die nicht die seinige ist, und von der er doch im Innersten überzeugt ist, daß er dorthin gehöre. Und gerade die Angst, nicht dorthin zu gehören, treibt ihn an, alles beweisen zu wollen, in der Hoffnung, auf dem Wege des Beweises schließlich doch dorthin zu gelangen. Der Weg des Beweises aber führt zur Unsicherheit, und diese zur Rechthaberei, zur Aggression, zur massiven Ausbreitung. So entsteht die harte Schale. Man stößt den anderen von sich und bangt vor dem anderen. Das erreicht man auf dem Wege des Baumes der Erkenntnis, von dem gesagt ist: Gehe diesen Weg nicht. Nur Gott allein hat diese Erkenntnis, und nur von Gott kannst du sie erlangen. Der Anfang aller Weisheit ist »Das Sehen Gottes«. Doch wir übersetzen es als »die Furcht Gottes«. Es ist eine an sich gute Übersetzung. Es kann wohl einmal Furcht bedeuten, ist aber eher als »Ehrfurcht« zu verstehen. Im Eigentlichen ist es aber das »Sehen«. Sehen in dem Sinne, daß man davon ganz überwältigt wird, daß man sich mit dem, was man sieht, eins fühlt. *Das* ist der Anfang der Weisheit; von dort also, vom Baum des Lebens aus, kannst du die Dinge der Welt richtig verstehen. Nicht umgekehrt. Es ist ein wahres Glück, daß das alte Wissen diesen Weg über den Glauben kennt. Es erzählt, wie es in jener Welt ist, und gibt über den Glauben dennoch den konkreten Beweis. Wir steigen über diese Welt hinunter, erfahren damit ihren Sinn, auch den Sinn des Leids. Und damit, als Menschen im Bilde Gottes, erlösen wir die Welt mit.

Der Weg durch das heidnische Denken hingegen, wie ich es bezeichne, eröffnet zwar vieles im Menschen, aber immer schließt sich die Pforte an dem wichtigsten Punkte, nämlich dort, wo der Übertritt in eine andere Bewußtseins-Ebene möglich wäre und eine andere Sicht sich eröffnet. Das Betreten einer anderen Welt. Man gerät in Verwirrung, man kommt genauso weit wie der Weg des Menschen, der vom Baume der Erkenntnis nimmt. Ins End- und Ziellose.

Der Gesalbte also ist gesalbt, umhüllt, durchtränkt vom »Himmel«. Ein Bild der kommenden Welt. Und »kommend« nicht schon wieder im Begriff unserer Zeitrechnung, z. B. das Jahr 1985 oder 1991. Wir glauben hartnäckig, die kommende Welt sei ein Stück dieser Zeit, nur konkret, nur faßbar. Das ist die Flucht vor dem Wesentlichen, denn wir wissen eigentlich schon im Wesenskern, daß die kommende Welt in uns ist. Wir aber fliehen sie. Die Verantwortung erscheint uns als zu groß. Wenn wir nämlich sagen könnten und müßten: Jetzt, jetzt gleich, hier, stehe ich der Erlösung gegenüber, nicht dem wortreichen Reden, sondern ich stehe ihr so gegenüber, daß mein Leben einen Sinn erhält, der völlig verschieden ist von dem Sinn im Konkreten hier, in meinen Geschäften und Studien, in meinen Reisen und in meinem Besitz, und in all meinen Verbindungen, die ich habe oder nicht habe. Dies fühlt und spürt man. Deshalb die Flucht. Und da beginnt man zu rechnen, wann die Erlösung nach unserem Kalender wohl erfolgen könnte. Vom alten Wissen hat man keine Kunde.

Deshalb muß man verstehen, daß die Erlösung für alle, im Moment der getroffenen Entscheidung da ist. Würde man ihnen sagen: Also hört doch, ihr seid erlöst! Und dieses Jetzt ist der unaufhörliche Moment. Das Neue Testament will für den Menschen genauso wenig wie das Alte Testament einfach eine Historie sein, sondern eine Wegweisung des Ewigen in einem Zeitgeschehen. Und von dem Moment an, in dem die Kunde ergeht, soll es auch für uns schon ewig, das bedeutet, auf immer bei uns bleiben, mit uns sein, auch mit seinen fordernden Konsequenzen. Ich kenne das. Viele Leute wissen schön zu reden: Ich bin erlöst. Und frage ich: Und warum handelst du weiter wie zuvor? Das ist der Widerspruch in sich selbst. Du seufzest, hast einen Nervenzusammenbruch, einen Herzanfall, und du willst erlöst sein?

Der Erlöser heilt den Kranken. Der ist nicht geheilt worden, der ist doch schon längst tot, so sagt man, geschichtlich zutreffend. Nach hundert Jahren sind alle Leute, die geheilt worden sind, längst bei den Toten. Nein, heißt es in der Überlieferung: Die Heilung will viel mehr sagen. Wenn du dem Erlöser begegnest oder zu ihm gebracht wirst, dann gibt es keine Krankheit mehr. Aber nur, wenn du es ernst nimmst. Wenn das Neue Testament die Geschichte von verwerflichen Menschentypen erzählt, solltest du deinerseits ernsthaft versuchen, nicht so zu sein, etwa wie der Pharisäer, der immerzu versichert, ich bin gut und jener ist ein Bösewicht. Das ist das Wiederverdinglichen, das Sich-abgrenzen. Nur ich bin wichtig, ich habe alles verstanden, und der andere versteht nichts. Nein, der Schwarze einfachen Geistes, der Eingeborene von der Elfenbeinküste oder aus Nigeria, ist genausoviel wert wie ich, wenn man ihn auch einen Heiden tituliert. Sonst wäre ich ein Pharisäer. Warum soll ich besser sein als er? Wenn sogar ich der Allerbeste wäre, selbst wenn ich schon anstelle des Erlösers stände, auch dann sollte ich jeden Menschen ohne Unterschied lieben, genauso wie der Erlöser liebt, ob er gesündigt hat oder töricht ist oder abtrünnig war usf. So sollte ich jedem begegnen, und nicht behaupten: Was der treibt, ist falsch, ich verdamme ihn.

Ich glaube nicht, daß der Erlöser die Pharisäer verdammte und heute verdammen würde. Es gibt bestimmte Menschentypen, die in der Bibel beschrieben werden, die wir fliehen sollen. Das waren die Pharisäer, sagen die einen, die anderen hingegen beweisen, daß jene es waren. Der Streit um den Pharisäer-Nachweis im Jahre 30 oder 35 nach Christus ist völlig unwichtig. Wichtig ist nur, daß wir das mitgeteilte Bild über die Pharisäer ernst nehmen als eine Kunde vom Himmel, die ewig ist. Dann bedeutet es: Wo ist in mir der Pharisäer, und wo der Schriftgelehrte, wo der Römer? Alle jene, die verlachen, spotten, töten, verraten, wegschauen und nicht sehen wollen, was geschieht – wo sind denn die in mir? Wenn einer sagt: Hast du das gesehen? Diese Sekte da, das sind vielleicht Pharisäer. Sie glauben, sie hätten allein recht. Sobald man so etwas sagt, hört man schon auf, sie zu lieben. Und Liebe, das ist auch ein Begriff, den man heute nicht versteht.

Das Wort Liebe im Hebräischen hat den gleichen Wert wie das Wort für »Einheit«. Liebe bedeutet, daß man mit dem anderen, wer er auch sei, eins werde und eins sei. Sonst ist es wieder nur ein Gerede, eine Flucht. Die Predigt im Neuen Testament, das dort Unterrichtete und Erzählte ist ein fortwährendes: Versteht doch endlich, was Erlösung bedeutet! Versteht, daß sie ewig und jetzt ist, und nicht im Jahre dann und dann, sondern jederzeit. Was sich also begibt ist, daß man immer von neuem das Modell, das Muster, nämlich die Wiederholung des Sündenfalls, sieht. Zwar hat man die Erlösung, aber man schaut nach der anderen Seite. Man will beweisen, recht behalten und schlägt um sich. Wer die Erlösung erkennt, der schlägt nicht zurück. Er will nicht recht haben und gibt mehr, als von ihm verlangt wird, viel mehr, sogar sehr viel mehr. Daß es die Welt nicht erkennt, das eben ist das Schlimme.

Das alte Wissen vom Sündenfall

Das alte Wissen erzählt auch, wieso es zum Sündenfall kam. Und es erzählt dies vom Adam Kadmon. Adam Kadmon ist der Mensch bei Gott, und er ist identisch mit dem Erlöser. Der Mensch, der vor der Schöpfung ist. »Kedem« bedeutet ehemals, vorher. Dieser Adam Kadmon schaue auf die Welt mit einer solchen Liebeskraft, daß die Liebe, die aus seinen Augen strahlt, die welt-lichen Gefäße zerbricht. Die Welt kann sie nicht ertragen. Das Nichtertragen-können ist die Sünde, könnte man sagen. Adam Kadmon hätte etwas weniger Liebe ausstrahlen sollen, dann wäre alles ganz geblieben, könnte man sagen. Er liebt aber so. Überdenken wir dies und sehen es mit unseren Augen, so würden wir vielleicht sagen: Das war aber ein Pech, da zerbricht ja alles. Doch in der Überlieferung heißt es weiter: Adam Kadmon schaut am Ende dank dem aus seiner Stirn entspringenden Lichte und dadurch wird alles wieder geheilt. Zuerst zerbricht es. Jedem Akt der Erlösung folgt der Sündenfall. Die Schöpfung ist schon die Erlösung, und sie ist unmittelbar gefolgt vom Sündenfall.

Weil Adam Kadmon der Welt mehr gibt, als die Gefäße fassen können, fließt das Gegebene über. So sieht es auch das Neue Testament. Es kommt zum Sündenfall, es kommt ein Nichtverstehen dieses gewaltigen Überfließens der Liebe und des Wunsches, die Einheit zu begründen. Mit allem die Einheit haben zu wollen. Denn der Sinn der ganzen Welt ist eben dieser, die Rückkehr zum Vater, zu Gott, wo alles eins ist in Gott, bei Gott und mit Gott.

Es ist eine Einheit. Es wird und ist eines in einem Zuge. Der Widerspruch, mit dem wir leben, besteht dort nicht. Das bedeutet eben Liebe, und gerade das erträgt man nicht. Und deshalb beginnt gleichzeitig mit der Botschaft auch die Abwendung.

Wer im Menschen will den Erlöser abweisen? Es sind jene, die ein Reich auf Erden errichten wollen. Man erwartet eine nationale Revolution und eine Wiedergeburt. Das ist im Grunde pharisäisch, könnte man sagen, ebenso falsch wie heuchlerisch. Das Reich auf Erden, das man tatsächlich ersehnt, ist das eigene Glück. Man erwartet, die Ruhe für sich zu finden. Man will dokumentieren, daß man da ist. Alles Vorherige wird vergessen, alles was zuvor gewesen, die Seelen, die Menschen, die früher gelebt haben. Man vergißt auch die Menschen, die weit weg sind, die in anderen Ländern und anderen Zeiten leben und vielleicht noch kommen müssen. Man sucht den Beweis für die Erlösung hier in der Sodom-Welt. Es könnte sogar sein, daß der Erlöser jemanden heilt, und die Welt würde dennoch finden: Der Mann ist aber genauso krank wie zuvor. Wieso spricht man von Heilung? Da würde ich sagen: Du suchst das Reich hier auf Erden. Der Mann ist wohl geheilt, aber du willst die Heilung hier sehen, und das wird auch mit der ganzen Geschichte gemeint. Wer hier den Erfolg sehen will, auf den Applaus bedacht ist, die Zahl der Mitglieder aufzählt und sich auf soundsoviele Anhänger beruft, der gehört zu jenen, die das Reich hier suchen. Sie sagen: diesen Erlöser verstehe ich nicht. Er ist lästig und steht im Widerspruch zu allem, was mir zuhause und in der Schule gelehrt wurde. Du sollst Erfolg haben, erstrebe eine hohe Position, dann ist es richtig. Er hingegen sagt Dinge, die nicht stimmen, und Erfolg hat er überhaupt nicht. Das Pech ist mit ihm, man bekommt lauter Schwierigkeiten. Dann lieber nicht.

So, neu betrachtend, sollte man die Geschichten im Neuen Testament und jene der vier Evangelien lesen. Als eine Kunde. Mitteilung über die Welt, wenn sie im Zeichen der Erlösung steht, eine Aufforderung. Die Welt wird immer gleich aussehen und weitergehen, wenn du nicht bei dir selber ernst machst mit der Erlösung. Nicht nur davon reden, daß du erlöst bist. Du mußt die Konsequenzen ziehen.

Es findet sich eine erstaunlich übersetzte Stelle im Neuen Testament, welche die Leute, die nichts verstehen, als sonderbar bezeichnen. Man solle dem Kaiser geben, was des Kaisers ist, und Gott, was Gottes ist. Immer meint man mit dem Kaiser den ehemaligen römischen Kaiser oder dann allgemein die Regierung. Und distanziert sich dadurch von der Wirklichkeit. Es ist sicher etwas Ernstes, aber nicht das gemeint, was viele Leute meinen: Ich muß also auch dem Staate dienen. Es ist Götzendienst, wenn du dem Staate dienst.

Die Überlieferung weiß über die Vorstellung König das Folgende zu erzählen. Der König lebe immer für diese Welt, für diese gegenständliche Welt. Und Kaiser ist die Übersetzung aus dem lateinischen Cäsar. Wenn das alte Wissen vom König spricht, so ist es der Ausdruck für diese konkrete Welt. Du mußt diese konkrete

Welt leben. Es ist kein Zufall, daß du geboren bist, kein Unglück, daß du in diese Zeit hineingeboren bist. Du bist in diese Welt gebracht worden, weil dein Hiersein eben einen Sinn hat. Wenn du nämlich Glauben hast und den Kern, das Wesentliche verstehst, wirst du auch diese Welt verstehen. Jedes Ding dieser Welt wird dir große Freude bereiten, und durch diese Freude über jede Erscheinung in dieser Welt wirst du mit ihr verbunden sein zur Einheit. Zurückgebracht zum Vater. Deshalb bist du hier, und deshalb sollst du dieser Welt auch begegnen. Dein Leben dieser Welt hingeben. Denn was du tust, und wem du begegnest, dein Beruf, deine Familie, alles hat nur den einen Sinn: du bist dazu da, beide Seiten, die sichtbare des Königs und die unsichtbare Gottes, zu einer Einheit zu verbinden. Deshalb soll man nicht vor dieser Welt die Flucht ergreifen und sich zurückziehen, als sei die Welt etwas Sinn- und Wertloses. Dann würde gleich die Frage auftauchen: Warum hat denn Gott die Vielfalt dieser Welt geschaffen, ihr Farbenspiel, den Reichtum an Insekten, an Fischen, Vögeln und Pflanzen?

Ist Gott etwa ein Irrtum unterlaufen? War denn alles ein Irrtum? Sollte es so schnell wie möglich vernichtet werden? Nein, auch diese Welt wird ewig sein. Du sollst diese Welt erkennen, denn du hast den Erlöser in dir. So sollst du diese Welt auch sehen: im Lichte der Erlösung, und verstehen, daß jedes Ding, auch das kleinste, seinen Wert hat. Das Allerkleinste ist genauso wichtig wie die Sonne. Ist vom Wesentlichen nicht getrennt.

Das ist dein Dienst gegenüber dem König dieser Welt, weil du damit zur Erlösung dieser Welt beiträgst. Allein nur dieser Welt zu dienen, das würde die Trennung vom unsichtbaren Ursprung, von Gott bedeuten. Du trennst dann die Welt ab und hast dann deine Welt, die du für dich in Anspruch nimmst. Du entwickelst sie zu deinen Gunsten, und du beutest sie für dich aus. Dann hast du die Welt geschändet, dein Leben wird sinnlos. Im Sinnlosen, wie das alte Wissen sagt, gehst du zugrunde. Du wirst krank, heute sagt man: nervös. Es gibt ein Durcheinander und eine Ruhelosigkeit. Überzeugung und Glauben fehlen. Alles, weil du dich der Welt hingegeben hast. Du lebst getrennt vom Anderen. Wenn man dir das Andere zeigt, so erschrickst du, und du willst es nicht kennen. Darum gilt die Erlösung für den, der versteht, sie ernst nimmt, auch für dieses Leben. Er soll seinen Lebenssinn in dieser Welt erkennen an den Bildern aus der anderen Welt.

Bilder aus der anderen Welt

Diese Bilder aus der anderen Welt, der ewigen, das sind beispielsweise auch die Bilder im Neuen Testament, wie auch die Bilder im alten jüdischen Wissen. Mit dieser Welt hier übereinstimmende Bilder werden in der alten Tradition nie der Welt gegeben. Der Umfang des Baumes des Lebens zum Beispiel, so heißt es da, ist 500 Jahre oder 500 Ellen. Es handelt sich bestimmt nicht um einen Baum von diesem Umfang. Der Baum steht ganz woanders, du solltest nun verstehen, welches seine Beziehung zu dieser Welt ist. Auch die Aussage, das Land Israel messe 400 auf 400 Parsa, sei 400 lang und 400 breit, ist ebenso wenig auf dieses Land Israel auf Erden gemünzt, das geographische, das ich ausmessen könnte. Es ließe sich nirgends finden. Die Überlieferung erzählt von einer anderen Welt. Sie will, daß wir die Bilder auf diese Welt übertragen, weil du in dieser Welt lebst. Erkenne das Andere hier. Wenn das alte Wissen erzählt, daß zwischen Jerusalem und einem Ort etwas nördlich 600.000 Städte liegen, dann ist es für jeden Touristen sonnenklar, daß in Israel in dieser Gegend unmöglich so viele Städte sein konnten. Sie hätten übereinandergebaut werden müssen. Das Bild, das sich hier zeigt, sagt, du solltest verstehen, daß es eine Kunde vom Himmel ist, und daß deine eingebildete Wirklichkeit nicht das einzige ist. Es gibt noch etwas anderes. Dort existiert deine Wirklichkeit und dein Leben. Die ganze biblische Geschichte ist eine dich betreffende Nachricht aus der anderen Welt.

So sieht das Andere das Geschehen hier. Und du willst immer wieder, daß alles nach deinem Maßstab stimmt, und daß es geschichtlich beweisbar ist. Und wenn die Unstimmigkeit durchbricht, was dann? Das Wesentliche kann in deiner Sehart nie stimmen. Du kannst zwar einen Sarkophag, ein Buch auffinden, – was hast du gewonnen? Das Wesentliche, das dir von dort erzählt wird, soll das Wesentliche in dir berühren und aufwecken, so daß du mit den Worten erwachst: Ich bin ihm begegnet und jetzt, da es mich berührt hat, kann ich es nicht mehr lassen. Es drängt mich zu sprechen.

Eine Veränderung hat Platz gegriffen, und sie wird sichtbar. In der Namensänderung, Saulus wird Paulus, »Pa-ul«. Die prinzipielle Änderung des Namens findet aus diesem Grunde statt. Anstelle des S tritt hier ein P.

Im Hebräischen erst ist die Namensänderung bedeutungsvoll. Saul, hebräisch »Scha-ul« geschrieben, mit Schin, ist der Name des ersten Königs. Sein Name bedeutet auch »Frage«, das Fragen. Bestimmend ist der erste Buchstabe des Wortes, Schin, 300. Schin, dieser Buchstabe des hebräischen Alphabetes, ist in der traditionellen Auslegung ein wichtiger Hinweis. Er bedeutet »Zahn«. Essen wie Trinken muß deine Zähne passieren. Du zerkleinerst im Zerkauen die Speise, damit sie von dir verdaut werden kann. Sodann beteiligt sich dein Geschmack, er prüft, ob die Speise bekömmlich ist. Du issest dein Leben. Das P, womit das Wort Paul beginnt, ist das hebräische Wort für Mund, »peh«. Und der Mund spricht: er erzählt. Hat man etwas wirklich aufgenommen, verdaut und verstanden, dann erfolgt die Änderung. Es spricht der Mund, er erzählt. Er wird von den Begegnungen erzählen, den Erfahrungen des Menschen.

Aber auch wieder nicht so, daß wir dann sagen, es seien Visionen, oder er rede mit Zungen oder dergleichen. Nein, mit jeder Begegnung, sei es, daß du ein Buch über Philosophie liesest oder die Naturwissenschaften oder Psychologie studierst, immer sollst du erleben, daß dein »Schin«, dein Zahn, deinen Namen verändert zu einem P. Daß dann dein Mund spricht und du zu erzählen beginnst. Visionen sind abnormal, sagen manche. Vision bedeutet aber einfach das Sehen oder das »Gesicht«. Dieses Sehen ist nur möglich, wenn der Mensch sich vom Zeitlichen lösen kann. Wenn er, gleich dem Mose, in die »teba«, ins Wort, gelegt wird. Wenn er sich wirklich aus dem »Wasser« erheben kann und nicht mehr darin ertrinkt, dann ist das Sehen da. So kann ich auch sehen, und so könnten wir alle sehen. Der Begriff »Vision« im Hebräischen ist ein »chisaion, chason«, wie sie ein Prophet hat. Wenn Jesaja zu sprechen anfängt, steht im Hebräischen: »chason jeschajahu«, »das Sehen oder das Gesicht von Jesaja«. Aber dann fügt die alte Tradition hinzu: Er sieht wie alle Tage. Er geht, schreibt und spricht mit den Leuten wie stets, er sieht in jedem Ding, in jedem Menschen, in jedem das innerliche Licht. Sein Auge strahlt in das des anderen Menschen. Sie begegnen sich. So ist das Sehen zu verstehen.

Wenn man dies Sehen hat, nachdem man alles durch sein »schin«, seinen Zahn, passieren ließ, dann wird man sprechen können. »Schin« ist nicht nur der Zahn des Mundes. Der Zahn ist auch da als der Beweis dafür, daß »schin« besteht. Die Überlieferung berichtet, daß das Schin dem Menschen an die Stirn geschrieben stehe. Die Stirn wäre also, anatomisch gesprochen, der Ort dieses Buchstabens. Im Symbol bedeutet es aber: Jeder, dem du begegnest, jede Erfahrung, jeder Gedanke, alles tritt in dich ein. Es passiert die Region des Schin, deinen Zahn. Mit der Aufnahme bei dir wird es zubereitet, du kannst es verdauen – dann wirst du sprechen. Darin besteht die Erfahrung der Erlösung.

Erlösung geht der Schöpfung voraus

Um nochmals auf die Erlösung zu kommen. Erlösung ist von allem Anfang an da, bevor die Schöpfung noch sichtbar, in unserm Sinne sichtbar ist. Sie ist schon da als Grundlage der Schöpfung, und ist fortwährend in der Schöpfung verborgen; unsichtbar für uns wird sie durch das Konkrete, das Harte und Feste der Dinge. Wenn der Mensch die Erlösung ernst nimmt, enthüllt sie sich. Nicht einmal, im Jahre 2000 oder früher, sondern im gleichen Moment, in dem der Mensch entscheidet: Ich löse mich von dem Konkreten, und ich will das Andere als Wirklichkeit erleben. Dann geschieht es, alles Verborgene wird sichtbar, auch der Erlöser. Er tritt zu uns, uns entgegen und wird Nähe.

Ich beginne mit dem ersten Vers des Matthäus-Evangeliums. Anfangs wird die Auslegung etwas länger dauern. Das macht aber nichts. Vielleicht ist es sogar gut so. Vielleicht sind wir noch einige Jahre zusammen, dann kommen wir ziemlich weit. Für unser Thema würde ein Leben nicht genügen.

Die Stammtafel

Der Text beginnt mit den Worten: »Dies ist das Buch von der Geburt Jesu Christi, der da ist ein Sohn Davids, des Sohnes Abrahams.«

Betrachten wir die Grundprinzipien. Es ist also die Geschichte vom »Gesalbten«, von jenem, der vom Himmel umhüllt ist, und der da heißt Jesus. Jesus ist die gräzisierte Verballhornung des Namens Jehoschua, wie wir wissen. Manchmal auch Josua ausgesprochen, ebenfalls eine Umformung durch die griechische Sprache. Josua heißt: der Herr hilft. Er ist die Rettung, das Heil. Die Hilfe ist vom Herrn. Der Name kommt zum ersten Mal im Alten Testament vor. Im Neuen wie im Alten Testament hat alles einen wesenhaften Wert, so auch die Geschichte von Josua. Er erscheint erstmals, als der Zug durch die Wüste beendet ist. Der Führer durch die Wüste, Mose, der aus dem Wasser Gezogene, der aus der Zeit Herausgeholte, bleibt an der Grenze von Kanaan und geleitet weiterhin den Menschen durch diesen siebenten Tag hindurch, bis an die Grenze des achten Tages. Dort übergibt er die Führung Josua. Er legt seine Hände auf den Nachfolger, der den Menschen in den achten Tag hineinbringt, hinüberbringt. Sein voller Name ist Josua, der Sohn des Nun. Und »Nun« ist im Hebräischen die Zahl 50. 50 heißt, daß der Anfang des achten Tages gekommen ist. Der siebente Tag endet mit der Zahl 7 x 7, der vollbrachten 7, dem Ergebnis 49. Mit der 50 fängt der achte Tag an. Josua ist also der am Anfang des achten Tages, und er trägt in eine andere Welt hinüber.

Josua steht auch noch im siebten Tag, er ist sogar im sechsten zu finden, kommt er doch aus »mizraim«, aus Ägypten, dem Land der Knechtschaft. Den ganzen Weg ist er mitgegangen und stellt sich als derjenige heraus, der hinüberführen wird ins Gelobte Land. Dies Wissen, also die jüdische Tradition, könnte und sollte im Menschen lebendig sein. Es ist das Wissen um Joschua, der am Ende des siebten Tages steht und den Menschen in den achten Tag hinübergeleitet. Der Name dessen, der den achten Tag eröffnet. Hier waltet keine Synchronizität, wie man gerne sagt, es ist das Schöpfungsgesetz selbst, von allem Anfang an so. In den ersten siebzehn Versen wird dort folgendes erzählt: Bis dahin gibt es 42 Geschlechter. Eine typische Angabe. Es gibt auf dem Wege durch die Wüste auch 42 Stationen. 42 mal wird auf der Wüstenwanderung aus Ägypten ins Gelobte Land Halt gemacht und das Stiftszelt aufgestellt. Dann ruht Gott. Wie wir wissen, zeigt Gott an, wann geruht wird, und er zeigt ebenfalls an, wann weiter gezogen werden soll. 42 mal schlägt man in der Wüste das Lager auf. Danach, beim 42. Mal, sozusagen beim letzten Mal, findet der Übergang in die Welt statt. Merkwürdig ist für uns, wenn wir hören, daß Joschua nach 42 Stationen als Führer auftritt. Wenn wir also sagen, diese 42 Stationen stünden parallel zu den 42 Generationen, so trifft dies zu, und es stimmt mit dem alten Wissen überein. Darüber hinaus sagt uns dies noch mehr. – Doch die Begründung dafür, daß diese 42 eigentlich auch ein Name Gottes sind, kann ich erst später geben. Die 42 sind der Ausdruck von Gottes Dasein in unserer Welt.

Gott ist während des Ganges durch diese 42 Stationen und Generationen immer da und erscheint auch. Und die Wanderung wächst auf den Punkt hin, an dem die Erlösung anbrechen kann, daß wieder kundgetan wird: Jetzt ist auch der Moment des Menschen da, jetzt kann ich ihn erkennen. Deshalb wird beim Zug durch die Wüste gesagt, jedes Hinlagern und jedes Weiterziehen wird von Gott bestimmt. Gottes Säulen, wie man übersetzt, – ich muß es im Moment einmal bei dieser Übersetzung belassen – ruhen. Da wird die Stiftshütte, das Tabernakel, aufgestellt und alles zugerichtet. Dort ruht man. Es heißt, daß Gottes Gegenwart bei jeder Rast, bei jeder Generation, jeder Station, sichtbar ist.

In jedem Menschen leben diese 42 Generationen. Er soll sich nur erst bewußt werden, daß sie in ihm sind. Er hat diese 42 Generationen von allem Anfang an in sich. Es soll ihm Miterlebnis werden, was sie mitmachten, und was über sie erzählt wird. Welche Stationen weisen den Weg zur Erlösung? Jeder Mensch trägt sie in sich. Sonst wären sie in der Bibel nicht betont. Jedem Menschen sind sie Wirklichkeit, nicht geschichtliche Vergangenheit. Nun, es wird immer wieder nachdrücklich gesagt, bei dir selber, in dir selber lebt alles. Du sollst es in dein Bewußtsein heben, daß es da ist.

Die 42 Generationen werden aufgeteilt in drei Gruppen von 14. Genau die gleiche Einteilung wie die der Stationen in der Wüste, in 3 mal 14. Die große Zäsur, der Schnitt in der Wüstenwanderung bei den 42 Stationen, so habe ich es in »Schöpfung im Wort« beschrieben, erfolgt dann, wenn die Kundschafter zurückkehren, die ihren Glauben verloren haben. Die Zäsur ist bei 14 gegenüber 28, also 1x14 gegenüber 2x14 Stationen. Bei den 42 Generationen ist die Zäsur bei den 2x14 *vor* Babylon und den 14 *nach* Babylon. Wiederum also 1x14 und 2x14.

Nicht umsonst begegnen wir hier dieser Struktur. Das alte Wissen ist sich ihrer bewußt, sie muß nicht erfunden werden. Es ist von jeher bekannt, daß die Struktur der Erlösung schon im Verborgenen deutlich gemacht worden ist. In der 2, dem Zweimal, und in der 1, dem Einmal, Das Zweimal sieht für den Menschen so aus, daß die Zwei immer als ein Gegensatz, eine Dualität, erscheint, und daß die Eins stets die Antwort auf den Gegensatz gibt. Die Primzahlen sind die Orte der Entscheidung.

In »Schöpfung im Wort« kann man nachlesen, daß während der Wüstenwanderung die beiden Strukturen sich umgekehrt gegenüberstehen, die Strukturformel 1-2, im Hebräischen das Wort »Vater«, und die Strukturformel 2-1, im Hebräischen das Wort »komme«.

Diese 1-2 und 2-1 geben im Hebräischen aber das Wort »ich komme« oder »der Vater kommt«. Das eine enthält das andere. Wenn der Mensch sich zum Vater hin bewegt, so kommt der Vater zum Menschen. Die eine Bewegung enthält die andere. Es gibt kein Kommen nur von der einen Seite. Wenn du kommst, kommt Er. Wenn Er kommt, kommst auch du. Es gibt es auch unter Menschen nicht, daß ich mich allein zu einem anderen in Bewegung setze – er tut dasselbe.

Das zeigt wieder einmal die Gespaltenheit unseres Denkens, die schon so lange dauert, daß wir glaubten, es hänge nur vom anderen ab, er sei das Subjekt, und ich stets nur Objekt. Die Wissenschaft versteht heute, wie falsch diese Denkweise ist. Wie ich Subjekt bin, so auch der andere. Und wir stehen uns dann gegenüber als ein Ich und ein Du, das Ich und das Du und umgekehrt. Das Ich und das Du bewegen sich aufeinander zu. Deshalb beruht die Bibel auf dieser Struktur. Einmal stehe ich als Subjekt dem Objekt gegenüber, dann wiederum steht das Andere als Subjekt mir, dem Objekt gegenüber, und so stehen wir uns beide, Ich und Du und Du und Ich, stets einander gegenüber. Das ist das Verhältnis auf dem

Weg durch die Wüste, auf dem Weg ins Gelobte Land. Denn nach der Befreiung aus Ägypten ist man noch nicht am Ziel. Man hat erst den »Geschmack« der Erlösung auf der Zunge. Es ist die heraufdämmernde Erlösung, könnte man vielleicht sagen, ohne daß sie schon volle Wirklichkeit geworden wäre.

Wirklichkeit wird die Erlösung erst nach der Begegnung mit den 42 Stationen. Wenn man die 2-1 und die 1-2 bei diesen 42 Generationen in sich erlebt und aufgenommen hat. Erst dann ist die Erlösung volle Wirklichkeit.

Aber wie die Erlösung aus Ägypten auch heute noch für viele erst beginnen muß, und es ihnen bewußt werden soll, daß sie das Wort ernst nehmen, es im Leben verwirklichen, genauso muß auch die Erlösung, von der das Neue Testament spricht, von sehr vielen Leuten erst einmal ernst genommen werden, gelebt werden. Nicht mit schönen Worten, sondern mit dem Leben, mit dem Blick für Verantwortung, mit der gelebten Verantwortung.

»Dies ist das Buch von der Geburt Jesu Christi, der da ist ein Sohn Davids, des Sohnes Abrahams.« (Matth. 1,1)

Der Text nennt Jesus erst den Sohn Davids und dann den Sohn Abrahams. Als Sohn Abrahams ist er auch der Sohn Davids. David bedeutet im Hebräischen: Der von Gott Geliebte, »dud« oder »dod« geschrieben. David, in Zahlenwerten: 4-6-4. Der Zahlenwert des Wortes David im Hebräischen ist also 14: Daleth – Waw – Daleth. »Alle Glieder von Abraham bis auf David sind 14. Von David bis auf die babylonische Gefangenschaft sind 14 Glieder. Von der babylonischen Gefangenschaft bis auf Jesus sind nochmals 14 Glieder.« (Matth. 1,17)

Eigentlich tragen schon die Stationen der Wüste die Struktur des Namens David. Ihre 3 x 14 Stationen sind auch dreimal der Name David. Dreimal »mein Geliebter«, das heißt, der Geliebte Gottes. So wie Gott, wovon schon erzählt wurde, den Menschen liebt, so liebt Gott die Welt, wie das Männliche das Weibliche liebt. Und wie im Hohelied der König Sulamith liebt. Der eine Teil empfängt, es wird aus ihm geboren, und der andere schenkt und läßt geboren werden.

Der Name David ist auch in der Frucht, die im Alten Testament »Dudajim« genannt wird, und oft mit »Liebesäpfel« übersetzt wird. »Dudajim«, von »dud«, also, man könnte sagen, die Davidsfrucht. Die Frucht des Geliebten.

Die Vorstellung David weckt den Gedanken an den König, an Kriege, an Saul und Samuel. Wir denken an Uriah und Bathscheba, an den Königssohn Absalom und alles mögliche. Ja, wenn wir einmal verstünden, was der »Geliebte« ist, dann könnten wir alles übrige auch verstehen. Aber das Geheimnis seines Namens, das sollten wir erst kennenlernen. David ist kein leeres Schema. Ein Schema ist Anlaß zum Ausweichen, ein Sich-entziehenwollen. Wer ist David? David ist der Geliebte.

Das Wort wird zur Signatur, zum Muster der Erlösung. Denn mit David wird die Erlösung gemessen!

Dreimal »David«, dreimal 14 ergibt die 42, und 42 wiederum ist ein Name Gottes. Der unaussprechliche Name Gottes kennt auch den Wert 42. Darum die 42 Generationen. Dies gibt zu erkennen, daß du dich vor allem bemühen solltest, einmal den Begriff David zu erfassen, wenn du die 42 verstehen willst.

Man sagt zu leicht: Der Sohn Davids. Und mich überkommt immer, gegen meinen Willen, eine Traurigkeit und auch Ärger, daß man vom Sohne Davids redet und keine Ahnung hat, was Sohn bedeutet oder was David bedeutet.

Was ist denn »Sohn«? Sohn bedeutet das Bauen, das Gebaute. Mit dem Sohne wird gebaut. Mit dem Sohne wird die Welt gebaut, wird die Erlösung gebaut. »Bauen« bedeutet eigentlich im selben Atemzug »Sohn«. Es ist eine Konkretisierung, ein Konkretmachen dessen, was vorher noch Gedanke ist und Absicht. Durch den Sohn wird es Wirklichkeit, wird es bis ins Letzte ausgeführt.

Ich baue auch hier mit der Materie in jeder Beziehung, mit dem Stoff baue ich. Sogar aus dem Stoff, dem Fleisch, wird der Sohn »gebaut«. Und der Sohn Davids ist der Sohn des Geliebten. Er wird zusammen mit dem Geliebten »gebaut«. So wird also mit dem Geliebten die 3x14 gebaut. Das ist sozusagen, wenn man es so formulieren will, der Baustil für die Erlösung.

Geliebt-sein und lieben bedeutet nicht körperliche Verbundenheit, wie es sich viele Leute vorstellen. Liebe und das Wort Einheit sind dem Werte nach identisch, wie ich eben sagte. In der Liebe vereinigt man sich mit dem anderen so, daß sie beide zu einer Einheit werden. Deshalb wird aus Vater, »aw«, hebräisch 1-2, und Sohn, »ben«, 2-50, von »boneh«, von bauen, ein neuer Begriff. Die Zusammenziehung der beiden Worte, ihre Verschmelzung, ergibt das Wort »ewen« (aw-wen). Es bedeutet »Stein«. Der Vater und der Sohn, sie sind im Sichtbaren die Einheit, unverwüstlich wie das Grundelement dieser Welt, der Felsen. Der Stein ist Einheit, und das ist der Vater und der Sohn. So wird gebaut.

Liebe will also sagen: Die Vereinigung von Vater und Sohn, des Vaters mit dem Geliebten. Dies soll es sein, wenn man geliebt wird oder jemanden liebt. Es soll bedeuten, daß man eine Einheit bildet mit jenem, den man liebt. Sonst sollte man nicht Liebe sagen. Es wäre eine Heuchelei.

Denn das Wort enthält Großes. Es will aber auch besagen, daß die Erlösung nur in einer Verdreifachung des

Geliebten erbaut werden kann. Man soll also im Leben dreifach lieben, damit man es versteht, und dann wird man dem Erlöser begegnen. Sonst redet man da-von, begegnet ihm aber nicht.

Begegnen bedeutet dreifaches Lieben. Nicht das bloße Hersagen von Liebe zu Gott. Das geht leicht von den Lippen, weil keiner weiß, was es enthält. Schwieriger wird es schon zu sagen, Liebe zum Menschen. Vorstellen kann man sich das, aber es bereitet Schwierigkeiten. Das Dritte, von dem im Matthäus-Evangelium erzählt wird, die dritte Stufe der Liebe, handelt von der babylonischen Gefangenschaft. Du erleidest sie, und die Liebe zum Feind, der dich gefangen hält und dir deinen Tempel verwüstet hat, – hier steht die Verdreifachung der Liebe. Und erst wenn man diese dreifache Liebe, dies 3 x 14 des Geliebten, den Namen David, durchschritten hat, erkennt man es: Gott ist tatsächlich da, und er erscheint. Denn in der babylonischen Gefangenschaft verbirgt er sich, ja er verschwindet – der Tempel verbrennt. Wie die Überlieferung berichtet, gibt der Priester den Schlüssel zum Tempel dem Himmel zu-rück und sagt: Den Schlüssel aber sollen sie nicht bekommen, so wie sie den Tempel stürzen konnten. Wenn schon der Tempel verwüstet ist, der Schlüssel soll zurück, in den Himmel. Sie sollen gar nicht wissen, wie man den Tempel öffnen kann. (Siehe F. Weinreb, »Die Rolle Esther«)

Die Feinde herrschen. Die dritte Vierzehn, das ist die Herrscherzeit der Feinde. Auch da wird »David« als Maßstab genommen, auch hier die Liebe. Nicht allein die Liebe, daß ich bereit bin, zu vergeben und zu verzeihen. Das wäre nur sehr stolz und eingebildet. Was habe ich denn zu vergeben, und wer weiß, was jener gedacht und gewußt hat, als er verwüstete? Und wer weiß, was ich alles denken würde, wäre ich in seiner Lage, hätte seine Macht und auch sein Unwissen? Was täte ich wohl?

Eine Einheit mit dem Feinde bilden wollen, das ist Liebe. So gibt es in dreifacher Abfolge die Liebe, die Verdreifachung in der Liebe. Mit »David« wird gemessen, damit auf diese Weise die Liebe ihren Ausdruck finden kann. Zuerst die Liebe zu Gott. Dann Davids Liebe zu den Menschen, wenn er erscheint und sich den Feinden gegenüber sieht, aber brüderlichen Feinden, den anderen Menschen, seinen Kindern, seinem Sohn, doch keinem Feind von außen gegenüber, aber doch Menschen gegenüber, die ihm wehe tun. Diesen gilt die zweite Art seiner Liebe. Und die dritte Stufe von Liebe ist jene in der babylonischen Gefangenschaft, sogar jenen gegenüber, die dich angreifen. Du aber lässest den Angriff unerwidert.

Im alten Wissen ist gesagt: Wer in dieser Realität der Welt hier, wer kann und darf sich »ich« nennen? – Nur Gott. Jeder Mensch, der »ich« sagt, greift Gott an. In der höheren Welt nennt sich Gott »Du«. Aber hier nennt er sich »Ich«, damit du verstehen kannst, wenn du dich an jemand wendest, außerhalb von dir, und du zu deinem Nächsten »du« sagst, daß du dann auch zu Gott »Du« sagst, oder mit dem Aussprechen des »Du« den Namen Gottes anklingen läßt. Hier aber, wenn du hier »ich« sagst, dann eignest du dir Gottes Gebiet an.

Darum muß der Mensch die Worte bei Matthäus sehr ernst nehmen. Es genügt nicht, daß man die Bergpredigt so schön findet und die Gleichnisse wunderbar. Schon schiebst du das Wichtige zur Seite, vielleicht sogar mit Tränen in den Augen. Das ist reine Sentimentalität, da muß man sich sehr in acht nehmen.

Nimmst du es aber ernst, dann kann es dir viel bedeuten. Es kann einem der Sinn der Bergpredigt aufgehen, die Größe ihrer »Aufgabe« sich zeigen.

Das Aufgeben dieser Welt, das Sich-von-ihr-lösen, kennt Europa überhaupt nicht. Der Einfluß des Heidentums wirkte so tief, daß man auf alle möglichen theologischen Schliche kam und auf jede Ausrede bedacht war, um alles wegzuerklären. Denn man ist nun einmal mit dieser Welt verbunden und will in ihr Macht ausüben. Diese Welt aufgeben, sogar dann aufgeben, wenn man recht hat, das Sich-verloren-geben, auch dann, das Sich-ausliefern, ist für die Erlösung grundlegend.

Erlösen ist das vollständige Aufgebenkönnen, und der Mensch erfährt es nur, wenn er sich in dieser Welt aufgegeben hat.

Ich weiß, das ist schwer. Jeder Mensch kämpft um seine Stellung, seine Position und seine Ehre. Er will zeigen, daß er doch ein bißchen recht hat. Jede Nation kämpft darum, und es ist immer ganz erhebend zuzusehen, wenn ein anderer kämpft. Aber nur selten beurteilt man sich kritisch. Man will sich eben behaupten, alles wird schon seinen Sinn haben. Gott läßt mich doch nicht einen Moment aus dem Auge, genausowenig wie er zuläßt, daß ein Haar auf meinem Haupte gekrümmt wird und ein Sperling vom Dache fällt. Es kann mir gar nichts geschehen, also brauche ich auch keine Angst zu haben, daß ich keinen Fürsprech mehr habe. Wozu sollte ich denn eigentlich verteidigt werden? Ich bin einmal ein Teil der Welt. Ich habe doch alles gelesen, gehört, erzählt bekommen, erlebt und durchlebt. Weswegen sollte ich überhaupt verteidigt werden, wozu brauche ich jemand, der für mich eintritt?

Ja, das Buch der Erlösung stellt eine schwere Aufgabe. Es ist viel verlangt, aufzugeben. Und deshalb sollte man, wenn man es liest, an das Aufgeben dieser Welt denken. Denn das wird tatsächlich vom Menschen gefordert, vom Menschen, zu dem der Erlöser spricht. Zu den anderen spricht er nicht mehr. Er spricht wohl, aber sie hören es nicht.

Ich habe oft zum Scherz gesagt, auch um die Leute wachzurütteln: Wie stellt ihr euch denn die Verhältnisse in Palästina vor, die geographischen, wie auch die sozialen, von denen im Neuen Testament erzählt wird? Wieviele Leute liefen Jesus nach, und was ist denn mit all den Menschen, die im Süden, Norden und Westen des Landes wohnten, die gar nicht dabei waren und nie von Jesus gehört haben? Wo ist ihre Schuld am Tode? Sie waren doch nicht dabei? »Also gut«, werde ich dann hinzusetzen, »das ist keine nette Frage. Wir haben ja gar keinen Anlaß, eine solche Frage zu stellen.« Wenn man aber die Frage schon stellt, so muß man feststellen, daß Jesus in Wirklichkeit zu jedem spricht. Es gibt aber auch Leute, die so weit weg »wohnen«, daß sie seine Stimme nicht hören. Und die sind wohl schuldig. Warum wohnen sie denn so weit weg, würde ich sagen, so daß sie seine Stimme nicht hören? Im rein geographischen Sinne muß man die armen Leute jener Orte, die nicht dabei waren, wohl verteidigen. Die Leute von Cäsarea, wie konnten sie denn wissen, daß da jemand predigte? Sie waren ja nicht dort. Wir können ihnen keinen Vorwurf machen, sie hatten weder Radio noch Zeitungen. Auch die Alemannen haben nie von Jesus gehört, sie wohnten auch weit weg und waren nicht dabei.

Es verhält sich aber anders. Wenn das Matthäus-Evangelium ein Buch des Wesentlichen ist, dann wird man sagen müssen: Der Erlöser spricht, jeder kann es hören, doch viele Leute, die so weit weg wohnen, sind harthörig. Jene aber, welche hören wollen, die mitgehen, sie zeigen auch, wie schwer es ist, bis ins Äußerste mitzugehen und sie zeigen damit eben, daß es eigentlich dem Menschen unmöglich ist, ganz den letzten Schritt zu tun. Man kann weit mitgehen und selber vieles wagen, aber nur bis zum vorletzten Schritt, es zeigt sich dann, selbst wenn du nicht wagst, bis zum Ende mitzugehen, doch das gleiche Ende, das erlebst du.

Fast alle, die mit Jesus gegangen sind, erlitten ein ähnliches Ende. Der eine wurde verbrannt, der andere geköpft, weil eben dieses Ende, wenn man nicht abläßt, so zu sprechen, doch auf einen zukommt. Es muß nicht »köpfen, verbrennen« wörtlich sein. Es genügt, daß die Welt einen verstößt, und man selber die Welt aufgibt. Das nenne ich immer die »Aufgabe« des Menschen.

Wenn man mich fragt: Welche Aufgabe habe ich?, dann denke ich bei mir: Ja wenn ich dir sagte, daß du alles aufgeben sollst, die Universität, deinen Beruf, und so weiter, dann würdest du protestieren. Aber du solltest alles aufgeben.

Aufgabe ist keine Pflicht, die man erfüllt. Eine Aufgabe ist tatsächlich das, was auch das Hebräische meint, nämlich ein völliges Sich-lösen von dieser Welt, ein Ins-Überzeitliche-hineingehen und von dort aus hier leben. Dann strömt das Leben auf eine ganz andere Weise zu dir zurück. Dann nimmst du in Liebe alles auf dich, was dir hier geschieht. Du erhebst keinen Protest, brauchst keine Leute um dich, denen du erzählst, wie recht du hast, und wie großes Unrecht dir geschieht. Ach, das ist selbstverständlich so. Wer dem Erlöser nahe ist, dem geschieht immer Unrecht. Das ist ein Gesetz. Sonst wäre er doch ein Römer. Der bekam Recht, er wurde befördert, wurde Statthalter, wurde Kaiser, andere wieder haben ihre Position so oder so hier gehalten. Lauter wichtige

Männer. Wenn man recht haben will, soll man nicht auch das Andere haben wollen. Es wundert mich oft, daß man im Beten, im Selber-Gebete-machen, wie es heute Brauch ist, immer so gerne möchte, daß einem Recht wird. Es ist doch viel einfacher, man übergibt alles Gott und tut nur, was man zu tun hat: Lieben, hoffen, erwarten, sich ganz hingeben, sich loslösen. Das ist Gebet, und dann ist es überflüssig, noch eigene Gebete zu fabrizieren.

So ist denn David die Meßschnur, der Maßstab. Er ist auch, wie es heißt, der Sohn Abrahams. Abrahams Name besagt, wie es bei seiner Namensgebung verkündet wird: Vater der Völker. Das ist also nicht nur ein väterlicher Klang – er ist der Vater aller Völker, aller Menschen! Er ist also für alle Menschen da, nicht nur für eine Zahl von Auserwählten, die ein Manifest aufstellen. Das kann man dann unterschreiben oder auch nicht, mit einem einfachen Ja oder gar nicht. Es wäre Theater, wie so vieles. Die Wirklichkeit ist ernst und fordernd. Denn der Stammvater dieser Welt ist Abraham.

Das ist kein besonderer Hinweis, der sich nur auf das Alte Testament bezieht. Es will vielmehr sagen, daß alle Menschen letztlich von ihm abstammen. Amalek stammt über Esau auch von Abraham, so wie die Völker des Ostens, die Söhne der Ketura, die von Abraham nach Osten geschickt werden. Die Völker des Ostens sind die Kinder von Abraham. Es geht nicht an, einfach so zu sagen: Ich mache Theater, und nun spiele ich, ich bin erlöst, ich bin auserwählt. Gleich bin ich aber erbost, wenn man behauptet, das stimme nicht. Man soll nicht damit spielen, es ist viel zu ernst. Hier steht der Tod, aber auch das Leben, die Ewigkeit. Das Ja oder Nein. Und wenn da schon von allem Anfang an gesagt wird: Der Sohn Davids, der Sohn Abrahams, dann denke daran, auch Abrahams.

Wenn etwa die Juden sagen: Die Kinder Abrahams, so mache ich sie immer darauf aufmerksam: Vergeßt nicht, daß die ganze Welt aus den Kindern Abrahams besteht. Auch die Inder, selbst die Chinesen, sind Kinder Abrahams. Auch Amalek, wo er auch heute im Menschen sich verbirgt, er ist ein Kind Abrahams. Alles im Menschen ist ein Kind von ihm, Abraham.

Man wird hier festhalten müssen: Die Geschichte bei Matthäus, ihr Anfang, ist tief einschneidend, bis auf den Grund des Menschen. Die Aufgabe geht auf das Ganze. Sie verlangt das Ernstnehmen jedes Wortes und jedes Begriffes. Man kann nicht Theater damit spielen. Es darf nie ein Spiel werden, etwa ein Gesellschaftsspiel, wie das der Ehe oder der Kinder mit den Eltern, der Eltern mit den Kindern. Wir spielen nur, wir sind nach außen ganz nett miteinander, doch es ist ein Spiel, und ich weiß, daß es gar nicht so nett zugeht. Wir spielen uns vor, die Gesellschaft lebe friedlich zusammen. Friedlich? Davon kann keine Rede sein! Ich weiß, der eine haßt den anderen und fürchtet ihn. Und der andere wieder fürchtet den ersten. Es geht hin und her, dauernd. Wenn man das ernstnehmen wollte, so müßte die Wahrheit ausgesprochen und ausgelebt werden. Keine Täuschungen mehr, keine Ausflüchte und Abwege, um sich schnell zu verstecken, hinter der Tür, und von der Realität wegzulaufen. Aber wie könnte man denn spielen mit einem so großen Begriffe wie »Erlösung«. Auch eine Erlösung aus dem Widerspruch hier, aus der Gefangenschaft hier – Lösung aus der Einsamkeit hin zur Einswerdung mit dem Vater. Das ist kein Spiel.

Vorläufig will ich von diesen 42 Geschlechtern, Generationen, den Gliedern, wie es im Matthäus heißt, den 3 x 14, nicht weiter erzählen, sondern weiterfahren.

Die Geburt des Erlösers

Das Wichtigste, was nun folgt, ist die Kunde, wie der Erlöser geboren wird. (Matth. 1,18-25)

Es besteht die Gefahr, daß der Leser diese Geburt geschichtlich und vom Wesentlichen getrennt sieht. Er ist nun einmal so eingestellt, daß er einzig und allein die historische Tatsache einer Erscheinung hier wichtig nimmt. Würden wir aber von der Überlieferung her über die Texte nachdenken, über die grundlegenden Begriffe, dann ließe sich die Geburt Jesu viel eindrucksvoller, größer und wesentlicher, sehen. Als ein Ereignis für die ganze Welt, die ganze Menschheit und für alle Zeiten, nicht nur als geschichtliche Tatsache. Denn dann entsteht das Bedürfnis, die vollständige Wahrheit der Realität im Stofflichen, im Materiellen, nachzuprüfen und sich selbst und andere damit zu überzeugen. Das Überzeugenwollen wird zum Zwang, der den anderen auferlegt wird.

Wir haben nichts aufzuzwingen. Wir sollen es bei uns wachsen lassen, damit es als eine vollkommene Überzeugung in uns geboren wird. Dann verspüren wir nicht mehr das geringste Bedürfnis, recht zu bekommen und zu behalten.

Schon mehrfach erklärte ich, daß es immer ein Zeichen der Schwäche sei, wenn man recht haben wolle. Ein Zeichen der eignen Schwäche und auch in der Sache, die zu glauben man vorgibt. Wenn man überzeugt ist, so genügt das doch. Warum will man auch noch sehen, ob der andere uns zustimmt?

Versuchen wir, die Geburt einmal von einem anderen Punkte aus zu sehen. Einem extremen Punkt, der im Gegensatz zum Äußeren liegt. Ein Kerngeschehen, eine Ur-Sache. Es geschieht im Wesentlichen und wird für die Menschen in einer äußerlich leicht verständlichen Form erzählt. Zunächst sollte man sich vergegenwärtigen, was die Namen, die genannt sind, eigentlich bedeuten.

Es handelt sich um ein Wissen vom Menschen, nicht das Wissen, das uns in der Schule beigebracht wurde, sondern ein Wissen, das wir schon mit uns tragen.

Die Wiederkehr des Namens Josef

Ich werde nun den Namen Josef wie auch den Namen Maria besprechen. Auch davon reden, daß berichtet wird, sie seien miteinander verlobt gewesen, »vertraut«, steht bei Luther. Jedenfalls waren sie nicht verheiratet.

Was soll uns der Name Josef? Ein Mann namens Josef. Warum heißt er nicht anders?, könnte man sich fragen. Er heißt nun aber einmal so, Josef. Zufall, sagen die einen, und den anderen gefällt der Klang des Wortes. Aber Namen haben etwas zu bedeuten.

Als der Name Josef im Alten Testament zum ersten Mal genannt wird, wird auch seine Bedeutung klar: »es soll noch ein anderer Sohn kommen«. Der Anfang eines Kommens. Dem Laien erklärt man: Josef, der von Rachel dem Jakob geboren wird, ist der Erstgeborene. Rachel hätte gerne noch mehr Kinder, und sie sagt darum: »Josef, das ist der erste, es soll noch ein anderer Sohn kommen.«

Das Wort »Josef« bedeutet im Hebräischen auch »mehren«, es soll noch mehr erscheinen. Der Name enthüllt also seinen Sinn. Der Name gibt ein Versprechen für das Weitere. Wenn nämlich mit dem Namen schon alles erfüllt und vollkommen wäre, könnte man nicht sagen: es sollen noch mehr kommen. Schon der Name zeigt an: ein Anfang ist gemacht, ein Versprechen gegeben, daß etwas nachkomme. Und wir wissen auch, was für eine Behandlung Josef später erfährt.

Die Geschichte im Buche Genesis ist bekannt. Josef, der geliebte Sohn seines Vaters, der deshalb den Neid der anderen Brüder erweckt, wird von ihnen verkauft. Und gerade durch diesen Verkauf nach Ägypten wird er recht eigentlich zum Retter – dem Helfer für die anderen.

Es zeigt sich hier die Parallele zu Matthäus. Man wird sich gleich sagen, daß mit dem Namen Josef etwas ganz Bestimmtes angezeigt und gemeint ist.

Denn nach der Überlieferung ist das Verkauftwerden nach Ägypten immer dem Verbanntwerden, hinab in die untere Welt, gleichzusetzen. Die untere Welt ist stets eine Welt, in der der Mensch sich nur noch nach der äußeren Wahrnehmung richtet und für das Wesenhafte keinen Sinn mehr hat. Die irdische Erscheinung ist für ihn nur noch ein Außenstehendes, ein Objekt. Er hat keinen inneren Anteil an der Erscheinungswelt und behandelt sie deshalb kühl und objektiv.

Das ist gerade im Falle Josef sehr entscheidend. Nach Ägypten verkauft zu werden heißt: du bist jetzt in einer Welt, die lediglich nach dem Äußeren urteilt. Sie ist nicht gewillt oder nicht fähig, einen so zu beurteilen, wie man wirklich ist. Selten einmal hat einer eine kleine Möglichkeit des richtigen Schauens. Im allgemeinen ist man dazu außerstande. Man achtet nur auf das Äußere, die sichtbare Erscheinung, und so werden die Urteile über alles gefällt, was nach Ägypten gerät. Dieser Verkauf ist sehr schwer zu ertragen. Man ist in einer Welt, in der es kein Verständnis gibt. Wie man in der Geschichte von Josef nachlesen kann, wird Josef auch in Ägypten lange nicht verstanden. Er wird nach gewissen Indizien, nach Vorurteilen, verurteilt. Was aber in

Wirklichkeit geschieht und geschehen ist, dafür kann die Welt Ägyptens kein Verständnis aufbringen.

Nicht genug an Ägypten, Josef muß in dieser Welt noch tiefer ins Dunkel. Er wird ins Gefängnis geworfen, er ist gebunden. Er kommt in das Welthaus der Gebundenen, und erst nach langem wird er dort wieder herausgeholt. Zuerst aber muß er in die unterste Tiefe hinab, und hernach wird Josef der Ernährer.

Wiederum die Parallele: Erst ist Josef ein Verkaufter, dann ein Gebundener, erst der vom Vater Geliebte, der Lieblingssohn, nun der Retter der Welt, ein königlicher Herrscher.

Denn die Welt dort heißt die »Welt von Ägypten«, und der Pharao ist der König der dortigen Welt. Es handelt sich dabei keineswegs nur um den geographischen Begriff eines bestimmten Landes. Der Pharao, so betont die Überlieferung, sei als König einer der zehn Könige der Welt, wie man das im alten Wissen nennt. Das will besagen, daß man die Welt auf ebensoviele Arten erleben kann. Wenn man sie auf die Art Ägypten erlebt, dann ist der Pharao dort der König. Und der Pharao herrscht über eine Welt, die durch den Widerspruch bestimmt wird, durch die Zweiheit.

Wir wissen von den Träumen des Pharaos: Die fetten und die mageren Kühe, die fetten und die mageren Ähren, sie bilden einen dauernden Widerspruch. Pharao ist ein König des Widerspruchs. Er kann nicht aus diesem Widerspruch erlöst werden, bis Josef kommt. Nun wird Josef als der Ernährer der Welt eingesetzt.

Faul und oberflächlich, wie man ist, neigt man dazu, folgendes zu denken: Josef teilt den Hungrigen Getreide aus, er ist also in einer Hungersnot der Ernährer der Welt. Für das kindliche Verständnis genügt das.

Getreide ist aber selber auch eine Erscheinungsform von etwas Wesentlichem, Wichtigem. Das Getreide ist das Erste, was hier als Wachstum erscheint, als erste Entwicklung. Die Bibel nennt sieben Arten, sieben Formen des Wachstums. Der Weizen ist die erste Wachstumsform. Nach ihm erscheinen die verschiedenen anderen Wachstumsarten: zum Beispiel die Gerste, der Weinstock, die Dattelpalme usw. Darüber steht einiges in meinen Büchern.

Josef – darauf kommt es an – stillt den Hunger, den diese Welt entstehen läßt. Es ist in erster Linie der Hunger nach einer Mitteilung, einer Kunde von oben, die Stillung des Hungers, was der Sinn des ganzen Lebens ist.

So wie der Körper des Menschen seine tägliche Nahrung benötigt, so muß auch der Mensch, der in Wahrheit den Körper trägt, nach einer Nahrung verlangen, durch die auch der Körper sein eigentliches Leben empfängt, und ihm dazu hilft, als Mensch lebendig zu bleiben. Unsere Nahrung an Lebensmitteln ist verschieden von der Nahrung im Wesentlichen. Die meisten Menschen wissen nicht mehr von der Nahrung im Wesentlichen. Sie wollen nur die Wünsche des Leiblichen befriedigt sehen, verlangen nur nach dieser Nahrung – nach Betäubung, nach Schlafmitteln. Der Mensch aber hungert nach dem Anderen. Und diese Nahrung teilt Josef aus. Er vermag es, die Widersprüche, den Gegensatz, zur Einheit zusammenzubinden. Die fetten und die mageren Kühe werden zu einer Einheit. Wie auch Leben und Tod. Die fetten Kühe entsprechen dem Leben, die mageren dem Tod, sie werden zu einer Einheit, in welcher der Widerspruch verschwindet. Und nun ist auch der Tod Leben.

Es handelt sich also um eine ganz andere Art von Nahrung, eine absolute Nahrung. Es wird denn auch erzählt, daß Josef das Getreide in fünf Haufen aufteilte. Ein Fünftel zur Aufbewahrung, als Vorrat, und vier Fünftel zum Verbrauch.

Wiederum erkennen wir die Strukturformel: eins – vier. Die Grundformel, von der ich in »Schöpfung im Wort« ausführlich gesprochen habe. 1-4 ist auch die Proportion in der Vorwelt zwischen dem Baum des Lebens und dem Baum der Erkenntnis. Der Baum des Lebens mit dem Verhältniswert 1 gegenüber dem Baume der Erkenntnis mit dem Verhältniswert 4. Und sind diese beiden miteinander verbunden, dann wird man leben durch den Baum des Lebens und gleichermaßen die Erkenntnis vom Baum des Lebens empfangen.

Mit solcher Nahrung beschenkt uns Josef, der Ernährer.

Im Gelobten Land, so heißt es, ist der Regen Gottes Regen, und auch die Fruchtbarkeit ist von oben. Wendet sich aber der Mensch von Gott ab, widerwillig, dann geschieht es, daß der Himmel wie Kupfer wird und alles vertrocknet. Die Welt verdurstet.

Das alte Wissen der Kommentare erklärt diese Bilder. Nahrung bedeutet, daß der Sinn des Lebens von der oberen Welt empfangen wird, vom Himmel. Es ist nicht die Gescheitheit oder Philosophie, die euch den innersten Sinn des Lebens begreiflich machen kann. Ihr sollt nach dem Sinn von oben verlangen, sonst wird der Himmel kupfern.

Kupfer, das hebräische Wort »nechoscheth«, gehört zum selben Stamm wie »nachasch«, die Schlange. Ein unerschöpfliches Thema.

Die Kraft der Schlange gehört dem »Himmel« an. Der Mensch, der die Schlangenkraft aufnimmt, sieht nur noch Entwicklung, Zeit und den Kreislauf der Zeit. Die Täuschung durch den Kreis ist es, daß der Mensch alles hier logisch sieht und alles zusammenstimmt. Der Himmel hat sich verschlossen. Die Botschaft von oben bleibt aus.

Natürlich muß es unten Nahrung geben, aber, wie die Nahrung unten beschaffen sein soll, das verstehen wir nicht mehr. Im Glauben, die Nahrung hier unten sei unsere Sache, haben wir schon das Untere vom Oberen getrennt. Die Verbindung zwischen beiden ist zerrissen. Gerade deshalb ist es ein Appell an unser Verständnis, daß unser Essen, Trinken und auch die Kleidung ein Abbild des Essens, Trinkens und der Kleidung dort oben ist. In der Verbindung entsteht die Ganzheit, die Eins. Das haben wir fast ganz vergessen. Deshalb wird Josef, der diese Nahrung austeilt, und, wie gesagt ist, nicht der Sünde anheimfällt, wie der erste Adam, in der Überlieferung diesem Adam als gleicher gegenübergestellt.

Josef ist nun der Adam Kadmon, der vom Ursprung, von allem Anfang an da ist, und die Erfüllung des Ganzen in der Geschichte der Genesis. Denn das erste Buch ist ein Ganzes für sich. Die vier folgenden Bücher geben eine andere Kunde wieder. Das eine Buch steht den vier anderen Büchern gegenüber. Der Erlöser im Urbeginn, der Erlöser am Ende der Zeit – so kennt denn die Überlieferung einen Erlöser, einen Messias, welcher der Sohn Josefs ist, und einen Messias, den Sohn Davids. Sie sind dem Namen nach verschieden, nicht aber dem Wesen nach. Sie sind ein und derselbe. Nur der Mensch sieht zwei verschiedene Personen. Er ist nicht imstande zu sehen, daß es das Gleiche ist. Im Buche »Jonah« (Origo Verlag, Bern) habe ich ausgeführt, daß Jonah mit dem Messias, dem Sohne Josefs, eng verbunden ist.

Im alten Wissen war es geschichtlich schon lange bekannt, daß es den Messias gibt, der der Sohn Josefs ist. Er ist auch der Messias, der in dieser Welt nicht verstanden wird, hier leidet und eigentlich von allen Völkern, von jedem Menschen, getötet wird. Zugleich weiß man vom Messias, dem Sohn des David. Er ist derjenige, der siegt und lebt – und doch sind beide der Gleiche.

In der mündlichen Thora wird schon von beiden erzählt, seit langen Zeiten.

Wer indessen das Einseitige vorzieht und die eine Seite des Gegensatzes unterschlagen will, damit sie ihn nicht beunruhige und verwirre, will er doch nur das Eindeutige, einfach Klare, für den ist alles nur ein Entweder-Oder. Er kann es sich nicht vorstellen, daß das Entgegengesetzte das Gleiche sein soll. Und so macht man dann den Unterschied: Wie sieht man denn den Erlöser? Sieht man ihn körperlich, genealogisch, geschichtlich, dann ist er der Messias, der Sohn Josefs. Sieht man ihn als geistige Wesenheit, dann ist er der Sohn Davids. Beide Namen werden im Anfang des Matthäus-Evangeliums genannt. Josef erscheint hier, für die Welt, könnte man sagen, als der leibliche Vater, als Vaterfigur. Der Vater der Dinge aber, der Ursache, ist hier unsichtbar.

Dieser Josef, der bei Matthäus am Ende der Generationen erscheint, ist also eine Wiederkehr des Namens Josef. Denn der Messias heißt ja auch der Messias, der Sohn Josefs. Er heißt von allem Anfang an so. Josef erscheint eigentlich nur deshalb, damit aus ihm, mit seinem Kommen all dies Weitere entspringe. Josef, der Mehrer, ist schon ein Hinweis darauf, daß ein Sohn Josefs kommen wird.

Schon Josua, hebräisch Jehoschua, ist, nach der Tradition, ein Sohn Josefs. Über Efraim, den Sohn Josefs. Und Josua ist mit Kaleb aus Jehudah derjenige, der von den Kundschaftern fest bleibt. Wir sehen, daß Josef und Juda stets zusammengehören.

Gleiches schildert auch die Geschichte in Ägypten, als Josef eigentlich im Widerspruche zu seinem Bruder Juda zu stehen scheint, zu Juda, dem Führer der Brüder, die mit ihm nach Ägypten gekommen sind. Und schließlich erfolgt die Aussprache zwischen den beiden, damit sie wieder Eins werden.

So wird auch im Propheten Hesekiel von den zwei Hölzern Juda und Josef erzählt. Es sind eigentlich »Bäume«, es wird aber mit »Hölzer« übersetzt. Gott sagt dort dem Propheten: »Nimm eines der Scheite aus dem Hause von Juda, das andere aus dem Hause von Josef. Bringe sie zusammen, damit sie eins werden.« Diese Einsmachung von Josef und Juda, das heißt von Josef und David, verkündet, daß etwas ganz Neues geschieht. Denn gerade an dieser Stelle wird die Vision des Hesekiel wiedergegeben.

Die dürren Gebeine, die Skelette, die hier liegen, sie werden wieder belebt und erweckt. Sie auferstehen und werden wieder lebendig. Es ist die Stunde gekommen, wenn Josef und David eins geworden sind, dann steht das Tote auf. Bleiben sie aber getrennt, dann bleibt auch das Tote tot und das Lebende lebt weiter. Der Mensch kann es nicht verstehen, daß Leben und Tod eins sein können.

Wie sollen die Gegensätze im Traume des Pharaos eins werden, das Fette und das Magere, Leben und Tod? Das Tote ist doch endgültig tot. Das Leben ist verschwunden, und die mageren Kühe bleiben trotz ihrem Fressen mager. Es geht also immer darum, den Widerspruch in uns selber aufzuheben und zu verstehen, daß der Gegensatz nicht das Letzte ist.

Deshalb werden in der Genealogie die Generationen in Doppelheit aufgeführt. Denn die Herkunft ist nicht so eindeutig, wie wir möchten. Eigentlich täuscht uns die irdische Herkunft. Sie ist nicht die einzige Abstammung, und die Angabe nichtirdischer Herkunft läßt uns im Ungewissen. Denn hier sehen wir die Verbindung nicht. Und so besteht ein Widerspruch in allen Dingen, auch bezüglich der Herkunft. Von diesem Widerspruche zu erlösen, das bedeutet, daß der Erlöser alles einbezieht, nicht nur irgendeinen Menschen, dem er das Gefühl der Befreiung vermittelt, sondern alles, was erscheint. Die Erlösung ist nicht für wenige reserviert. Sie ist schon da vor der Schöpfung, für die Schöpfung, und zwar für die ganze Schöpfung, für jeden Grashalm, jeden Vogel, jedes Haar auf dem Haupte, für ganz und gar alles ist sie da. Nicht etwa nur für eine Gruppe oder ein bestimmtes Volk.

Wird also hier, im ersten Kapitel des Matthäus, Josef genannt, so beginnt auch die Geschichte des Messias, des Sohnes Josefs. Eine Leidensgeschichte also, eine Geschichte des Nicht-verstanden-werdens, des Verfolgt- und des Verleugnet-werdens. Das ist jene Erwartung, die allem entspricht, was wir vom Körperlichen halten, nach christlicher Auffassung.

Wir mißachten das Körperliche. Es sei ja nicht so wichtig. Und schon ist es ein Verrat, eine Verleugnung von Gottes Schöpfung. Gott verleiht doch dem Materiellen diese Unzahl von wunderbaren und seltsamen Formen und Farben, eine wundervolle Struktur, die wir nie genug studieren können, bis ins Kleinste, ins Allerfeinste, und es ist stets ein neues Wunder, so wie es auch im Allergrößten ein Wunder bleibt.

Wir nehmen nur Kenntnis von der Materie und beurteilen sie nach dem Aussehen, dem Nutzen – und schon ist es verraten. Was wir mit dem Kahlschlag des Bodens, der Wasser- und Luftverpestung gemacht haben, das ist rückblickend sicher Verrat an der Erde. Heute will man nicht mehr verraten, nicht mehr verleugnen. Die Materie ist ungeheuer mächtig, wir wissen es, und auch schutzwürdig. Aber eines wollen wir nicht: Die Erscheinung als Gottes Wunder anerkennen. Das Wunderbare der Struktur als Schöpfungstat. Nur der Baum der Erkenntnis soll für uns Frucht abwerfen. Diese Früchte wollen wir pflücken und verzehren. Diese Frucht uns einverleiben. Das ist denn auch tatsächlich jederzeit die Gefahr der irdischen Erscheinung, der Verlockung. Josef, gefangen erst und dann Herr in Ägypten, führt die Wende herbei.

Maria – Mirjam

Maria! Wie man es nicht anders erwarten kann, kommt der Name schon im Alten Testament vor. Die Überlieferung erzählt manches von ihr. Mirjam, der hebräische Name für Maria, tritt einmal auf als die Frau, durch deren Eingreifen es geschieht, daß Mose geboren wird, der Erlöser aus Ägypten. Amram und Jochebed, die späteren Eltern, wollten kein Kind mehr haben, weil doch der Pharao alle männlichen Kinder ins Wasser werfen und ertränken ließ. Wenn ihr Sohn untergehen mußte, hätte es dann noch Sinn, ein Kind zu bekommen? Mirjam aber widerlegt ihre Gedanken. Es soll aber hier auf Erden erscheinen. Wie lange das Kind dann lebt, ist eine Sache für sich. Es muß hier erscheinen. Und wenn es erschienen ist, so hat es seinen Sinn schon erfüllt. Denn Leben ist nicht nur hier, das Leben ist überall. Selbst wenn es zugrundegehen würde, wir haben nicht zu fragen nach dem Weiteren. Wir haben das Vertrauen, wir handeln im Glauben. Und das bringt auch die Entscheidung für die Eltern, die ihr recht geben. Wir werden ein Kind bekommen, dieses Kind ist Mose! Er bekommt den

Platz des Erlösers. Er befreit aus der Gefangenschaft, aus Ägypten. Und er führt bis an die Grenze des Gelobten Landes. Er bleibt als der Herr des siebten Tages.

In Ägypten herrscht der Pharao als der Herr des sechsten Tages, und Josua, Jehoschua, ist der Herr des achten Tages. Das Sechste aber sollten wir überwinden. Es ist in uns, was noch im Tierhaften gründet, im Triebhaften jedes Menschen.

Das Siebente ist die Gegenwart, in der man sich vergegenwärtigen sollte, daß man befreit, erlöst ist aus diesem Triebhaften, dem Sechsten, und daß man die Verheißung des Gelobten Landes hat – ein Versprechen von Gott, daß der achte Tag sicher kommen wird und deshalb schon als eine unsichtbare Realität im Menschen lebt. Und so führt Mose als Erlöser den Menschen aus dem sechsten in den siebten Tag, während Joschua ihn aus dem siebten in den achten Tag und im achten Tag führt. Das Sechste ist also das in uns schlummernde unsichtbare Triebhafte, das Siebente ist unsere irdische Erscheinung, mit allem, was Erscheinung bedeutet, das heißt der ganze Leib, nicht nur der Körper; der Leib umfaßt mehr als den Körper. Das Achte ist im Menschen wiederum etwas Unsichtbares, nämlich das, was bewirkt, daß seine Erlösung schon mit und in ihm lebt. So sieht es die Überlieferung.

Mirjam, könnte man sagen, ist also stets auch schon dort in Ägypten an der Wiege des Erlösers. Durch sie kommt er und erlöst aus dem sechsten in den siebten Tag. Der Name »mosche« bedeutet, wie die Bibel erzählt: »der aus dem Wasser Gezogene« und auch wie schon erwähnt: »der aus der Zeit Herausgezogene«, der über der Zeit lebt durch das Wort, durch die Teba, das Kästchen, das ja Wort bedeutet. Dadurch ertrinkt er nicht, geht er nicht in der Zeit unter, sondern lebt über der Zeit und wird zum Erlöser. So steht Mirjam schon dort. Und Mirjam geht auch auf dem Wege durch den siebten Tag als diejenige mit, die in ihrem Namen den Stamm »mara« hat, was »das Bittere« bedeutet, also auch den Schmerz, das Leiden. Deshalb erzählt die Überlieferung, daß es Mirjam ist, durch die – im siebten Tag, im Gang durch die Wüste – das Wasser sich einstellt.

Der Brunnen, der immer mit den Kindern Israel durch die Wüste mitgeht, heißt deshalb auch der »Mirjam-Brunnen«. Daß er mitgeht, ist ein Wunder für die heutige Welt, weil man es sich im Materiellen nicht vorstellen kann. Der Brunnen wandert mit den Menschen durch die Zeit mit und stellt dar, wonach es den Menschen immer verlangt – mit Recht verlangt: zu sehen, wie sich das Wesentliche hier in der Zeit ausdrückt. Das ist ein Schreien nach Wasser. Wer in diesem Sinne nach Wasser ruft, ruft eigentlich nach Erfüllung, nach Verwirklichung im Wesentlichen, das er schon spürt und kennt. Wenn er wirklich als Mensch wach ist, dann ruft er, es solle hier in dieser Welt erscheinen, er möchte es hier sehen. Seine Angst, hier Mangel an Wasser zu haben, könnte daher rühren, daß vieles im Wesentlichen so gewaltig ist und keine Möglichkeit erhält, hier zu erscheinen. Es ist also nicht eine Art Schlechtigkeit oder Dummheit der Kinder Israel, daß sie fortwährend nach Wasser schreien und Unglauben zeigen. Es handelt sich dabei um denselben Unglauben, könnte man sagen, den wir alle zeigen, wenn wir in unserem eigenen Leben danach verlangen, daß uns etwas vom Glück und von der Seligkeit auch im Stofflichen begegne. Wir sagen, wir seien selig und glücklich. Ich aber könnte sagen: Ich bin krank, und ich werde nicht verstanden, man ist gegen mich, und alles ist schlimm. Ich möchte auch ein wenig sehen, daß dieses Wesentliche sich in meinem Leben ausdrückt. Das ist das erste, wonach man fragt. Fragt man etwas weiter, sagt man: Ich möchte sehen, daß es sich einmal in der Welt zeigt, damit die Leute verstehen, daß es nicht nur im Himmel ist. Ich möchte es auch als Wasser, als Zeit haben, also hier im Zeitgeschehen erleben. Und wenn wir ganz durstig sind, dann wollen wir eigentlich das Wesentliche der Erlösung in die Zeit herabzwingen und wollen, daß alles, was um uns herum geschieht, tatsächlich Ausdruck dieses Wesentlichen ist. Wir wollen es sehen, wir wollen das Wasser trinken, damit wir es sehen.

Das also ist Mirjam, welche den Menschen das Wunder des Wesentlichen hinab in diese Welt der Zeit im siebenten Tag vermittelt. Nur in der Wüste ist Mirjam die Wasser-Spenderin, was besagen will, nur auf dem Wege aus Ägypten ins Gelobte Land. Das heißt also: auf dem Wege durch das Leben, das wir hier Realität nennen, ist sie diejenige, die uns das Wesentliche in der Zeit erscheinen läßt. Deshalb nennt man sie auch die Gebärerin des Erlösers; denn sie bringt ihn für uns in die Zeit. Ohne sie wäre er zwar da, aber nicht hier. Er ist schon von Anfang an, schon vor der Schöpfung da. Sie läßt ihn kommen und in der Zeit erscheinen, in der Zeit des siebten und achten Tages, einer Zeit, die eine große Aufgabe an uns stellt. Von dieser Zeit dürfen wir nicht sagen: »Nun gut, ich habe sie gesehen, und alles ist getan.« Vielmehr ist es eine Zeit, die wir für uns lebendig machen sollten, die Zeit des achten Tages, die eine andere Zeit ist als die des siebenten Tages.

Wenn wir uns in den siebenten Tag versetzten, so ist es jetzt so gegen fünf Uhr, oder fünf Minuten vor fünf Uhr am soundsovielten Mai in der Zeit des siebenten Tages. Es gibt aber auch eine Zeit des achten Tages. Für uns, für die meisten Menschen jedenfalls, ist es eine

Zeit, an die man lieber nicht erinnert werden will, denn sie stellt zu große Anforderungen. Wie schon gesagt wurde, stellt sie uns eine Frage, welche lautet: »Du weißt doch schon von der Erlösung – worauf wartest du also noch? Warum willst du auch jetzt noch nur davon reden? Du bist doch schon – alles ist doch schon erlöst! Und die Zeit, die du im siebenten Tag lebst, kannst du nur sehen und verstehen aufgrund der Zeit des achten Tages. Du sollst den achten Tag also nicht in den siebenten Tag hinabzwingen. Nein, im Gegenteil, du sollst im siebenten Tag in den achten Tag emporsteigen, dich in ihn hinaufführen lassen.«

Aber der Mensch zwingt immer wieder den achten in den siebten Tag hinunter. Es ist auch, wenn ich so sagen darf, die Sünde des Menschen des siebenten Tages und nicht nur die Sünde des Geschlechts der Wüstenwanderung, wie manche es immer leichtfertig sagen; dann sind sie es los, andere haben es getan ... Es ist die Sünde des Menschen dieser Welt; der siebente Tag ist immer diese Welt. Der sechste Tag ist beendet. Die Schöpfungsgeschichte sagt immer: »Es war Abend und Morgen, der erste, der zweite Tag« usw. – bis und mit dem sechsten Tag. Vom siebten Tag wird nie gesagt: »es war Abend und Morgen, der siebente Tag«. Das heißt also, der siebte Tag ist die heutige Realität, bis die Bücher Mose zu Ende sind und eine neue Welt kommt, ein neuer Strom durchschritten wird.

Wie bereits bekannt, ist es die Sünde des Menschen in der Wüste, im siebenten Tag, daß er nicht in den achten Tag hinein will. Wenn er das Goldene Kalb macht, so sagt er gleich: »Das ist unser, es wird uns führen – dieses Kalb wird uns in die Zukunft führen!« Das hebräische Wort für Kalb, »egel«, ist identisch mit dem Wort für Kreis, Zirkel. Wenn man eine Übersetzung liest, sieht man natürlich nicht: »Mach den goldenen Zirkel!«. Gold bedeutet: das erste Licht. Auch dies ersieht man natürlich nicht aus einer Übersetzung. Der Kreis aber ist etwas, das schließt und stimmt. Was für uns stimmt, das wird uns führen. An den Erlöser Mose, der im Himmel ist, wie es da heißt, und der in Zukunft einmal wiederkehren soll, glauben wir nicht mehr, wir machen uns selber die Erlösung. Das Volk zwingt die Erlösung in den siebten Tag zurück, und es wäre sogar froh, es wäre wieder in Ägypten, im Leben des Traumes und des Rausches. Das Volk ruft: Laßt uns Häupter ernennen, die uns nach Ägypten zurückführen! Dieses geschieht aber im Zusammenhang mit den ausgesandten Kundschaftern, die den achten Tag erlebt hatten – man kennt ja diese schreckliche Geschichte. Das Volk will gar nicht in den achten Tag, es will sogar nicht in den siebten, sondern in den sechsten Tag zurück. Das sei das, heißt es, was jeder Mensch in sich hat; man solle das als Realität des Menschen erkennen.

Der Mensch selbst will nicht aus dem siebenten Tag hinaus. Er will den achten schon hier leben, will ihn zwingen, zwingt sich selber und hält sich zum Narren, zwingt und betrügt andere. Das ist eben die Sünde des Menschen, daß er nicht den Ernst aufbringen kann zu sagen: Ich verlasse das alles und gehe in den achten Tag, ich kümmere mich um den siebenten nur so aus der Sicht des achten Tages. Nicht der siebente ist für mich Realität, sondern Gott, der diese Realität gibt, ist für mich da; ich aber sehe die Realität hier aus der Sicht des achten, aus der Sicht der Erlösung. So soll jeder Mensch es sehen, denn es wird schon von der Erlösung erzählt, wenn man im Alten Testament vom Deuteronomium zum Buch Josua übergeht. Keiner kann sich darauf berufen, er habe die Geschichte nie gehört. Auch vom Alten

Testament aus kann und muß man sagen, in ihm steckt bereits dieser Weg in den achten Tag. Du kannst nicht sagen: Es geht mich nichts an. Es geht jeden etwas an, denn dieser Weg in den achten Tag ist schon im Menschen mitgeformt, so ist der Mensch schon erschaffen, das Achte ist in ihm. Deshalb heißt es auch bei der Erschaffung des Menschen, Adam sei in der Reihe der Schöpfungstaten Gottes die achte. Die siebente Schöpfungstat sind die Tiere, das ist gleichbedeutend mit dem Leben des Körpers hier. Die achte ist schon der Mensch, der echte Mensch, der das Achte in sich hat.

Mirjam, Maria, ist also für den Menschen des siebenten Tages diejenige, die den Menschen schon im siebten Tag vom Wesentlichen erzählen kann. Sie erzählt uns schon vom Erlöser. Und deswegen heißt sie auch »die Mutter« des Erlösers. Man kann das auch nicht trennen und sagen: Eine Mirjam hier und eine andere dort, nein, es handelt sich um eine Mirjam. Sonst könnte man die andere wieder streichen, wie ich eben sagte: Wenn das eine Welt der Zweiheit ist, und man kommt da nicht heraus, streicht man eine Seite, und die andere Seite gibt »Befreiung«. Dann ist Befreiung dem Betrug gleichzusetzen. Man kann im Leben den Tod nicht streichen, was man oft versucht. Wir sagen: Ich lebe schon so lange, ich will doch einmal sehen, wie lange es noch so weitergeht – lieber nicht an den Tod denken; ich verdränge den Gedanken daran. Nein, der Tod ist genauso ein Teil des Lebens. Und darum kann man auch nicht den Josef hier oder dort streichen und hier den einen Josua und dort den anderen. Nein, wenn der Name genannt wird, dann ist es *der* Name. Er erscheint dann und es soll eine Identität sein, aber auf verschiedenen Ebenen, und du sollst verstehen: dein Leben ist in Schichten gebaut, in Ebenen, du selbst aber bist ein Ganzes.

Dein ganzer Weg von oben nach unten sei für dich eine Einheit, ebenso wie der Weg von unten nach oben, zurück, für dich eine Einheit sei. Eigentlich verläßt du die Realität »Ägypten« nie, du hast sie bei dir. Aber du leerst Ägypten, machst es beim Auszug leer. Ägypten aber ist immer miterschaffen mit dir, die Wüste ist miterschaffen mit dir, das Gelobte Land ist miterschaffen mit dir. So muß es gesehen werden.

Verlobt sein

Zum vollen Verständnis des Gesagten muß ich noch ein Drittes besprechen, ein sehr wichtiges Kennzeichen in vielen menschlichen Beziehungen und im Absoluten.

Es ist der Begriff des »Vertrauens«. Es ist uns etwas vertraut, wie man so sagt, oder es bestand ein Vertrauen. Eigentlich bedeutet dieser Begriff »verlobt«. Nur heute versteht man unter »verlobt« ein Versprechen, das man wieder zurückziehen könnte. Bei der Lösung einer Verlobung braucht man keine Scheidung oder andere komplizierte Schritte zu unternehmen; oft sagt man auch: Nun ja, ich habe einmal etwas gesagt. Jetzt habe ich mir's anders überlegt.

»Verlobt« nun ist ein ganz wichtiger Begriff. Wahrscheinlich war er im menschlichen Verkehr auch einmal wichtig. Heute sind Worte so billig geworden, daß es alles eine ganz andere Bedeutung hat. Es wird nämlich gesagt: diese Welt hier, der siebente Tag also, oder wie ich ihn nenne, die heutige Realität, ist mit Gott verlobt. Das bedeutet, Gott hat dieser Welt das Versprechen der Erlösung gegeben, der Befreiung aus den Banden, die die Menschen gefangen halten, schläfrig sein lassen, wie auch der Schlaf den Menschen übermannen kann und ihn so fängt. Gott verspricht dem Menschen etwas und nennt ihn dann auch seine »Braut« oder seine »Verlobte. und spricht zu ihm: Später werde ich mit dir eins werden, dann kommt die Hochzeit.

Das hebräische Wort für Bräutigam, »chatan«, das ich schon in »Schöpfung im Wort« beschrieben habe, ist dafür typisch. In seinem Stamm hat es das Wort »chet«, das acht, der achte Buchstabe, bedeutet. Wenn Hochzeit ist, heißt er »acht« und die Braut heißt »kala«, was das Volle bedeutet und wertmäßig 50 beträgt, also auch den Begriff der Acht enthält, das heißt, wenn die Sieben – mit sich selbst multipliziert – erfüllt ist, denn 7 mal 7 sind 49. Danach ist das Fünfzigste, die kommende Welt da. Braut und Bräutigam haben also beide in ihrem Namen die Acht. Das will sagen, nun kommt die Einheit zustande. Das ist auch der Grund, weshalb man eine Ehescheidung immer als eine Katastrophe betrachtete. Denn der Aufenthalt im achten Tag, das Gelöbnis, der Bund, können doch nicht gelöst werden, wenn etwas daran war. Hat man damit aber bloß ein Spiel gemacht, dann ist es natürlich ganz schlimm. Ist aber die Ehe wirklich als eine Einheit gemeint, dann ist sie Ausdruck der Einswerdung zwischen Gott und Welt. Und ihr wird nicht gekündigt, weder von seiten des Mannes noch von der der Frau. Wie wir wissen, gibt es in der Kirche noch Reminiszenzen daran, speziell in der katholischen, obwohl es am Grundwissen vielleicht schon mangelt. Man kann also eine wahre Ehe einfach nicht mehr lösen, wie man ja auch sagt, Ehen würden im Himmel geschlossen. Das heißt, wenn die zwei schon zusammen sind, so geschieht das keineswegs nur hier. Es geschieht vielmehr hier, weil es oben geschieht; man kann daher einen solchen Bund nicht selber lösen.

Das will nun aber auch noch etwas anderes sagen: Wenn man einmal die Erlösung erlebt hat, dann steht man in diesem Bündnis und kann es auch nicht mehr auflösen und sagen: Nun ja, es war ganz schön, aber jetzt will ich nichts mehr davon wissen, ich habe jetzt wirtschaftliche oder politische Probleme, ich habe alle möglichen Dinge vor, in der Welt ist soviel zu tun. Wenn ich mich jetzt auch noch mit diesen Dingen beschäftigen soll, kann ich das bestenfalls an einem Abend in der Woche, sonst wäre es zu lästig. Dann hat man die Ehe eigentlich gebrochen, oder man benimmt sich jedenfalls so.

Wenn die Bibel diese Dinge erwähnt, dann meint sie immer das, was an ihnen wesentlich ist; denn in erster Linie ist die Bibel ein heiliges Buch, weil sie »ganz« ist. Das bedeutet, sie gilt für alle Ebenen, nicht nur für die gesellschaftliche Ebene hier. Wenn also die Bibel von der Ehebrecherin spricht, will sie nicht nur sagen, daß eine Frau zur Ehebrecherin wurde, hier Ehebruch verübt hat, und das wäre im Grunde alles, vielmehr will sie noch etwas anderes sagen, nämlich: Hier wird von einer Braut, einer Frau erzählt, die in die Ehe trat und sie gebrochen hat. Sie hat das Bündnis nicht ernst genommen und auch anderen Herren gedient, nicht nur dem einen Herrn, ihrem Herrn. Der Begriff »verloben« – »arissa« im Hebräischen – ist außerordentlich wichtig und will sagen, man hat im siebenten Tag das Versprechen für den achten. Und dieses Versprechen wird so ernst genommen, daß man sagt: Auch eine Verlobung kann man im Grunde schon nicht mehr auflösen. Wer einem etwas versprochen hat, kann doch kein Spiel damit treiben, und auch, was du hier unten Verlobung nennst, soll genauso fest sein, wie die Verlobung im Wesentlichen gemeint ist, nämlich als ein Vorgeschmack des achten Tages. In unserer Welt hier wissen wir das schon; in jeder Faser, jedem Muskel, jeder Ader, überall ist schon das Versprechen da, und ich weiß: In mir lebt schon die Erlösung.

Das also heißt »Verlobung«. Deshalb ist es im Judentum ein Brauch geblieben, daß die Braut bei der Hochzeit, bei der Eheschließung, siebenmal um den Bräutigam herumgeführt wird. Wir sprechen hier nicht über die modernen Juden. Das soll heißen: Der siebente Tag ist nun vollendet. Diese sieben Kreise, die sieben Tage sind nun vollendet, und nach diesem siebenmaligen Herumführen kommt die Eheschließung. Der siebente Tag ist vollendet, nun beginnt das Achte. Weil man aber weiß, wie oberflächlich die Menschen sind, wie sie eigentlich fortwährend, sozusagen aus Sport, ihr Wort brechen, ohne nachzudenken oder zu realisieren, daß sie eben ihr Wort und ihre Versprechen brechen, so ist es ein weiterer jüdischer Brauch, daß die Verlobung erst ein paar Minuten vor der Eheschließung ausgesprochen wird. Vorher hat man sich lediglich abgesprochen, daß man eine formelle Verlobung erst so kurz vorher eingehen werde, weil der Mensch so schwach ist, daß er die Verlobung möglicherweise nicht ernst nehmen würde.

Das zeigt uns also, wir sollen den siebenten Tag, unser Sein hier, die Art, wie wir leben, ebenfalls ernst nehmen und nicht sagen: Wir streichen es einfach, wir brauchen es nicht mehr. Ebensogut könnte man auch den ganzen Körper streichen und sagen: Da, nimm Gift! Dann ist er auch gestrichen. Wozu brauchst du überhaupt hier zu leben? Warum bist du deiner Geschäfte oder Karriere wegen so aufgeregt, wenn doch der siebente Tag so unwichtig ist? Wie kann der siebte Tag vom achten getrennt werden?

Deshalb greift das Geschehen des achten Tages immer in den siebenten ein, damit die Verbindung zwischen dem siebten und achten wie eine Kette sei, ein Glied ins andere greift, und eine Einheit entstehe.

Den sechsten, siebten und achten Tag nennt man immer eine Einheit, wie das auch bei den Sabbatjahren zum Ausdruck kommt. Bekanntlich wird im dritten Buche Mose erzählt, wie man im siebenten Jahr, in dem nichts geerntet wird, von der Ernte des sechsten Jahres lebt – ja sogar im achten Jahr lebt man noch davon. Das Sechste, Siebente und Achte stehen also in Verbindung. Der Mensch, der am sechsten Tag entsteht, lebt am sechsten, siebten und achten, ist eine Einheit, und erst nach dem achten kommt etwas ganz anderes. Sechs, Sieben und Acht sind miteinander verbunden.

Deshalb sind auch, wie ich es in »Schöpfung im Wort« beschrieben habe, der sechste und siebente, aber auch der siebente und achte Tag miteinander verbunden. Joschua ist nämlich schon im siebten Tag und führt in den achten Tag.

Und auch bei Matthäus wird erzählt, wie Josef und Maria eigentlich erst verlobt sind, was bedeutet, sie würden im siebenten Tag leben. Und in diese Verlobung, in diesen siebenten Tag, tritt schon der Joschua für den achten Tag. Immer ist die Verbindung so angelegt, daß man nicht sagen könnte: Der siebente Tag interessiert mich nicht, er hat mit dem Erlöser nichts zu tun, und nur der achte interessiert. Nein, wenn sich der siebente Tag nicht bis zur Fülle entwickelt, so daß »kein Strichlein noch Jota verlorengeht«, dann hast du die Basis für die Geburt des Erlösers zerstört. Er wird eben im siebenten Tag geboren. Sonst würde Matthäus erzählen, Josef und Maria seien verheiratet gewesen und hätten auf diese oder eine andere Weise ihr Kind bekommen. Sie waren aber nicht verheiratet. Dem Bericht zufolge will Josef bekanntlich Maria schützen, als nach der Verlobung dann plötzlich ein Kind kommt. Denn er traut dem Wunder nicht. Darum will er sie einfach gehen lassen, damit sie nicht in Schande komme.

Das Kind kann aber nur geboren werden, wenn man den siebenten Tag wirklich erfüllt. Immer wieder besteht die Gefahr, daß man den siebenten Tag so lieb hat, daß man ihn nicht verlassen will, sondern fortwährend zurückkehren möchte, sogar bis in den sechsten Tag. Wir stehen im siebenten Tag vor großen Entscheidungen. Der Mensch will aber gern in den sechsten Tag zurück, in den Rausch, zu seiner Karriere, in die Wissenschaften, in den Reichtum oder in die Politik. Er sucht immer den Rausch. Er gefällt ihm. Er erinnert sich an schöne Momente, etwa als er einmal seinen Feinden gesagt hat, was er über sie denke. Er findet es gut, daß er es ihnen gezeigt habe. Das ist immer die Tendenz des siebenten Tages. Andererseits liegt im siebenten Tag die Geburt des Erlösers, der in den achten Tag hineinführt. Und das ist die ganze Geschichte. Man soll nicht trennen und sagen: Das ist die Geschichte des achten Tages, und das ist die Geschichte des siebenten Tages, und beide haben nichts miteinander zu tun. Nein, deshalb sagt Jesus auch selber, wie wir weiter lesen: Nichts von alledem soll bis ans Ende der Tage vergehen. Es bleibt alles, vergiß das nicht. Aber der Mensch lebt hier auch den achten Tag und versteht, daß es sich bei seinem Leben nicht um etwas handelt, was nur für den siebenten Tag bestimmt ist, sondern daß alles auch für den achten geschehen soll; es soll im Blick auf und in Gedanken an den achten geschehen. Wir sprachen über den Begriff der »Verlobung«, der im alten Wissen eine Selbstverständlichkeit ist. Man wundert sich deshalb auch, wenn plötzlich schon in der Verlobungszeit etwas erscheint, das eigentlich erst im achten Tag, in der Ehe, entstehen kann.

Geburt eines Kindes – da denkt man natürlich gleich an einen biologischen Vorgang, weil ja auch das Bild so gegeben wird. Aber das geschieht, weil es bis ins Äußerlichste so ist – doch was bedeutet es?

Bei uns ist die Geburt eines Kindes eine Angelegenheit, die man unter dem Gesichtspunkt der Familie, der Wirtschaft und der Planung betrachtet, und so hat sie eine ganz andere Bedeutung bekommen. Es will aber auch besagen, daß jetzt diese Frucht kommt. Sie ist schließlich das Versprochene, an das man glaubt, wenn man es auch noch nicht gesehen hat. Wir glauben nämlich immer, die Frucht komme, weil wir sie gemacht haben. Auch dies ist der Gegensatz, der Widerspruch, die Zweiheit der Bäume im Paradies.

Wer »Schöpfung im Wort« gelesen hat, weiß das schon. In diesem Buch habe ich ausführlich beschrieben, daß der Baum des Lebens und der Baum der Erkenntnis in der Schöpfungsgeschichte auch andere Namen tragen. Der Baum des Lebens heißt ganz wörtlich übersetzt: Der Baum, der Frucht ist, Frucht hat und auch Frucht macht. Was kommt, wissen wir also schon, denn es ist schon da. Die Frucht ist schon da und doch wächst sie noch. Für uns ist das ein Widerspruch, den wir nicht wahrhaben wollen, denn wir wollen eben die Frucht gemacht haben bzw. machen.

Der Baum der Erkenntnis hat in der Schöpfungsgeschichte den Namen: Der Baum, der Frucht macht. Das will also sagen: Der Mensch nimmt von diesem Baum, denn da ist kein Widerspruch, sondern nur der Teil, der Frucht macht. Also, sagt sich der Mensch, auf die Entwicklung, darauf habe ich Einfluß. So kann ich zum Beispiel die Entwicklung stoppen, wenn ich will, kann sie abtöten. Ich könnte die Entwicklung aber auch beschleunigen oder ihr eine ganz andere Richtung geben.

Jedenfalls bin ich der Herr der Entwicklung. Und so fühlt er sich dann auch als ein Herr. Das ist eben die Sünde des Menschen, daß er sich als Herr der Entwicklung fühlen will und kann; denn dann erwartet er auch die Erlösung als eine Frucht seines Lebens, seiner Taten, seiner Theologien, seiner Kirchen, Religionen, Gruppen und aller möglichen Dinge, die er getan hat. Wir führen die Erlösung herbei, wir predigen sie – so meint der Mensch.

Und nun wird hier erzählt, die Erlösung kommt gar nicht so, wie du es meinst, auf einem natürlichen Wege. Jede Erlösung kommt, wie es hier gesagt wird, durch den Heiligen Geist. Jede Erlösung kommt auf eine ganz andere Art. Das bedeutet also im Prinzip: Der Erlöser selbst ist auch von einer ganz anderen Art, als du es dir vorstellst. Du wolltest den Erlöser gern so haben, daß er eine Art Glied in der Kette der Geschlechter ist. Er zeigt sich doch auch so, wie in der Geschichte erzählt wird: So viele Generationen sind da, und er ist ein Glied in ihrer Kette. Aber am Ende der Kette stimmt etwas nicht ganz. Es ist eben sehr schwer und eigentlich auch wieder sehr leicht, sich einen Erlöser zu denken, bei dem es mit der Abstammung nicht ganz stimmt. Denn der Erlöser ist meistens so weit weg, man sieht so wenig von ihm, man hat sich nicht für ihn engagiert – nur hier und da mit Worten, sonst aber nicht. Deshalb halte ich es für richtig und wichtig, ihn nicht nur im Extrem einer Erlösergestalt zu sehen, sondern in jedem Erscheinen in dieser Welt. Denn jede Erscheinung hat dieses Zeichen. Wir sagen, jede Erscheinung in dieser Welt geschieht im Zeichen der Erlösung. Das heißt: Alles, was hier erscheint, erscheint genau so wunderbar, wie der Erlöser er-scheint. Nichts kommt zustande, weil du so gescheit und brav warst. Die Dinge kommen zustande, weil sie der Heilige Geist – auch darüber müssen wir einmal sprechen – verursacht hat.

Sogar das, was ich erwarte, tritt ein: Maria, Mirjam mit dem Brunnen, dem Wasser, die für diesen siebenten Tag alles in der Zeit zeigt, erscheint. Ja, erlangen wir den Erlöser denn auch so? Nein, wird gesagt, es ist ein großer Irrtum, wenn du meinst, der Erlöser, der hier endgültig erscheint und in die Zeit kommt, sei eine Person, die auch von der Zeit aus verstanden werden könnte. Wo kommt denn das Wasser überhaupt her? Am Ende der Mosegeschichte sehen wir das große Drama mit dem Wasser. Als Mirjam starb, wird erzählt, hatte das Volk, hatte der Mensch Angst, es würde nun kein Wasser mehr kommen. Die Überlieferung sagt, der Schrei des Volkes zu Mose, man habe wieder Durst nach Wasser, sei eine Folge davon, daß Mirjam nicht mehr da war. Sie hatte immer das Wasser gespendet, war gleichsam identisch mit dem Wasserspenden.

Wo kommt nun aber das Wasser her? Denken wir an die Geschichte, als Mose das Wasser aus dem Felsen schlägt, das zweite Mal. Felsen, »zur« – wieder ein Wort, das uns in der Übersetzung nur wenig sagt. Das Wort Felsen, »zur«, bedeutet zu gleicher Zeit »Form« wie auch »Leiden«. Es sind identische Worte. Wenn man sagt, irgend etwas sei in der Form, dann leidet es auch in der Form. »Zur«, ein Felsen, ist also im Materiellen ein Ausdruck desjenigen, was Form ist.

Und Gott will nun dem Menschen zeigen, das Geschehen in der Zeit brauchst du nicht auf diese Art zu erleben. Es ist bei dir schon in deiner Form anwesend. So, wie du erscheinst, hast du es schon. Du brauchst es gar nicht außerhalb zu sehen, es ist schon in dir. Und deshalb sagt er auch: Sprich zu dem Felsen, sprich zu der Form; sie wird dir etwas sagen. Der Mensch versteht nur schwer, daß das Schlagen mit dem Stabe, wie es da erzählt wird – das zweimalige Schlagen des Felsens –, das zweite Mal Sünde sein soll. Der Fels soll doch geschlagen werden, damit das Wasser kommt! Und nun beim zweitenmal, am Ende der Wanderung, am Ende des siebenten Tages, wenn dann geschlagen wird, dann ist es wieder nicht recht ... Sicher, Gott hat gesagt: Sprich zu ihm! Und warum hast du mich nicht geheiligt? Du hättest mich heiligen können, wenn du gesprochen hättest. Das ist es eben: am Ende des siebenten Tages ist der Mensch schwach. Er kann nur glauben, daß die Form, also seine eigene Erscheinung hier, das Wasser bringt, das Zeiterleben bringen könnte, wenn ihr so wie das erste Mal begegnet wird. Wenn der Fels mit dem Stab berührt wird, kommt Wasser hervor. Daß es allein durch das Wort kommen könnte, glaubt er nicht. Die Überlieferung sagt, Mose tue das nicht, weil er selbst nicht wisse, daß er sprechen solle, sondern, weil er weiß: Wenn ich es mit Worten tue, wird man mir nicht glauben. Der Mensch soll es sehen. Erst wenn er es sieht, glaubt er. Damit aber, weiß ich, opfere ich mich und werde im siebenten Tag bleiben. Moses Tat ist nicht irgendein Vergehen oder eine Sünde, wie man es so oft erklärt, indem man sagt: Da war er vielleicht einmal ein wenig müde, und außerdem hat ihn das Volk arg bedrängt. Die Überlieferung sagt dazu: Gewiß hat man ihn bedrängt. Weil er aber sah, daß sie ihn bedrängten und nicht verstehen würden, daß es so kommen würde, zeigte er ihnen damit: Das ist euer Weg; ich zeige euch euren Weg und weiß, ich werde hier bei euch im siebenten Tage bleiben müssen. Ich bin mit euch auf diesem Weg. Gern hätte ich auch den Weg in den achten Tag mitgemacht. Das bedeutet eigentlich, der Mensch selbst bleibt nun auch siebenter Tag. Daß wir alle körperlich noch hier sind, ist eigentlich eine Folge davon, sonst wären wir eben körperlich nicht mehr hier. Es wäre aber auch die ganze Geschichte nicht geschehen, wie sie uns von Matthäus und anderen erzählt wird. Weil aber der Mensch körperlich sehen muß, durch die Begegnung mit Körperlichem, und erst dann glauben kann, deshalb kommt dieses Opfer zustande.

Es handelt sich also um eine Parallele zu dem Opfer, dem wir im Neuen Testament begegnen werden. Gewiß könnte man auch sagen, die Geschichte hätte sich auch ohne diese Erscheinung, also bloß in Worten abspielen können. Es käme ein Prophet, der alles schön der Reihe nach erzählte, wie es sich mit der Erlösung verhält, Jesus wäre nie gewesen, die Menschen aber hätten den Propheten gehört, ihm applaudiert und wären damit erlöst. Wäre das nicht viel schöner? Warum muß es im Körperlichen geschehen? Das ist eben einerseits das Opfer. Das Kommen ins Körperliche bedeutet Leiden, und wie schon gesagt, es ist schlimm, daß es als Körperliches kommen muß, und damit zum Tode führt.

Andererseits gibt es aber einen fortwährenden Bestand des Körperlichen. Diese Welt bleibt eine Realität. Bis an das Ende der Tage bleibt sie eine Realität, weil eben in dieser Welt die Begegnung und das Erleben der Erlösung etwas derart Gewaltiges ist, das Gott für die Welt tat und für das er die Schöpfung macht, damit der Mensch in der Schöpfung das große Glück hat, vom Äußersten her zu Gott zu kommen, und damit er weiß, weiter geht der Weg nicht. Ein größerer Abstand ist nicht möglich. Mir ist das Allergrößte gegeben worden. Deshalb läßt Gott den siebten Tag existieren, damit der Mensch in dieser Welt hier im Äußersten erlebt, was Erlösung ist, und daß er es nicht nur in Worten, sondern auch in der Begegnung erlebt. Er erlebt es zu seinem Erstaunen auch im Opfer, und er sagt: Ist das alles für mich getan worden? Und das nicht nur einmal, sondern in Ewigkeit für mich getan? Das ist auch die Geschichte von Jonah, es ist auch das »Zeichen des Jonah«, worüber wir noch sprechen werden. Jonah erfährt, daß Ninive am Leben bleibt und nicht untergeht, daß also diese Welt bleibt, damit immer wieder die Erlösung erfahren werden kann.

Das Neue Testament, dieses Buch der Erlösung, ist also nicht nur ein Buch voller Worte, sondern hier geschieht etwas, und das Geschehen ist gerade das Entscheidende. So wird auch das zweite Schlagen des Felsens mit dem Stabe erklärt. Mose sagt: Ich sehe, wenn ich sprechen werde, wird Wasser herauskommen, aber sie werden nichts verstehen. Es soll nicht sein, sie drängen eben, sie wollen es hier sehen. Also bitte, da bin ich, hier stehe ich, ich weiß genau, was nun geschehen wird, und ich tue es. Die Überlieferung macht fortwährend das Gleiche und sagt immer: Versuche nun einmal, dich nicht über die Bibel zu erheben. Versuche einmal, dich nicht größer zu achten und sündenfreier als die Menschen, von denen Gott in der Bibel erzählt. Keiner in der Bibel sündigt. Gott will, daß es so geschieht. Du kannst sündigen, wenn du dich von mir lösest und dich trennst. Das ist eine Sünde. David hat nicht gesündigt mit Bathscheba und Urija, Hiskia hat nicht gesündigt durch das Vorzeigen der Geschenke. Alle die Gestalten im Alten und Neuen Testament haben nicht in dem Sinne gesündigt, was wir Sünde nennen. Sie tun nur, was Gott sagt. So ist die Welt, es hat seinen Sinn, verstehe doch, das alles ist heilig und soll so sein.

Ich weiß, in der Theologie ist es zu einem Sport geworden, die Sünden der biblischen Figuren herauszufinden und aufzuzeigen, wie schlecht und töricht sie waren, wie unerlöst, grob und roh. Gott hat eben erzählt, wie die Welt ist, wie er sie haben will und gemacht hat. Deshalb sagt auch ein alter Ausspruch, der sehr tief greift: Wenn Gott die Schöpfung macht, schaut er in die Bibel, in die Thora, und macht die Schöpfung. Die Thora ist sozusagen der Blaudruck Gottes für die Schöpfung. Also alles wird gemacht, wie die Thora, wie das Wort, das bei Gott ist. So kommt die Welt zustande. Ich weiß auch, wie oft man dem Volk Israel ankreidete, daß es sich in der Wüste fortwährend so schlimm aufgeführt habe. Schon als Kind habe ich mich gefragt, woher es denn komme, daß sie, wenn sie wirklich so schlimm waren, derart viele Wunder und Erlösungen erleben durften und so gescheit waren. Man weiß, wie schlimm sie waren. Wir dagegen erleben nur Wirtschaft, Einkommen, Wissenschaft usw. Das ist eben unser Hochmut, unser verrückter, schrecklicher Hochmut, der uns über das biblische Geschehen urteilen läßt.

Die Bibel ist ein Geschenk an uns, damit wir sie als Ganzes vom Ersten bis zum Letzten in uns aufnehmen. Denn so sind wir eigentlich schon konstituiert. Auch der Mensch ist wie die Welt, wie das Weltall gemacht und also der Bibel nachgebildet. Die Bibel ist zeitlos. So gibt es auch in der alten Überlieferung einen Ausspruch: In der Bibel gibt es kein Vorher und Nachher. Wenn du die Bibel liest, kannst du nicht sagen, das war früher oder später. Das kannst du in deiner Zeit sagen und in deiner Welt. In der Bibel dagegen ist alles zur gleichen Zeit, weil ewig. Es muß sich freilich für dich entrollen und in einem Vorher und Nachher entfalten, damit du überhaupt imstande bist, es zu lesen und zu hören. Wenn du es aber einmal gelesen und gehört hast, soll es dein werden. Du sollst die Rolle aufessen, damit die Bibel immer in dir sei als ein ewiges Nun, ein ewiges Jetzt.

Deshalb also wird diese Geburt des Erlösers schon im siebten Tag gesehen. Im Judentum gibt es eine Mitteilung, welche besagt: Im Moment der Zerstörung des Tempels (womit man den ersten Tempel meint) wird diese Geburt geschehen. Der zweite Tempel wird im Judentum nur als Schattentempel, als eine Art Surrogat, betrachtet, und nicht als richtiger Tempel. In ihm war auch alles mögliche, was nun einmal zum Tempel gehört, nicht vorhanden. Als Bauwerk hatte er wirklich seinen Einfluß, aber als Tempel gilt doch nur jener Tempel, der von Nebukadnezar zerstört wurde. Und da wird gesagt: Der Erlöser für diese Welt wird an dem Tage geboren, da der Tempel verbrannt wird.

Nun könnte man sagen: Wo ist er dann geblieben? Es sind ja schon zweieinhalbtausend Jahre her. Das will sagen: Jeden Tag wird er geboren, nicht nur an diesem einen Tag. Von nun an ist jeder Tag sein Geburtstag, denn nun ist eben dieser Tag in unserer Realität erschienen, der siebente Tag. Der achte Tag ist uns wieder genommen. Für euch ist der siebente Tag erschienen, und dieser siebente Tag wird in jedem Moment geboren, nur sieht man den Erlöser nicht.

Die drei Weisen

Das ist auch die Geschichte von den drei Weisen, die nun folgt. In der Überlieferung wird immer erzählt, daß die drei aus dem Osten kommen. Schon bei der Geburt Abrahams wird davon erzählt, auch bei Mose, daß die drei aus dem Osten kommen, um das Vierte zu verkündigen und festzustellen, daß es da sei, und um ihm zu huldigen. Denn im alten Wissen heißt unsere Welt der siebente Tag oder die vierte Welt. Es gibt die vier Ebenen, die vier Elemente, die vier Welten. Und unsere Welt ist die, in der die Entscheidungen stattfinden, und in unserer Welt kommen eben die drei vorigen Welten zusammen, sie werden in unsere Welt geführt und stehen eigentlich bei der Geburt des Königs, des Erlösers dieser Welt, da. In der Erlösung selbst stehen sie, denn sie wissen: Wir sind dazu da, daß wir hierher kommen.

Die drei Weisen, auch die drei Könige, wie es heißt, kommen aus dem Osten. Der Osten im Hebräischen aber bedeutet das Vorher, »kedem« . Zugleich bedeutet es auch »früher«. Der Adam Kadmon ist der Mensch von früher, der Urmensch, oder auch der Mensch, der bei Gott ist, der Mensch im Himmel. So kommen die drei von früher in das Jetzt und zeigen eben in diesem Jetzt die Erlösung an. Das bedeutet also, in jedem Menschen soll eine Einswerdung stattfinden zwischen dem Vorherigen aller Ebenen mit der Ebene des Jetzt, des Nun, des geschichtlichen Heute, könnte man sagen. Wenn wir das Geschichtliche, das Heutige, unsere Realität, getrennt bleiben lassen von der Realität der anderen Ebenen, des Vorherigen, dann erleben wir nie die Geschichte der drei Weisen, die zuerst den Herodes befragen und dann erst nach Bethlehem gehen. Das will sagen: Wir sollen es bei uns selbst so ernst nehmen, indem wir uns fragen, welche Aufgabe es für uns be-deutet, wenn wir die Geschichte lesen. Was will die Geschichte uns sagen?

Die Geschichte also will mir sagen: Du kannst die Erlösung nur verstehen, wenn alles, was in dir ist, nicht geschichtlich, wie du es kennst, verstanden wird, wohl aber als Geschehen in dem Sinne, wie du vom Himmel herabgestiegen bist.

Wenn du nun dies alles nicht im Zusammenhang mit Bethlehem verstehst, dann ist das Geschehen für dich keine Realität. Deshalb kennt das alte Wissen diese drei Weisen mit dem vierten Geschehen in Bethlehem auch als die drei Elemente. Wir sagen Elemente; im Hebräischen aber heißen sie ganz anders, nämlich die Grundlagen, »jessodot« (Einzahl: »jessod«). Die drei Weisen im Menschen sind dasjenige, was die drei Grundlagen der Welt darstellt. Jeder Weise repräsentiert eine derselben. Und es wird erzählt, die Welt verdichte sich von ihrem Ursprung her immer weiter, angefangen vom Urlicht bis in diese Materie, wie sie hier erscheint.

Die Materie aber, wie sie hier erscheint, ist nicht einfach etwas Grobes. Denn in diese Materie, das ist die vierte Welt, wird eben der Erlöser hineingeboren. Nur du machst sie zu etwas Grobem; sie enthält aber das Wunder der Erlösung. Auch die Geschichten, die bei Lukas erzählt werden, von den Hirten und den Tieren, wollen nichts anderes sagen. Du erwartest doch wahrscheinlich den Erlöser mit Prunk, mit Gold, mit Blitz und Donner usw., und du erwartest den Erlöser nicht in dieser Welt hier. Du erwartest, daß schöne Farben kommen, allerlei Visionen usw. Aber nein, was hier erscheint, ist schon die Frucht, die Konsequenz dessen, was schon ins Menschliche hinabgestiegen ist – aus der äußersten Vorzeit ist es ins Menschliche herabgestiegen. So wird es den Menschen erzählt. Der Mensch selber ist ja nicht nur biologisch hier geboren, sondern seine Seele ist vom Himmel in diese Welt herabgestiegen und hat sich immer mehr diesem Leben hier angepaßt. Und das Wunder ist eben in diesem Äußersten. Soeben sagte ich, wenn Gott die Welt gewissermaßen »ganz weit weg« von sich macht, so sei der Grund, daß der Weg zurück so großartig sei. Diese Welt ist eben deshalb so großartig, weil Gott sogar in ihr ist. Er kommt in diese Welt, weil von hier aus der Weg zurück gewaltig und großartig ist.

Deshalb sagt man auch von dieser Welt: Die Erde kennt den Geruch der etwas höheren Welt. Die Welt des Elementes bzw. der Grundlage Wasser der Zeit also – kennt nur den Geschmack; er ist schon materieller. Die Welt, die noch höher steht, die Welt des Lichtes, kennt den Sinn des Sehens. Und die höchste Welt, die des Geistes – »ruach« –, kennt den Sinn des Tastens. Was für uns das Gröbste ist, ist am höchsten. Was für uns hier unten Erde wird, hat dort den Sinn des Höchsten, des Feinsten.

Das Kommen nach Bethlehem, in diese Welt, zeigt also: Es ist ein Kommen an einen äußersten Punkt. Deshalb hat im alten Wissen das Wort Bethlehem, wie ich es in »Schöpfung im Wort« beschrieben habe, seine bestimmte Bedeutung. Im Hebräischen bedeutet es »das Haus des Brotes«. Das Brot aber ist das Endprodukt des Weizens. Der Mensch sät den Weizen, und er wächst. Zuerst keimt die Saat, dann schneidet er das Korn, es wird gedroschen, gemahlen, gebacken. Dann entsteht das Brot. Der Mensch aber bildet sich nun ein, er habe das Brot gemacht. Bethlehem stellt deshalb auch die Gefahr dar, daß sich der Mensch einbildet, er habe das Brot gemacht, und er solle es machen. Aus diesem Grund ist im Judentum immer der Segensspruch mit dem Brote verbunden geblieben, welcher Gott dafür preist, daß er das Brot aus der Erde hervorbringt. Man könnte da einwenden: Aber Brot wächst doch nicht! Die Antwort lautet: Ja, eben doch! Du bildest dir nur ein, du habest das Brot gemacht. Genau wie das Getreide wächst, wie schon die Saat, wie das Wunder, das alles in sich hat, genau so wächst das Brot. Alles, was du tust, ist schon genauso vorbereitet, im Samen, im Keim.

Doch du glaubst, du habest es gemacht, wiewohl es aus der Erde hervorsprießt. Nichts ist von dir gemacht, alles ist schon vorbereitet. Deshalb heißt es Bethlehem.

Und die Zahl der hebräischen Buchstaben von Bethlehem ist denn auch 490, was besagen will, die 7x7 sind nun vollendet. Das Fünfzigste fängt jetzt an, das Achte. Am Ende aber des siebenten Tages, also noch im siebenten Tag, noch an der Grenze, vollzieht sich dieses Geschehen. Doch es vollzieht sich nur, wenn der Mensch auch bei sich selber dieses Herabsteigen versteht und diese Welt als ein Zusammentreffen aller vier Welten begreift: der drei Weisen mit dieser Welt. Denn wir sind geneigt, nur diese vierte Welt anzuerkennen und die drei Weisen zuhause zu lassen. Zur Enttäuschung des Menschen, der so ist, erzählt aber die Geschichte, daß die drei Weisen kommen, weil sonst der Erlöser gar nicht erkannt würde. Sonst ist es eine Einbildung, und du redest es dir womöglich nur ein. Das Herabsteigen muß verstanden werden. Nicht die vierte Welt bringt ihn, er steigt vielmehr den ganzen Weg vom Höchsten herab. Aber auch du hast den Weg in dir, auch du bist ein Mensch im Bilde Gottes. Deshalb solltest du auch bei dir den Erlöser so verstehen, kommend durch die drei anderen Welten, die da mit an der Wiege stehen.

Nun gehen diese drei Weisen zu König Herodes und lösen damit Alarm aus. Bei der Geburt des Erlösers ist Herodes König, ebenso wie auch Pharao König in Ägypten ist. Wie bekannt, ist Herodes als König ein Fremder, der sich, um König zu sein, zum Juden machte. Wie jeder Pseudokönig fürchtet Herodes die Erlösung. Das will sagen, wenn im Menschen nicht der richtige Mensch, wenn vielmehr Herodes regiert, hat er Angst davor, daß der Erlöser geboren wird. Wir sind gar zu leicht bereit, dem Herodes dafür die Schuld zu geben. Das ist immer die große Gefahr bei uns Menschen.

Ein richtiger Psychologe sollte immer darauf hinweisen, daß die Feinde des Menschen nicht außen, sondern in ihm selber sind. Aber gerade deshalb sieht er sie außerhalb, und deshalb begegnen sie ihm auch als Feinde. Wenn er nun sie nicht sieht, können sie schreien, soviel sie wollen – er sagt nur: Meine Feinde? Freilich, sie bellen wie die Hunde. Aber Feinde? Es kommt doch alles, wie es kommen muß ...

Man soll also auf der Hut sein, vor allem soll man nicht sagen: Jetzt fange ich an, die Menschen zu unterscheiden; ich selbst gehöre natürlich zu den braven Leuten. Die anderen aber sind »Herodes«, sind »Pilatus« und alles mögliche.

Das ist eben die Aufgabe des Neuen Testaments, daß man dazu gebracht wird, zuerst einmal all die Wunder bei sich selbst zu sehen, und sich gar nicht erst darauf einläßt, etwas beim anderen zu suchen. Auch der andere hat alles, und was sich bei ihm ausdrückt, dies oder das, kann ich nicht beurteilen. Ich kenne doch nur das Äußere, ich kann nicht wissen, was beim anderen lebt, wozu er dies oder das tut und was ihn dazu treibt.

Herodes zeigt sich im Menschen im Moment des Herabsteigens der drei aus dem Osten Kommenden, und er wundert sich, dieser Pseudomensch Herodes. Wir sollten wohl erkennen, was er in dieser Welt ist. Eigentlich gehört er gar nicht zu den Menschen. Er ist importiert, könnte man sagen, er hat sich selber eingeführt und zum König gemacht. Er ist ein harter und grausamer König, ein König, der verfolgt und Verbote auferlegt. Andererseits liebt er große Pracht; in seinen letzten Dezennien stattet er den Tempel so aus, daß es ein wirkliches Prunkstück von Bauwerk wird. Man könnte sagen, er hatte alle Architekturbüros der damaligen Welt zusammengerufen, um den schönsten Tempel der Welt zu bauen. Er wollte damit zeigen, wie reich und groß er sei. Es war aber nur ein Tempel der äußeren Pracht, in dem, wie erzählt wird, fortwährend Streit herrscht. Er ist also kein richtiger Tempel.

Die Leute, die als Hohepriester regieren, haben sich eigentlich vom Glauben losgesagt. Man weiß aus der Geschichte, daß in jenen Zeiten die »Zedokim« herrschen und so auch die Priester bestimmen. Aber als Bild, als Spiegel für den Menschen im Zeichen der Erlösung ist es immer so: wenn der Erlöser nahe ist, dann ist es im Menschen auch so, dann nämlich sieht er, merkt er, daß die Hohenpriester, die im Tempel herrschen, »zedokim« heißen, wofür wir in einer Verballhornung des Wortes »Sadduzäer« sagen.

Von den »zedokim«, den Sadduzäern, wird in der Überlieferung gesagt, sie seien diejenigen, die nur an diese Welt glauben. Für sie ist die andere Welt eine Angelegenheit, die sich vielleicht einmal für eine Predigt oder dergleichen eignet, der sie aber keine Realität beimessen. Für sie gilt nur die Rücksicht auf diese Welt, und danach urteilen sie. Das sind die Hohenpriester und Priester, und so sieht die Welt aus.

Über die anderen, die Pharisäer, hebräisch »peruschim«, werden wir noch sprechen, ebenso über die Essener, eigentlich die Handelnden, die Tuenden. Es gibt also auch noch andere Facetten im Menschen.

Zur Zeit des Herodes herrschen also im Tempel die Sadduzäer, und zwar schon als Priester. Als Priester im biblischen Sinne wird der bezeichnet, der den Menschen vom Äußeren weg zum Wesentlichen führt. Der Priester bekleidet also kein Amt, wozu man zuerst studieren müßte, um dann dazu ernannt zu werden. Das ist eigentlich doch etwas Schreckliches, eine jener Erfindungen der neuen Zeit, daß man durch ein Diplom seine Befähigung nachweisen muß.

Von der Eigenart des Priesters wird im alten Wissen gesagt: es sei derjenige, der selbst in steter Unruhe ist und Unruhe bringt, weil er in dieser Welt nicht zufrieden ist. Er will diese Welt verlassen, er sucht eine andere Welt. Es heißt, Aufgabe des Priesters sei es, den Menschen auf den Weg zum Wesentlichen zu führen, nicht über die Theologie, obwohl das natürlich auch sein kann, wenn sie noch nicht vergiftet ist und durch Heidentum angesteckt ist. Er kann es aber auf alle Arten, wo immer er den Menschen begegnet. Wichtig ist allein, daß er ihn vom Äußeren zum Wesentlichen führt. Das ist der Priester.

Ist nun der Priester im Menschen jemand, von dem Bibel und Überlieferung sagen, er glaube nur an diese Welt, an etwas anderes glaube er nicht – vielleicht hofft er, es sei etwas, ohne aber daran wirklich zu glauben, und vielleicht redet er davon, aber er glaubt nicht daran –, dann ist das eben der Priester des Tempels des Herodes. Der Tempel, der so gebaut wird, hat solche Priester. Wenn man das Äußere, die äußere Pracht zur Hauptsache macht, dann geschieht dies.

Nun kommen also diese drei Weisen bei Herodes vorbei. Da erschrickt Herodes gewaltig und reagiert, wie immer bei der Erlösung reagiert wird. So sagt er zuerst mit List: Ich will einmal sehen und diesem Erlöser eine Chance geben, in dieser Welt mit dazusein. Dann aber muß er vernichtet werden; er darf nicht leben, sonst hört ja meine Welt auf. Natürlich hört seine Pseudo-Welt dann auf.

Es ist sehr wichtig, dies zu verstehen. Pseudo bedeutet »als ob«. Wir tun so »als ob«. Auch unsere Gesellschaft ist eine Gesellschaft des Als-ob. Man schämt sich, wenn man sich schämen soll. Man ist unverschämt, wenn man unverschämt sein darf, wenn die Gesellschaft es duldet. Man hat die Regeln der Gesellschaft übernommen, und die Gesellschaft spielt so, als ob sie das wirkliche Königreich sei, die Wahrheit und den Weg besitze. So heißt also der König dieser Zeit, wenn sich der Mensch der Erlösung nähert und sie ernstnehmen will, bestimmt Herodes. Er begegnet ihm auf seinem Weg. Es ist sehr wichtig, wenn man diese Welt als eine Pseudo-Welt sieht, eine Welt des Als-ob. Und wer regt sich dann auf in einer Welt, die keine echte Welt ist? Angesichts des Herodes sollte man sich fragen, was die echte Welt ist und wo sie zu finden ist. Auch sie ist ja da, wenn auch verfolgt und verborgen.

In seiner Welt ist nichts bequem. Herodes ist zwar schon tot, aber er hat einen Nachfolger, und die Römer sind schon sehr stark. Herodes war ein aufrichtiger Diener der Römer, von denen er auch eingesetzt worden war. Später wurde es noch schlimmer, da regierte das Heidentum die Gesellschaft.

So soll man die Welt und die Gesellschaft sehen, wenn man sich diesem im Ernst nähern will, sonst macht man eigentlich wieder alles falsch, spricht nur von Erlösung, erlebt sie aber nicht. Es ist so wichtig, daß man die Erlösung erlebt, will sagen, daß man sie ganz ernst nimmt und sie sich nicht nur einredet.

Die Weisen, die nach Bethlehem kommen, um dabei zu sein, wählen bekanntlich einen anderen Rückweg, damit Herodes nicht erfahre, was geschehen ist. Er merkt es erst später und beschließt daraufhin den Kindermord, geradeso wie es vom Pharao im Zusammenhang mit der Geburt des Mose berichtet wird. Die Überlieferung erzählt es auch bei Abrahams Geburt. Immer wieder werden alle Kinder getötet, weil man den Erlöser fürchtet. Das bedeutet, wie man sagen könnte, man tötet die Kinder durch einen Unterricht, der so auf die Pseudo-Welt ausgerichtet ist, daß sie dadurch eigentlich schon tot sind. Der Lehrplan und alles andere, was mit dieser Art des Unterrichts zusammenhängt, ist schon so, daß die Kinder in den Schulen getötet werden, wenn nicht zufällig einmal, wie eine Art Wunder, gute Lehrer da sind. Das ist stets ein Zeichen, in welchen Zeiten wir uns auch immer befinden mögen.

Es will aber noch mehr sagen, nämlich – wie ich es in »Die Rolle Esther« beschrieben habe –, daß man das Kind in jedem Menschen tötet; denn das Kind ist nicht außerhalb, es ist in jedem Menschen anwesend. Das Kind im Menschen ist nicht nur das »Kindliche«, wie man manchmal denken könnte, sondern das, was in seiner Erscheinung jener Welt am nächsten steht. Das Kind wird aus jener Welt geboren, steht also noch an der Grenze zu ihr.

Man sagt, die Nahrung des Kindes, die Muttermilch, ist noch himmlische Speise. Im Menschen lebt also auch das Kind, und das Kind weiß noch so viel von der anderen Welt, daß es in dieser Welt ganz täppisch ist und sich gar nicht zu benehmen weiß und auch nicht recht mittut; es ist noch ganz fremd in dieser Welt.

Je weiter sich dann der Mensch vom Kinde wegentwickelt, desto praktischer wird er in dieser Welt. Die Menschheit aber, die heute so gänzlich praktisch ist, hat sich so weit vom Kinde entfernt, daß sie überhaupt alles tun kann. Ein Mensch, der dem Kind noch näher steht, kann es einfach nicht. Das Kind im Menschen ist eben das in ihm, was noch von jener Welt weiß. Unsere Gesellschaft aber ist so konstituiert, daß sie dieses Kind im Menschen tötet.

Herodes, Pharao und Nimrod töten immer das Kind. In einer Welt, die heute so gescheit, raffiniert und wissenschaftlich ist, kann ein Kind fast nicht leben. Es wird getötet, wird in dieser Welt ertränkt und ermordet. Das ist der Kindermord von Bethlehem. Denn da, wo schon der Erlöser ist, wird die Welt ganz frech und bösartig. Aber, wird man sagen, in der Geschichte ist der Erlöser schon da – und wo ist er heute? Jeden Tag ist er da und ist für den Menschen verborgen da, der ihn nicht sieht. Auch für die Menschen, die ihn sehen wollen, ihn immer wieder in die Zeit herunterzerren und sprechen: Da ist er, das ist er, ich berechne ihn. Nein, er ist verborgen bis an das Ende der Tage, dann erscheint er schon.

Er ist hier während der Zeit der Verborgene, das Verborgene, was eigentlich nur erkannt werden kann, wenn man aus dieser Realität, man könnte sagen, durch das Kind hindurch in eine andere Welt tritt und sagt: »Aber höre einmal, der Erlöser ist ja gar nicht verborgen, denn ich spreche ja mit ihm, ich sehe ihn.« Dann ist es gut, dann bin ich einverstanden.

Wer aber sagt, ich werde ihn in diese zeitliche Welt herunterziehen oder berechnen, dann sage ich: Leider nein, Irrtum, du bist verwirrt; man kann das nicht berechnen. Gott gibt keine Rätsel auf, Gott ist viel zu ernst, um Rätsel aufzugeben. Gott veranstaltet kein Spiel. Gott spricht: Der Erlöser ist immer da. Und wenn du meinst, daß ich dir Rätsel aufgebe, Buchstaben und Werte gegeben habe, die du kombinieren sollst usw., dann hast du den Ernst meiner Mitteilung noch nicht verstanden. Wenn ich etwas mitteile, ist es so klar, wie nur irgend möglich. Es ist aber klar als Ganzheit. Ich teile nicht nur einen Vers mit, ich teile eine Ganzheit mit. Das ganze Leben und die Bibel als Ganzes. So sollst du es verstehen, dann verstehst du den Erlöser, dann siehst du ihn auch. Dies ist also eine Skizze jener Welt, während welcher Herodes lebt.

Wir sprachen von den drei Weisen aus dem Osten, den Königen, und ich habe zu erklären versucht, daß diese Dreiheit aus dem Osten etwas darstellt, das immer gewußt wurde, sozusagen als die Struktur, wie Gott die Welt gemacht hat, fortwährend macht und sie sieht. Es ist fortwährend so, daß die Dreiheit aus dem Osten kommt und das Vierte, das Neue, die neue Welt erwartet, sie sucht, und davon weiß, daß alles Frühere eigentlich nur dazu da ist, daß es gekrönt werde durch das Neue. Das Vierte wird gesucht, verkündet, und man dankt dort, daß es da ist.

Der Osten, im Hebräischen »kedem«, bedeutet nämlich auch gleichzeitig früher oder vorher. Es will also sagen, daß die drei von früher, eigentlich schon von Uranfang an, auf dem Wege sind und das, was man Stern nennt, sehen und diesem Stern folgen. Der Stern, der sich dann vom Osten in Richtung der Entwicklung bewegt – und Entwicklung im Absoluten wird immer als eine Bewegung von Ost nach West gesehen –, bedeutet also von früher bis jetzt und weiter in die Zukunft. Dieser Stern führt sie und bringt sie an die Stelle, wo er schließlich stehen bleibt, um damit anzudeuten: jetzt ist das Ziel der Entwicklung, das Ziel der Schöpfung, erreicht. Ein Stern, hebräisch »kochab«, – was ist das eigentlich? Die Sterne, über die in der Schöpfungsgeschichte gesprochen wird, sind auch Zeichen von Gott.

Mit dem Stern verkündet Gott am vierten Tag der Schöpfung (also wiederum die Vier!) eine Botschaft. Er zeigt dem Menschen etwas, wodurch er verstehen kann, was es sein könnte. So heißt auch eine Gestalt der jüdischen Geschichte Bar Kochba, d. h. Sohn der Sterne. Er war es, der sich später als Messias ausgab. Das war ungefähr im Jahre 135 unserer Zeitrechnung. Damals geschah der wirklich ganz große Aufstand gegen Rom, an dessen Ende die völlige Vertreibung der Juden aus Palästina steht. Denn bis dahin wurden zwar viele weggebracht, aber die Mehrheit blieb doch wohnen. Durch Bar Kochba aber – »bar« heißt im Aramäischen Sohn, wie »ben« im Hebräischen, und »kochba« ist die aramäische Form des hebräischen »kochab« – durch den Sohn der Sterne, des Sternes, entstand nach seiner Niederlage die zahlenmäßig größte Zerstreuung.

Man sieht also, es gibt etwas, von dem man wußte, daß man aus dem Ursprung, durch einen Stern geleitet, zu einem Punkt gelangen würde, in dem die Erfüllung da ist.

Denken wir auch an den alten Spruch des Propheten Bileam, wonach ein Stern ausgehen werde von Jakob. Dieser Stern weist wieder darauf hin, daß etwas Besonderes mit ihm sei, von dem wir heute nicht mehr so genau spüren, was damit gemeint ist.

Nun wird »kochab« im Hebräischen als Kaf-Kaf-Beth geschrieben oder in Ziffern: 20-20-2, zusammengerechnet 42. Wir sehen also, was sich in der Zeit als die 42, die 3 x 14 Generationen oder auch in der Wüstenwanderung als die 42 Stationen ausdrückt, die zwischen der Gefangenschaft in Ägypten und dem Gelobten Land liegen, ist doch der Stern. Das eben ist der Stern von Bethlehem. Wer es als ein Zeichen vom Himmel sieht, kann dem folgen. Wer die Generationen nur als eine Genealogie und als interessante Geschichte – wie ist der, und was war damals, und wer hatte recht – betrachtet, der sieht das Zeichen nicht. Wer die Wüstenwanderung nur als einen Weg mit ständigem Auf und Ab, mit Mißverständnissen, mit Pech und Glück usw. sieht, der sieht das Zeichen nicht. Hier aber wird erzählt: Der Stern ist das Zeichen, der Stern mit dem Wert 42.

Hier haben wir also wieder diese Zahl 42, die dreimal »David«, das Dreifache. Im alten Wissen ist die Zahl 42 auch der Name Gottes, geschrieben mit 42 Buchstaben. In der 42 liegt also ein großes Geheimnis, das der Mensch als solches empfangen und erleben, aber auch verstehen sollte.

Geheimnis im Hebräischen, »sod«, ist eigentlich der Stamm des Wortes »jessod«, und das be-deutet Grundlage, Fundament. Das Geheimnis ist das Fundament des Lebens, wenn man es tatsächlich als solches akzeptiert und anerkennt. So ist es auch mit diesem Stern.

Man muß verstehen, daß sein Licht aus dem Osten kommt, wo der Erzengel Uriel steht. Uriel bedeutet das Licht Gottes, wobei »ur« Licht und »el« Gott ist. Von dort, also vom Ursprung her, ist diese 42 schon da, wie die Saat bereits das ganze neue Leben enthält; diese 42 soll erfüllt werden, dann wirst du sehen. Deshalb bleibt der Stern auch über Bethlehem stehen. Dann ist es erfüllt. Wir begegnen also zum drittenmal der Zahl 42. Zuerst bei der Wüstenwanderung, dann bei den Generationen und jetzt im Stern. Das ist also das Zeichen, das Gott gibt. Wenn wir nur an einen Stern denken, wie wir ihn mit unseren Augen schauen, die sich nach dem Sündenfall geöffnet haben, dann sehen wir nur eine Täuschung. Die wirklichen Augen des Menschen sind diejenigen, die er vor dem Sündenfall hatte, als er sich nicht wegen seiner Blöße zu schämen brauchte. In diesem Zustand weiß er, daß er mit allem erfüllt ist. Erst nachher schämt er sich, weil er merkt, wie dürftig er ist und wie sehr er im Widerspruch zu seiner Bestimmung steht. Und wenn wir deshalb auf die Sterne blicken, die sich unseren Augen darbieten, oder wie wir sie mit Hilfe der Astronomie berechnen bzw. wahrnehmen, dann werden wir nie den Stern finden, der von Ost nach West zieht und über Bethlehem stehen bleibt. Wir sollen verstehen, die Sterne, die wir sehen, sind nur Zeichen, die darauf warten, daß wir uns unserer Augen bewußt werden und sagen: Diese Augen sind sozusagen eine Art Strafe und eine Folge unseres Sündenfalls. Wenn wir einmal nicht mit diesen Augen schauen würden, nicht mit ihnen rechneten und nicht auf Grund unserer Wahrnehmungen Berechnungen anstellten, sondern wieder vom Ewigen einen Impuls empfangen würden, von »kedem«, vom Ursprung, von Osten her, dann würden wir auch verstehen, was da geschieht.

Bethlehem bedeutet, wie wir sahen, das Haus des Brotes. Brot ist das Ende jener Entwicklung des Getreides, des Weizens oder auch der Gerste, das sich ergibt, nachdem vieles durch den Menschen getan worden ist. Brot ist das Endprodukt. Ich habe schon darauf hingewiesen, daß der Mensch sich einbilde, er habe das Brot gemacht. Dem wird entgegengehalten: Nein, eben dies ist die Täuschung, der du durch die Zeit verfällst und durch die du dich verführen läßt. Gott hat das Brot schon vorbereitet, es ist schon von allem Anfang an da. Nicht du machst das Brot, bringst es auch nicht durch deine guten Werke oder durch deine Gescheitheit zustande. Der Stern, die 42, bewegt sich schon bis Bethlehem, wie auch die 42 Stationen in der Wüste zu Joschua führen, der den Menschen und das Volk über den Jordan in das Gelobte Land bringt, in die kommende Welt, in das Zukünftige.

Bethlehem will also sagen: Nur wer den Stern nicht versteht, glaubt fälschlich, in Bethlehem sei etwas ganz Neues da, welches eine Folge der Entwicklung sei. Nein, Bethlehem ist bereits da als das Fundament, der Ursprung. Und das sollten wir eben sehen. Wir sollten das Brot im Hause des Brotes nicht als ein Verdienst unsererseits betrachten, das wir uns erworben haben, sondern als eine Vorbestimmung, eine Auserwählung vom Uranfang an, von der Zeit vor der Schöpfung, vom Ursprung her, durch den die Schöpfung eigentlich zustandekommt. Erkennen sollten wir, daß das Brot schon dort ist.

Es wird deshalb auch gesagt: Die Sünde des Menschen in dieser Welt bestehe immer darin, daß er meint, irgendwie etwas hinzufügen oder wegnehmen zu können, statt der Überzeugung zu sein, daß alles schon von Anfang an da ist, fertig und vorbereitet.

Das ist auch der Sinn dieses siebenten Tages. Von dieser Welt, die wir nun als Realität kennen und in der wir, wie wir sagen, als in der Realität leben – von dieser Welt des siebenten Tages wird erklärt: Du sollst am siebenten Tag nichts tun. Oft wird das nur so verstanden, als dürfe man am Sabbat nicht schreiben, keine Früchte oder Blumen pflücken usw. Das ist aber nur eine Form eines sinnvollen Tuns. Worum es geht ist, daß am siebenten Tag bereits alles schon fertig ist. Du kannst überhaupt nichts dazutun oder davon wegtun, du kannst dir nur einreden, daß du es tust. Du würdest dich selbst überheben, wenn du dächtest, du habest das zustandegebracht. Wir waren so brav und gläubig, und nun ist unser Lohn gekommen. Das ist eben nicht wahr. Es handelt sich hier um ein Geschenk, wobei wir über »Lohn« später wohl noch sprechen werden, ein Geschenk, das schon von vorneherein da ist. Dieses Geschenk ist schon der Sinn, die Grundlage der ganzen Schöpfung. Und deshalb ist der Wert des Wortes »Bethlehem«, wie man in meinem ersten Buch, dem »Schöpfung im Wort«, nachlesen kann, 490, zehn mal sieben mal sieben, was die Vollendung des siebenten Tages bedeutet. Das Brot, das da ist, das Neue, das entsteht, ist nichts, das man verdient, das man gemacht hätte, sondern das schon vom Ursprung an da ist. Die drei vom Ursprung, vom Osten – »kedem« –, wissen schon davon. Sie gehen eben dahin, gehen den Weg der 42, denn der Stern ist dieser Weg der 42, und sie wissen, dort erreichen wir es. Deshalb sagen sie zu Herodes, wenn sie ihm in Jerusalem begegnen: Wir gehen den König begrüßen. Sie wissen bereits, er ist schon da, für sie ist es keine Frage, ob und wann er kommt. Er ist schon vom Ursprung an da. Es hängt nur davon ab, ob der Mensch diesen siebenten Tag so heiligen wird, daß er überzeugt ist, alles, was in dieser Welt geschieht und sich in ihr ereignet, ist schon von vorneherein vorbereitet. Das bedeutet, er soll nichts von sich aus tun. Denn wenn er das tut, ist es eine Einbildung, eine Überhebung, eine Schändung des ganzen Sinnes des Seins.

Der Mensch, wo immer er lebt, und ob er nun meint, zu Israel zu gehören oder zu den Völkern, soll den siebenten Tag auf diese Weise heiligen. Die Frage, wohin er gehöre, werden wir später noch besprechen. Denn der Mensch soll nicht meinen, er gehöre da oder da hin. Jeder Mensch ist gleichermaßen im Bilde Gottes. Man kann den Menschen nicht determinieren, den einen da und den anderen dorthin. Jeder Mensch soll sich aber vergegenwärtigen, daß er den siebenten Tag auf diese Weise heiligen soll. Das bedeutet, er muß in dieser Welt verstehen: Ich soll nichts tun. Denn was ich hier tue in dem Sinne, als wollte ich etwas Neues hervorbringen, ist eine Gotteslästerung. Gott hat alles schon vorbereitet.

Wenn ich eine UNO mache und meine, damit den Frieden zu bringen, ist es ein Spiel. Meinst du, Gott werde den Frieden nicht bringen? Er hat ihn schon längst zuvor vorbereitet, daß er in der Zeit, in der er sein soll, kommt. Auch wenn du hundert UNO's machtest, könnten noch tausend Kriege und Vernichtungen kommen. Nichts machst du! Wenn du sparst und meinst, du würdest dann später deine Ruhe haben, so täuschst du dich. Wenn du nicht das Vertrauen hast, dir werde dein Teil im siebenten Tag schon zukommen, dann verstehst du nicht den Sinn der Schöpfung, dieses Seins, dieser Welt, in der wir gerade jetzt leben.

Deshalb wird auch in der Wüstenwanderung das Bild der Speisung gegeben. Die Wüstenwanderung ist eben der Weg durch diese Welt mit den 42 Stationen, der Weg aus der Zwangsgefangenschaft Ägyptens in das Gelobte Land, die zukünftige Welt, in die ganz erlöste Welt, in der Gott fortwährend bei den Menschen anwesend ist. Wenn du auf diesem Wege durch die Wüste deine Speise bekommst, so heißt das in der Bibel, im Alten Testament, das Manna. Und beim Manna fragt sich der Mensch bekanntlich: Was ist das? Denn er versteht nicht, wie das sein kann, daß jedem sein Teil zukommt. Es heißt ja, jeder solle nur das nehmen, was er für diesen Tag, diesen Moment brauche. Wenn er sich einen Vorrat anlegt, so fängt es an zu faulen und zu stinken. Das soll er eben nicht, denn damit lästert er, hat er den Sinn des siebenten Tages dieser Welt zuschanden gemacht, hat er gezeigt, daß er wohl von Gott spricht, aber nicht an ihn glaubt. Man kann das alles schon wissen, ohne dazu ein moderner Psychologe sein zu müssen. Der Mensch glaubt um so weniger daran, je mehr er darüber spricht. Wer von Gott weiß, ist so überzeugt, daß es für ihn eine Selbstverständlichkeit ist. Wenn ein Mensch gesund ist, spricht er nicht darüber, ob sein Herz gut funktioniert. Erst wenn es krank ist, achtet er auf sein Herz, ob es auch gut klopft, zu schnell oder zu langsam geht, der Blutdruck normal ist usw., eben weil er krank ist. Der gesunde Mensch hat Gott selbstverständlich in jede kleinste Sache miteinbezogen, die er bei sich tut. Er fühlt sich so als ein Teil bei Gott, daß er darüber nicht spricht und fortwährend froh und glücklich ist und sich wundert, aber nicht in dem Sinne, daß er etwas Unbegreifliches erfährt. Er wundert sich im Sinne des Glücklichen, der darüber staunt, daß es ein immer größeres Glück gibt, daß das Glück gar nicht aufhört, sondern immer weitergeht, daß sich immer neue Paläste auftun. Das ist das Wunder, das der Mensch dann erfährt.

»Man« bedeutet im Hebräischen die Frage »man hu«, was ist das? »Was ist das?« fragt der Mensch, »wie kommt es, daß jeder seinen Anteil so genau erhält?« Dabei heißt es, ob er viel oder wenig sammelt, er hat genau, was er haben muß. Speziell beim Manna wird darauf hingewiesen: Am siebten Tag, d. h. wenn der siebente im Siebenten ist – die Wüstenwanderung ist ja ihrerseits schon der siebente – und der siebente Tag in der Wüstenwanderung, die Sieben in der Sieben, da sammle man gar nicht. Denn was dir am sechsten Tag schon vorbereitet ist, wird für den siebenten ausreichen, ja sogar bis in den achten Tag hinein. Du brauchst gar nicht zu sammeln, denn für den siebenten Tag hat Gott dir schon alles vorbereitet, wie es beim Manna gesagt wird: Du brauchst nicht hinaus aufs Feld zu gehen, alles ist schon da. Das soll die Überzeugung des Menschen in dieser Welt sein: alles ist schon da.

Erst dann ist Bethlehem, das Haus des Brotes, die Sieben in der Sieben, die 70x7. Dann auch ist Bethlehem wirklich das, was es ist, und dann trifft man dort auch den Erlöser, den Erlöser als etwas ganz Lebendiges, als Grundlage des Menschen, wodurch man überhaupt erst leben kann. Man trifft ihn nicht als einen Erlöser, den man irgendwie proklamieren und über den man streiten muß, ob er das so oder so gesagt hat, oder ob es so oder so gemeint ist. Das soll man eben gerade nicht tun. Man soll versuchen, die Einheit Gottes auch in der Erscheinung des Erlösers zu erkennen. Denn solange Streit ist und diese oder jene Interpretation, zerbricht man das Ganze. Dann ist die Einheit keine Wahrheit und ist sie auch kein Weg und kein Leben mehr. Leben ist es nur dann, wenn es wirklich eine Einheit ist, die ganz überzeugend beim Menschen wirkt.

Wenn also die drei Weisen nach Bethlehem kommen, so wissen sie, der Stern steht dort still, weil sich die 42 erfüllt hat. Jetzt ist sie erreicht, und nun sind wir da.

Wir wissen, daß dann die Weisen auf einem anderen Wege zurückkehren und es Herodes mit der Angst bekommt und alle Kinder unter zwei Jahren töten läßt. Man denkt dabei – wir vielleicht nicht mehr so ganz – an eine Art Massaker, das geschichtlich einmal stattgefunden habe, und sagt dann: Leider ist das so gewesen, schade. Aber wir denken dann gleich auch mit Recht an die vielen Massaker, die in der heutigen Zeit geschehen und vor einigen Jahren, vor hundert Jahren und vor tausend und vor vielen tausend Jahren ebenfalls geschehen sind. Wieviel Grausames ist nicht in der Welt geschehen, grausam, weil wir eigentlich gar nicht verstehen, was der Sinn des Ganzen ist, weil wir immer nur glauben, daß lediglich dieses Leben hier Leben sei und es kein Vorher und Nachher gebe. Wir verstehen gar nicht, was es bedeutet, und haben gleich das Wort grausam bei der Hand und schaudern und ziehen uns davor zurück.

Das Töten der Kinder aber bedeutet, wie ich bereits gezeigt habe: Man versucht in der Zeit des Endes, wenn der Erlöser etwas von sich spüren läßt, wenn die Welt voll davon ist und man, ohne es genau zu wissen, merkt, daß etwas los ist, die Kinder zu töten. Denn eigentlich hat keiner in dem Moment den Erlöser richtig gesehen, in dem er geboren wird, und man raunt nur darüber und spricht davon, ohne zu wissen, was eigentlich los ist. In dieser Zeit werden tatsächlich die Kinder getötet, die Kinder in den Menschen, das ist die Sphäre, die noch an der Grenze steht, an der die Menschen noch aus dem Vorher, aus dem Jenseits herkommen. Der Mensch kommt irgendwo her. So wie er biologisch von seinen Eltern herkommt, so kommt doch seine Seele vom Himmel, von Gott her, vom Jenseits. Und von dort bringt er auch alles Wissen über das Jenseits mit, das nur hier bei der Geburt in eine Verbannung gerät, so daß er nichts mehr von vorher weiß.

Das Gebiet der Seele ist also, wenn man es im Absoluten sieht, das Gebiet des Kindes. Auch der Mensch, der achtzig Jahre alt ist, hat in sich dieses Gebiet, genauso wie bei seiner Geburt. Es liegt an der Grenze seiner Existenz, eben dort, wo diese Existenz an das Jenseits grenzt. Dort lebt er als Kind. Und dort soll er auch verstehen, daß dieses Kindsein eigentlich die Verbindung dieser Welt mit der anderen bildet. Sein ganzes Leben, all die Jahre und Jahrzehnte, die er hier lebt, sind als eine Einheit zu sehen.

Einen Menschen kann man nicht determinieren und sagen: So sieht er aus, jetzt, da er 65 Jahre alt ist. Das sei nun er. Es ist nicht wahr. Er ist zu gleicher Zeit auch alles das, was er mit 64, 63 bis zurück zu seiner Geburt gewesen ist. Alles ist er noch, plus das, was noch kommen wird, denn auch das Nachher ist schon in ihm da. Es soll als eine Einheit gesehen werden. Dann bildet eben die Phase des Kindseins bei ihm in dieser ganzen Einheit das Wichtigste, das Fundament. Denn dort eigentlich ruht er, grenzt er an die andere Welt. Deshalb tötet auch die Endzeit das Kind im Menschen. Sie will in seiner Seele nicht das Göttliche sehen, sondern erklären, festlegen, durch Dinge aus diesem Leben hier analysieren. Das ist nicht die Sünde der Psychologie, es ist die Sünde der ganzen heutigen Zeit. Psychologen können ausgezeichnete Menschen sein, besser als andere. Das hat nichts mit dem Beruf zu tun. Ich meine nur, jeder hat heute die Neigung, die andere Sphäre zu streichen, und das ist der Angriff auf die Kinder. Und deshalb weint die Mutter Rachel, weil sie eben an der Grenze steht. Da, wo jedes Kind geboren wird, erzählt die Überlieferung, geht es am Grabe der Rachel vorbei, wie bei Jeremia erzählt wird, in Ramah bei Bethlehem. Es geht daran vorbei und Rachel weint, weil sie sieht, ihre Kinder ziehen in die Verbannung, und in der Verbannung wird die Seele getötet. Und dies geschieht fortwährend, in jeder Zeit, vom Uranfang bis heute. Das ist das Weinen in der Zeit, in der der Erlöser erscheint, immer näher kommt, heranwächst und dann, kann man sagen, weint Rachel. Und es ist eigentlich die Zeit vom Uranfang bis zum Ende. Denn jedesmal, wenn etwas geboren wird, steht der König Herodes da, weil er der König ist zur Zeit der Geburt des Erlösers, und gibt den Befehl, die Kinder zu töten. Bei jedem, in jedem Haus. Das will sagen, auch bei Menschen, die 100 oder 50 oder 30 Jahre alt sind, wird das »Kind« getötet und diese Sphäre abgetrennt, so daß der Mensch keine Verbindung vom Diesseits zum Jenseits mehr hat.

Er ist nun gespalten, wenn er vom Jenseits spricht, und wenn er vom Diesseits spricht. Es ist für ihn ein Widerspruch, den er nicht verstehen kann und der ihn ängstigt. Er kann so nicht leben und neigt daher dazu, eins von beiden zu streichen. Und so streicht er entweder das Jenseits und lebt nur noch im Diesseitigen oder umgekehrt und tut dann so, als ob das Diesseitige keinen Sinn habe, als ob Gott es ohne Sinn gemacht habe.

Warum aber macht Gott die große Mannigfaltigkeit in dieser Welt, wenn sie keinen Sinn hätte? Jedes Ding ist doch schon in seinem Aufbau, in seiner Struktur so kompliziert, so voller Wunder – doch sicher nicht dazu, daß es einfach abgetötet werde und nicht zu sein brauchte?

Hätte Gott etwas Sinnloses, etwas Dummes gemacht, nur damit wir dies ganz Komplizierte streichen sollen? Nein, Gott gibt es uns eben, damit wir im Diesseits das Jenseits sehen, damit wir im Geschehen der Zeit sehen, daß hier zugleich auch das geschieht, was seiner Natur nach ewig ist. Deshalb ist das Diesseits da. Aber der Mensch, bei dem das Kind getötet ist, sieht das Jenseits nicht mehr. Und wir sollten gut verstehen, daß auch in uns die Welt das Kind töten will. Denn der König dieser sichtbaren Welt, dieser Halbheit, will das Kind töten. Er weiß, daß der Erlöser entscheidend ist, weil er auch als Kind da ist und als Kind jene Welt mit dieser Welt verbindet. Der Erlöser kommt nicht plötzlich als ein Erwachsener vom Himmel herab, er wird vielmehr hier geboren, er macht auch den Übertritt vom Jenseits ins Diesseits mit. Und das ist eben die Erlösung, daß er von diesem Mord verschont bleibt. Ein jeder aber ist eigentlich auch ein Kind und erlebt dies und wird dort, als Kind eben, gerettet.

Ich hoffe nun aber, Sie sehen das Kind nicht so sentimental als ein rosafarbenes Baby und nennen nur diese Erscheinung ein Kind und alles andere nicht mehr. Das wäre wieder eine Schändung des Ganzen; das Kind ist in jedem Menschen da. Es trägt in sich noch das Wunder der Überbrückung des Weges aus dem Jenseits ins Diesseits. Deshalb spricht man auch dort, wo von den Weisen erzählt wird, über den Namen des Erlösers, der als Immanuel bezeichnet wird, das heißt: »Gott mit uns.«

Das will auch sagen, Gott ist fortwährend, nicht nur in gewissen Augenblicken, mit uns. Denn wie in der Bibel seit Tausenden von Jahren das Wort »Immanuel« steht, und es in jeder Zeit erlebt und gelesen wird, daß Gott mit uns ist, so ist er in allen Zeiten und auch jetzt mit uns. Es handelt sich nicht nur um ein »Mit-uns-Sein« zu einer gewissen Zeit, aber vorher nicht und nachher vielleicht auch wieder nicht. Es ist eben so zu verstehen: Wenn man den Erlöser erkennt, dann erkennt man ihn in dem Namen: »Gott ist mit uns«, immer, ewig, und was er sagt, besteht ewig. Jedes Wort in der Bibel, auch wenn es uns unverständlich sein sollte in der Übersetzung oder gar im hebräischen Text, daß wir sagen: Was meint die Bibel nur damit, ist es nicht vielleicht sogar ganz überflüssig? – es ist ewig. Jedes Tüttelchen, jedes Jota ist ewig. Wenn Gott es gesagt und festgelegt hat, so ist es da, und es kann nichts davon gestrichen werden. Denn wenn Gott etwas in der Schöpfung, in der Natur gemacht hat, kann man nicht sagen: Ich streiche einen Stern weg, er ist überflüssig, oder wir streichen gewisse Elektronen in den Atomen, denn es geht auch so. Man kann es nicht, denn es ist so gemacht und wird immer so sein. Wir könnten so tun, als ob wir etwas streichen; dann entsteht es woanders, es ist immer da. Wenn also der Name Immanuel oder Emanuel genannt wird, dann heißt das zugleich: Immer ist Gott mit uns. Denn über das Wort wird, wie Sie wissen, in jenem späteren Evangelium, dem des Johannes, erzählt, über das Wort, das im Anfang da ist, auf daß es Fleisch werde.

Wie Sie vielleicht schon wissen, ist Fleisch im Hebräischen der gleiche Stamm, das gleiche Wort, die gleiche

Wurzel wie das Wort für Botschaft: »bassar«, Fleisch, und »bessura«, Botschaft, haben die gleiche Wurzel. Das bedeutet: Alles, was hier Fleisch wird, das ist auch Botschaft. Natürlich nicht das »Fleisch«, wie wir es meinen, sondern alles, was hier erscheint, sichtbar wird und im Gegensatz etwa zum Stein, der hier tot wirkt, lebendig wird. Alles Lebendige, alles, was reagiert, ist Botschaft.

Wenn wir also Worte streichen würden, die uns nicht passen, streichen wir einfach eine Botschaft, streichen wir das Erscheinen hier. Wir können also einfach nichts ändern, weil es die Schöpfung und weil es ein Ganzes ist. Deshalb wird auch gesagt: Sei am siebenten Tage vorsichtig, tue da nichts, bleibe in deinem Hause, sei glücklich und zufrieden, feiere den Sabbat bei dir zu Hause und tue nichts, denn du würdest sonst imstande sein, Worte zu streichen oder hinzuzufügen. Schreibe nicht am Sabbat, streiche auch nichts am Sabbat. Du brauchst nichts zu tun, ja, du kannst nichts tun. Es ist eine Schändung im Sinne der Schöpfung, wenn du das tust. So soll der Mensch den Sabbat verstehen und nicht sagen: Gut, ich werde also an diesem Tage nichts schreiben, aber morgen werde ich dafür desto mehr schreiben. Auch morgen ist Sabbat. Dann schreibe meinetwegen jetzt auch am Sabbat, dann hat alles keinen Sinn. Aber das Sabbat-Gebot will eben sagen: Laß die ganze Welt in Ruh. Glaube und vertraue.

Wir wissen, »glauben« im Hebräischen ist identisch mit dem Wort vertrauen. »Emuna«, das ist glauben und vertrauen. Das Wort »amen« kommt daher. Wenn du glaubst und vertraust, willst du doch sagen: Ich lasse alles ganz, es ist schon in der Ordnung da, ich freue mich nur an dem, was mir gegeben wird.

Deshalb wird auch gesagt, am siebenten Tage soll der Mensch sich freuen. Eben weil er die Freude hat, daß alles schon da ist, schon fertig ist und er keine Angst haben muß. Wer am siebenten Tag Angst hat, glaubt nicht an Gott, er glaubt vielmehr, er selber würde es anders, besser machen, denn so wie es komme, sei etwas nicht in Ordnung.

Dieser siebente Tag ist also eine große Aufgabe, und deshalb wird auch gesagt: Nur wer im siebenten Tag glaubt und vertraut, kommt auch in den achten Tag. Wer den siebenten Tag nicht versteht, sondern noch im sechsten lebt, wie sollte der in den achten kommen? Er muß durch dieses Leben hindurch in die andere Welt.

Der achte Tag ist der Tag, an dem die große Freude herrscht. Sogar im Deutschen ist »acht« verwandt mit dem Worte »achten«. Ich achte etwas oder ich verachte es. Achte ich es, so weiß ich, daß das andere kommt. Es ist schon gut, nur muß man eben erst durch den siebenten Tag hindurch. Man kann nicht vom sechsten Tag in den achten springen, Gott hat den Weg des Lebens eben nicht so gemacht. Man wird als kleines Kind geboren und geht durch dieses Leben hindurch in den achten Tag. Man muß es, ob nun dieses Leben kurz oder lang ist.

Josef träumt nun das Gesicht, das ihm zu fliehen befiehlt, weil der Kindermord zu Bethlehem geschehen soll, und er zieht nach Ägypten. Es wird dafür sogar ein Zitat gegeben: »Aus Ägypten habe ich meinen Sohn berufen.« Was bedeutet das? Man ist leicht geneigt, solche Zitate zu übersehen. Es wird aber nicht einfach nur so zitiert, etwa weil das Neue Testament Angst hätte, sonst nicht anerkannt zu werden. Nein, die Zitate zeigen uns die Verbindung mit dem Ganzen, weisen uns darauf hin, daß hier wieder geschieht, was eigentlich immer geschieht, weil es ein absolutes Geschehen ist.

Wie wir wissen, geschieht es auch im Alten Testament. Wir sehen es etwa bei Abraham. Wie er aus Ur Kasdim nach Kanaan kommt, herrscht dort Hunger, und so zieht er nach Ägypten hinab und hernach wieder aus Ägypten herauf. Isaak will nach Ägypten ziehen, wird aber von Gott in Gerar bei den Philistern zurückgehalten, geht also nicht, obwohl auch er gehen wollte. Jakob zieht nach Ägypten und kommt wieder zurück. Der Weg nach Ägypten ist also ein großer, ein allgemeiner Weg. Und die Erlösung fängt eigentlich in Ägypten an. Deshalb wird der Mensch nach Ägypten hinuntergebracht. Ägypten bedeutet immer »unten«. Im Hebräischen ist das Gehen nach Ägypten das Hinuntergehen, das Hinabsteigen bzw. dann das Heraufsteigen aus Ägypten. Im Absoluten ist es auch das Hinabsteigen aus einer Sphäre, in der man nahe bei Gott lebt, in eine Sphäre, die weit von Gott entfernt ist. Bekanntlich klagen die Kinder Israel in Ägypten: Wir können uns hier Gott nicht nähern, kein »korban« bringen. Ein »korban« bringen bedeutet im Hebräischen: Näherbringen zu Gott. Wir können uns hier in Ägypten Gott nicht nähern, weil das Leben hier so schrecklich schwierig ist, wir so beschäftigt, so unter Druck sind, wie sollen wir hier in Ägypten ein »korban« bringen? Und doch geht der Weg, schon von den Patriarchen an, immer über Ägypten. So jetzt auch wieder im Neuen Testament.

Das Neue Testament gibt also solche Zitate nicht, um die Anhänger des Alten Testaments zu überzeugen, daß es recht hat. So überzeugt man nie, das zeigt auch die Praxis. Überzeugen kann man nur, wenn man es ernst nimmt und danach lebt. Dann ist kein Wort mehr nötig, dann ist die Überzeugung schon gleich da. Menschenworte braucht man nicht zu beweisen, die zeigen doch nur ihre Schwäche. Wenn wir es aber mit einem Zitat zu tun haben, heißt das: Hier wird ein Geheimnis erzählt.

Deshalb geht der Erlöser nach Ägypten, und deshalb wird er von dort hervorgerufen und kommt dann, wie wir weiterlesen, nach Galiläa, »galil« im Hebräischen, und dort nach Nazareth. Was bedeutet das alles?

Was ist nun der Sinn dieses Gehens nach Ägypten? Wir wissen, daß die erste Erlösung, wenn man das so nennen kann, in Ägypten stattfindet. Das erste Osterfest ist in Ägypten; das Passahfest im Neuen Testament ist eigentlich eine Wiederholung auf einer anderen Ebene, könnte man sagen. Ich will das Wort Passah auch ein wenig näher aus dem Hebräischen verdeutlichen. Wie man weiß, ist dieses Wort eine Verballhornung des hebräischen Wortes »pessach«, das über andere Sprachen, das Griechische usw., zu Passah geworden ist, so wie auch der Name Jesus aus Jehoschua gebildet wurde und Johannes eigentlich Jehochanan heißt. Darüber werden wir noch zu sprechen haben. »Pessach« bedeutet nun im Hebräischen, wie es auch im Text selber erklärt wird, ein Überspringen, das heißt eine Ausnahme von der Norm. In Ägypten stirbt jede Erstgeburt. In dem Hause aber, an dem das Blut des Lammes ist und an der Tür sichtbar wird, ist die Ausnahme. Dort stirbt das Erstgeborene nicht, es wird übersprungen. Das zeigt uns, daß dem Menschen eine Möglichkeit gegeben wird, dem Tode anders zu begegnen, wenn er am Pessach-Tage dieses Blut des Lammes an die Türe, d.h. an die Pfosten und an die Balken der Türe streicht.

Es hat seinen Sinn, diese Begriffe eingehender zu betrachten, denn der ganze Begriff der Erlösung wird uns dadurch noch näher kommen, als er es uns wahrscheinlich schon ist. Die Erlösung wird uns noch wundervoller erscheinen, noch mächtiger, noch tiefgreifender, obwohl man immer glaubt: weiter als ich es jetzt spüre, kann es nicht mehr gehen. Aber am nächsten Tag soll es noch weiter sein. Es geht ohne Ende weiter. Endlos wie die Ewigkeit selber soll das Glück und das Wunder sein. Man wird einfach nicht mehr in den Zustand versetzt, sich daran gewöhnen zu können, daß es eben so sei; denn es ist immer neu, und jeden Tag ergießt es sich über uns, und immer neu ist die Freude.

Das Erstgeborene im Menschen, »peter rechem« im Hebräischen, ist eigentlich das, wodurch zum erstenmal Leben vom Jenseits her ins Diesseits einströmt. Wie wir soeben in bezug auf das Kind gezeigt haben, das dieses Grenzgebiet bildet, so ist das Erstgeborene das »Durchbrechen«, »peter« bedeutet das Durchbrechen und »rechem« die Gebärmutter. So wird das Erstgeborene im Hebräischen ausgedrückt. Dieses Durchbrechen will sagen, es ist eigentlich ein Wunder, daß dieses Leben aus dem Jenseits hier überhaupt erscheinen kann. Wie ist es nur möglich, wie kann eine Seele, die so zart und verborgen ist, hier im grob Materiellen erscheinen und sichtbar werden? Das bedeutet das Durchbrechen. Dieses Erstgeborene nun, so sehen wir, wird beim Menschen erschlagen, wenn er, wie erzählt wird, Israel nicht aus Ägypten ausziehen lassen will. Denn die ganze Gefangenschaft Israels in Ägypten, über die wir schon kurz gesprochen haben, ist eigentlich auch die Gefangenschaft der jenseitigen Seele im grob Materiellen. Die Seele ist in Ägypten geknechtet.

Die Überlieferung erzählt, was Knechtung bedeutet: Die Seele muß Dinge tun, die eigentlich so dumm und sinnlos sind, daß sie sagt: Ich komme einfach nicht dazu zu leben, ich werde in diesem Leben hier gezwungen, mich mit Dingen zu beschäftigen, von denen ich weiß, daß sie keinen Sinn haben. Es gibt aber ein anderes

Leben, und ich leide darunter, in dieser Welt zu sein. Deshalb ist die Geschichte von Ägypten und der Knechtschaft in Ägypten eine Geschichte, die ewig gilt, ewig wahr ist, die sich nicht nur einmal irgendwo abgespielt hat, sondern die sich auch heute noch abspielt. Es handelt sich um die Gefangenschaft des Göttlichen, des Lebenden, der Seele, des Verborgenen in uns. Daß diese Seele sich gefangen fühlt und sagt: Dieser Mensch, in dem ich lebe, der beschäftigt sich mit allem möglichen, nur nicht damit, daß er seine Herkunft versteht, und was der Sinn der Schöpfung ist. Der Sinn ist doch nicht, daß er hier reich wird oder berühmt oder Politik und Wissenschaften betreibt. Der Sinn der Schöpfung, des Lebens ist doch etwas ganz anderes. Das ist es, was die Seele dann als Druck und Leid verspürt, und unter dem sie seufzt.

Daher wird gesagt: Wenn die Kinder Israel in Ägypten seufzen, dann hört es Gott und schenkt die Erlösung aus Ägypten. Gott selber sagt, wie im Exodus erzählt wird: Ich gehe hinunter nach Ägypten. Nicht ein Engel, nicht ein anderer. Ich selber komme zur Erlösung nach Ägypten. Wieder sehen wir, nicht nur die Patriarchen kommen nach Ägypten, sondern Gott selber sagt: Ich komme, bleibe du nur zu Hause. So sagt uns auch der siebente Tag: Misch dich nicht ein, versuche nicht, der Erlösung nachzuhelfen oder ihr behilflich zu sein. Du bist nichts, du bist eben in Erwartung. Du bist so, wie von Israel, von der Gemeinde, immer gesagt wird: Du bist die Frau, die den Mann erwartet. Du sollst nicht frech sein und nicht hinausgehen und sagen: Ich will selber etwas unternehmen.

Du wartest, er kommt schon, sei ganz ruhig und sei fest überzeugt, daß er kommt. Und dann wird gezeigt, wie diese Welt, die Israel knechtet, der Seele eine

Arbeit auferlegt, die nicht ihre Sache ist. Die Überlieferung sagt dazu: Die Männer Israels mußten in Ägypten Frauenarbeit verrichten. Das bedeutet nicht, daß sie den Haushalt verrichten mußten, sondern Dinge, die nicht ihrer Bestimmung gemäß waren. Das Weibliche ist immer das Äußere, das Männliche das Innere in jedem Menschen – bei Mann wie Frau. Und wenn man nur den Dienst des Äußeren tun darf und nicht den Dienst des Inneren, wenn man immer draußen stehen und dort dienen und reinigen muß, dann, so heißt es, verrichtet man Frauenarbeit. Auch die Frau selber.

Es heißt, in Ägypten werde eine an sich sinnlose Arbeit gegeben. Vorratsstädte werden gebaut, Pitom und Ramses, weil Ägypten Angst hat. Weil es in der Zweiheit, im Widerspruch lebt, bekommt Ägypten die Lebensangst, gerät unter Zwang und will Vorräte anlegen. Es fürchtet sich vor dem kommenden Tag, und es traut Gott nicht zu, daß er für den kommenden Tag bereits vorgesorgt hat; es muß selber Vorratsstädte bauen. Und diese Arbeit der Seele, also Israels, denn bei jedem Menschen heißt die Seele Israel, ist eine Frauenarbeit. Und wenn man Israel Vorratsstädte bauen läßt, dann sagt die Seele: Schrecklich, dazu bin ich doch gar nicht da, ich seufze, wie kann ich hier nur wieder weg, wie bin ich überhaupt hierher gekommen? Ich weiß, Mutter Rachel weinte, als ich hierherkam und hier geboren wurde. Aber ich hoffe, es kommt eine Erlösung. Und dann wird die Erlösung vorbereitet. Es wird in Ägypten gesagt: Wenn du aus diesem Zustand des Zwanges herauskommen willst, brauchst du nur eines zu tun: Ein jeder nehme ein Lamm zu sich in sein Haus.

Lamm und Stier

Das Lamm gehört zum Wissen des alten Judentums, des Judentums, das noch keine Spaltung zwischen Juden und Christen kannte, sondern nur die Einheit. Wenn ich vom alten Judentum spreche, dann meint man vielleicht: Das war also früher, vor gut zweitausend Jahren. Das gewiß auch, aber eigentlich will es sagen: Es lebt in jedem Menschen, wer er auch sei und wozu er sich auch zählen mag. In ihm lebt das Gleiche, er kann es erfahren. Es ist ein Geschenk Gottes an den Menschen und nicht ausschließlich dem einen gegeben und dem anderen vorenthalten. Der Mensch soll wissen, er hat das Recht, das zu erfahren. Es ist ein Geschenk an jeden Menschen. Und so bedeutet das Alte das, was tief in uns ist und nur geweckt werden muß, damit wir es wieder verstehen.

Und in diesem alten Wissen wird auch über Tiere gesprochen, von denen in der Bibel erzählt wird: Da gibt es Kamele, Esel usw. Johannes der Täufer zum Beispiel hatte einen Mantel aus Kamelhaar, wie wir gleich sehen werden, und einen ledernen Gürtel.

So gibt es Opfer-Tiere, Schafe, Lämmer, Kühe, Stiere, Ziegen. Und wir lesen von diesen Tieren und sagen: Ja, das ist alles vorbei, wir opfern nicht mehr; diese Stellen können wir also gleich streichen. Wir brauchen das nicht mehr zu wissen und können es bestenfalls symbolisch verstehen. Nein, so nicht! Gewiß hat es auch einen symbolischen Sinn, aber zuerst einmal steht es dort wörtlich. Wir können das nicht einfach streichen und sagen, es habe keinen Sinn mehr; denn dann hätte Gott gesagt: Ich gebe es nur für einen Moment, und dann könnt ihr es streichen. Nichts soll gestrichen und nichts soll hinzugefügt werden bis ans Ende. Man kann es einfach nicht, ebensowenig wie man die Sonne oder einen

Planeten streichen kann. So wie es ist, ist es da. Über diese Tiere wird erzählt:

Das Tier, das zur Gruppe der Kuh und des Stieres gehört, ist das Tier, in dessen Zeichen diese Welt zustande kommt. Es ist auch das Tier in der Vision des Hesekiel, der Stier, der am Thronwagen bei Gott steht – Adler, Stier, Löwe und Mensch (der auch da steht). Dieser Stier ist das Zeichen, in dem diese Welt des Äußeren entsteht, die Welt auch, die dann die Welt Ägyptens ist. Und deshalb habe Ägypten auch als Gott den Stier, wird gesagt. Er ist ein Zeichen, und es gibt ein Wissen vom Wesen Stier.

Wenn in der Bibel vom stößigen Ochsen erzählt wird (Exodus), dann sagt die Überlieferung, was es bedeutet. Wenn man diese Welt Ägyptens, die Welt der Triebe, des Zwanges, der Instinkte nicht bindet, wie man einen Ochsen bei sich zu Hause bindet, sondern ihn frei läßt, so daß er hinausläuft und stößt, dann ist man schuldig. Du sollst verstehen, du sollst den Ochsen hüten. Er ist sehr wichtig für dich, denn ohne ihn kannst du hier nicht einmal leben. Er ist ein Teil deines Lebens. Es wird dann auch gesagt: Das Triebhafte und die Instinkte im Menschen sind ein Teil seines Lebens. Ohne diese könnte er gar nicht existieren. Vieles funktioniert überhaupt nur deshalb. Er soll aber durch dich beherrscht werden, du bist der Herr des Ochsen, du bist für ihn verantwortlich.*

So wird auch gesagt: Jener Teil des Menschen, der den Unterleib darstellt, heißt auch Ägypten, denn in ihm sind die Triebe, von denen du nicht sagen kannst: Ich lasse sie eben frei, und dann lebe ich glücklich. Nein, du lebst dann nur in einem »glücklichen« Rausch, du bist

* Vgl. dazu die bekannte Zen-Geschichte »Der Ochse und sein Hirte«, Pfullingen 1958 (Neske Verlag)

betrunken und meinst nur, du seiest glücklich. Du bist aber durch und durch traurig, denn du siehst nur Tod, Vernichtung und Fäulnis. Du möchtest dich wieder betäuben und kommst nicht mehr heraus. Wie oft sagt man in der heutigen Zeit, man dürfe Kindern nichts mehr verbieten, ihnen nicht sagen, dies oder das sei eine Sünde usw. Man beunruhige sie damit nur. Dann antworte ich: Lieber lasse ich das Kind, auch das Kind in mir, beunruhigen, als daß es ein ungebändigtes Tier werde.

Man soll eben verstehen, das Leben hier ist nicht dazu da, daß wir uns einen guten Rausch verschaffen, nach dem wir uns ausschlafen können. Nein, das Leben hat doch einen Sinn. Und deshalb soll man auch den Sinn des Bindens der Triebe verstehen. Nicht einfach deshalb, weil ich sie gern binde und es mir Spaß macht.

Auch das wäre sinnlos. Nein, es will etwas anderes sagen: Ägypten oder der Teil deines Lebens, der Ägypten darstellt, der auch mit dem sechsten Tag identisch ist, der Teil, der vor der Erlösung im siebenten Tag liegt, vor dem Auszug aus Ägypten, so wie auch später die Erlösung im achten Tag kommt, ist hier die Grundlage, auf der du lebst, so wie auch beim Sabbatjahr erzählt wird: Du wirst essen von der Frucht des sechsten Jahres, du wirst davon im siebenten, ja sogar im achten Jahr noch leben. Es ist die Grundlage deines Lebens, deiner Existenz hier. Verstehe aber: Gott hat diesen sechsten Tag voller Wunder geschaffen, diese Existenz also, die noch nichts von der Erlösung an sich weiß, die also den Menschen braucht, damit sie etwas darüber erfahre.

Gott hat diesen sechsten Tag sehr wunderbar gemacht, und er nennt bei den Propheten, etwa bei Jesaja (Kap. 19), Ägypten und Aschur Freunde und Söhne, seine Geliebten, und versetzt Israel als Dritten in ihren Bund. Zu Ägypten wird also nicht gesagt, es werde verdammt, werde gestrichen, nein, Ägypten wird als etwas angesehen, das Gott lieb ist. Aschur, Assyrien, das Israel, das Zehnstämmereich, vernichtet und vertreibt, wird auch als Gott lieb angesehen, und Babylon kommt dann an seine Stelle. Man kann über diese Dinge also nicht sagen, wir haben mit diesen Völkern einmal Kriege geführt, und sie waren gemein gegen uns, darum wollen wir nun nichts mehr von ihnen wissen – sie sind schlecht. Nein, so nicht! Wenn Gott etwas macht, hat es einen Sinn. Auch wenn Gott einen Vernichter macht und zuläßt, hat es für das Ganze einen Sinn. Wenn Gott nicht wollte, daß der Vernichter sein soll, so wäre er nicht. Wir sollen also über Ägypten kein Urteil fällen oder sagen: Diesen Zustand sind wir glücklich los, wir haben mit dem sechsten Tage nichts mehr zu tun. Dazu würde ich sagen: Nein, ich sehe euch ja hier sitzen, und das bedeutet doch: Ich sehe euch in Ägypten. Und merke etwas, wenn ich manchmal eure Augen sehe, daß ich mir sage: Aha, die wissen etwas vom Siebenten, und zuweilen sehe ich diese Augen auch im Achten. Aber so, wie ihr jetzt da seid, können eure Augen nur leuchten und kann die Sphäre nur so sein, weil sie auf dem Sechsten aufgebaut ist. Später kommt der Siebte und der Achte. Deshalb ist die Sphäre hier rein und gut. Es ist dann eine Einheit geworden. Das ist auch der Sinn der Erzählung von den Sabbatjahren, daß da im siebenten Jahr geruht wird und man doch vom Ertrage des sechsten Jahres leben wird, bis ins achte Jahr hinein. Und nach 7x7 Jahren kommt das 50. Jahr, in dem alles anders werden wird. Die 7x7 sind dann vorbei, und nun kommt die Erlösung des Achten.

Der Stier Ägyptens ist also nicht etwas, von dem wir uns frei fühlen könnten. Diese Welt des Stieres hat ihren Sinn. Das Wort für Fruchtbarkeit im Hebräischen hat dieselbe Wurzel wie das Wort für Stier. Auch Pharao hat dieselbe Wurzel. Der Begriff für Erlös, Einkommen, hat im Hebräischen dieselbe Wurzel, wie Frucht überhaupt dieselbe Wurzel hat. Wir sehen also, dieses Wort ist ganz wichtig, es ist tatsächlich eine Grundlage. Wir sollten aber auch verstehen, was es heißt, nur im Sechsten zu leben, wo man spricht: Diese Welt, wie sie nun einmal ist, genügt mir völlig, ich freue mich an ihr. Haben wir nicht schöne Autobahnen und bekommen noch schönere, haben wir nicht allerlei moderne Dinge und leben gut und vergnügt in dieser Welt? Die Banken funktionieren ausgezeichnet, der Franken ist sogar im Wert gestiegen, und es gibt dafür alles, was man nur will. Gut und schön, aber wer so spricht, ist noch in Ägypten und ist dort zufrieden, will gar nicht hinaus. Die Seele aber leidet. Dann bekommt man »Neurosen«, wie es heißt, man wird krank, und es geschieht alles mögliche, weil die Seele eben doch protestiert und spricht: Wie kannst du das tun, ich bin doch Israel, und du hältst mich in Ägypten fest und läßt mich das alles tun – wie kannst du nur?

Das geschieht, wenn man den Stier in sich frei läßt. Er verursacht Unglück, auch sogenannt »zufälliges« Unglück. Der Begriff des Stieres, des Stoßens, des Ochsen gehört zur Begriffsgruppe »Stier«, zu der sogar Aleph, der erste Buchstabe im Hebräischen, gehört. Er bedeutet: Das Haupt des Stieres. Wie ich es mehrfach beschrieben habe, hat in den alten hebräischen Hieroglyphen dieser Buchstabe die Form des Stierkopfs. Das also ist die Grundlage des Lebens hier.

Und diesen Stier wollen wir doch eigentlich als ein »korban« bringen, ein Opfer für Gott. Wir wollen uns damit Gott nahen. Das kann man aber nicht in Ägypten. Wir müssen aus Ägypten erlöst sein, damit wir diese

Welt Gott näherbringen können. In diesem Begriff des stößigen Ochsen, des Stieres liegt alles, was in der Welt geschieht, was eigentlich ein Losbrechen, ein Durchbrechen der Welt, ein »Durchgehen« bedeutet. Wir können sie nicht mehr bezwingen. So nennen wir zum Beispiel eine Naturkatastrophe: Der Stier ist losgebrochen, hat gestoßen. Ein Brand, ein Feuer ist auch wie ein stößiger Ochse, ebenfalls eine Grube, in die man hineinfällt. Du sollst die Grube bedecken, damit niemand hineinfällt. Du sollst dich vorsehen, daß kein Brand entsteht. Du sollst dich in acht nehmen vor Naturkatastrophen. Das bedeutet: Bändige die Triebe, bändige die Kräfte, die da sind! Tust du es nicht, dann kannst du nicht erlöst werden. Du weißt nicht, was Erlösung bedeutet und freust dich mit dieser Welt? Du freust dich im Rausch, im Taumel, du bist zufrieden mit der Masse, in der Massenpsychose. Du rufst und singst und schreist und sagst: Ich bin glücklich! Das ist Massenpsychose. Da ist der Mensch persönlich ausgeschaltet. Es heißt immer aufpassen, wenn man etwas in einer Masse tut. Manchmal glaubt man auch, etwas zum Guten zu tun. Sobald aber der Rausch der Masse über einen kommt, ist Gefahr da. Die Persönlichkeit des Menschen, seine persönliche Verantwortung ist abgetrennt und hat sich mit einer Massenseele verbunden. Der stößige Ochse ist da.

Ob man an einer Parade ist oder in einem Verband, man soll immer persönlich wach bleiben und wissen: Ich stehe persönlich Gott gegenüber und neben mir steht mein Bruder. Er mit seinem Namen, ich mit dem meinigen. Wir alle haben verschiedene Namen, und jeder Name hat seinen Weg. So geht auch Israel aus Ägypten durch die Wüste ins Gelobte Land. Das Buch Numeri, das vierte Buch Mose, enthält im Prinzip die Namen all derer, welche den Weg durch die Wüste zu gehen haben:

Jeder kann nur unter seinem Namen diesen Weg gehen, nicht unter einem anderen. Der andere kann nicht für ihn gehen, er muß es selber tun. Deshalb ist es auch so wichtig, das zu verstehen, damit man ja nie dem Rausch des stößigen Ochsen verfalle. Das alte Wissen erzählt: Vor dem Ochsen, vor dieser Welt, stehe ein anderes Tier – und dieses drücke sich in der Tierwelt so aus, weil es im Menschen allgemein und absolut vorhanden ist –, ein Tier, das zur Gruppe des Lammes zählt. Das Schäfchen, das Lämmlein, das Lamm kommt vorher, ist also vorweltlich; diese Welt beginnt mit dem Stier, denn am 6. Tag wird der Mensch geschaffen. Die 6 ist auch die Zahl Ägyptens. In der Bibel und in der Überlieferung wird immer darauf hingewiesen, daß die 6 die Zahl Ägyptens sei. Die 600 Reiter und Streitwagen, die den Kindern Israel aus Ägypten nachjagen, die 600.000, die von Ägypten ausziehen, das Pferd, so typisch für Ägypten, »sus«, das im Hebräischen in der Zahlenfolge 60-6-60 geschrieben wird, usw.

Die Überlieferung sagt: Die Frauen von Israel bekommen in Ägypten immer sechs Kinder auf einmal. Das ist natürlich im Biologischen nicht möglich, will aber im Absoluten zeigen: Dort steht alles unter dem Zeichen der Sechs, sogar die Kinder sind dort als Sechslinge vorhanden, sie stehen dort im Zeichen des Sechsten oder auch des »Sex«. Deshalb gibt es auch die 666, der wir später noch begegnen werden, wo wieder diese Welt des Ochsen losbricht, also die Freiheit der Triebe!

Laßt sie nur, sagen viele, das ist gesund, wir bekommen dann ausgeglichenere Menschen. Ja, sie sind so ausgeglichen, daß sogar ein SS-Mann daraus entstehen kann, der zu allem imstande ist. Das ist dann das Ausgeglichene. Er ist frei und kennt keinen moralischen Zwang.

Ich höre oft, und in den letzten Jahren immer, wenn ich zu andersartigen Gruppen spreche – ich muß viel mit »Ägyptern« sprechen –: »Das ist aber doch krankhaft, wenn man das nicht darf und nicht kann«. Darauf pflege ich zu antworten: Ja, dann aber will ich lieber krank werden als ein Tier sein. Aber man wird nicht krank davon, habt keine Angst, das redet ihr euch nur ein. Jetzt seid ihr krank, jetzt habt ihr Neurosen und allerlei Krankheiten, und die Ärzte können den Patientenstrom kaum bewältigen. Es gibt stets zu wenig Ärzte, und es werden immer mehr Kranke, je mehr Ärzte es gibt. Es scheint geradezu eine Korrelation zu bestehen zwischen der Zahl der Ärzte und der Kranken – sind womöglich die Ärzte daran schuld, daß es so viele Kranke und so viele Krankheiten gibt? Sie aber antworten: »Wir sind nicht krank, wir sind ausgeglichen und ganz ruhig.« Ach, wären sie nur ruhig, aber sie sind es nicht! Man sieht, sie sind in einem Rausch. Es ist aber immer so: Ein Betrunkener will einen anderen auch trinken machen, damit er Gesellschaft habe. Allein trinken ist nicht gemütlich.

So also ist das mit den Trieben. Wenn man aber im Gegensatz dazu Ägypten bindet, dann kann etwas Neues entstehen.

Wir sagten schon, das Tier, das vor der Schöpfung da ist, ist das Lamm. Deshalb ist das Bild des Lammes so wichtig, deshalb wird es im Neuen Testament so viel gebraucht. Doch schon bei der »akeda«, der Bindung Isaaks, tritt das Lamm an seine Stelle.

Aus dieser Welt Ägyptens kommend, sollte man die Frage in sich spüren: Woher komme ich eigentlich?

Dies ist hier das Diesseits, aber das Jenseits, aus dem ich komme, was ist das? Mit dieser Frage begegnet man schon dem Lamm. Aleph ist der erste Buchstabe. Das

Lamm kann nicht in Buchstaben, im Wort, im Laut ausgedrückt werden. Es ist etwas, das so verborgen ist, so andersartig, daß man es sich gar nicht vorstellen kann.

Aber nun erscheint tatsächlich in dieser Welt ein Tier, das Lamm heißt, und es erscheint nur, weil Gott uns dies Wunder zeigen will. Alles, was jenseits bei Gott ist, erzählt er uns auch hier. Jede Blume, jedes Tier erzählt uns von der Welt des Jenseits. Sie sind so wunderbar konstruiert und strukturiert, eben weil sie vom Jenseits erzählen. Sie müßten sonst gar nicht so kompliziert sein. Man könnte sie sich auch ganz einfach wie eine Plastikblume vorstellen. Warum so kompliziert? Es ist deshalb so ein Wunder, weil es eben das Wunder des Jenseits hier ausdrückt. Wenn wir also ein Lamm hier erblicken, so will es uns nur sagen: Schau, alles Jenseitige hat auch hier seinen Platz. Das Lamm ist im Jenseits da und kann hier erscheinen, in welcher Gestalt auch immer. Es handelt sich nicht um ein bildhaftes Gleichnis, wenn Israel als Gottes Lämmlein bezeichnet wird. Es ist damit nicht gemeint, daß es ein braves, liebes Israel sei, sondern es will sagen: Israel ist von vorher, ist ursprünglich, von der Ursache her das liebe Lämmlein. Deshalb ist es lieb, weil es vom Vorher ist.

So ist auch der Stier immer bösartig und man hat Furcht vor ihm. Ich nehme an, weiß es aber nicht so sicher, daß die Stierkämpfe Kämpfe mit dieser Welt darstellen sollen. Der Mensch soll diese Welt bewältigen, bezwingen und sogar töten können. Typisch dafür ist auch, daß das hebräische Wort für Stier, »schor«, über das Aramäische mit den Wörtern »Tor«, »Toro« und »Torso« wahrscheinlich zusammenhängt.

Dieses Lämmlein aus der Vorwelt soll also in jedes Haus kommen. Ein Haus, sagen wir, sei eine Behausung.

Im Hebräischen aber bedeutet das Haus, »beth«, auch die Zwei. Bethlehem, Haus des Brotes, und Bethschemesch, das Haus der Sonne, Beth-el, Haus Gottes. Das ist die Zahl zwei. Es bedeutet: In Ägypten sind wir doch in der Zwei, wir haben links und rechts, Tod und Leben. Wir verstehen es nicht, wir leiden darunter und wir streichen deshalb gern die eine der beiden Seiten. Das ist unser Leben in Ägypten, eben in diesem Haus der Zweiheit, darin du lebst, weil du ein Haus hast. Denn das Haus, das du dir machst, trennt dein Diesseits vom Jenseits. Du machst es gemütlich, möblierst es schön und sagst dann: Ich habe ein Haus, es steht auf guten Fundamenten. Ich will nicht wie die Väter in einem Zelt wohnen. Die zogen von Ort zu Ort, ich aber bin hier in dieser meiner Welt festgewurzelt. Gut, aber bringe das Lamm in dein Haus, das Lamm, das die Eins ist, die Eins von Vorher, die Ureins, die alles umfaßt. Verstehe, daß es mit diesem Lamm etwas Besonderes auf sich hat. Sein Sinn ist, daß es geopfert werde, aber nicht geopfert in dem Sinn, daß man es tötet. Nein, das Lamm bietet sich selbst zum Opfer an, denn es weiß, Opfer bedeutet »korban«, und »korban« bedeutet Näherkommen zu Gott, zurück zum Vater, es bedeutet, aus der Welt zurück- und nähergebracht werden zu Gott. Das Opfer als »korban« will sagen: Weil das Lamm sich opfern läßt und zum Opfern gemacht wurde und von Gott dazu bestimmt wird, weil es eigentlich von Gott selber herkommt, garantiert es den Bestand der Welt. Und wenn deshalb das Haus eine Zwei zeigt, sollst du beim Betreten und Verlassen des Hauses, wenn du in die Welt hinaustrittst, das Opfer des Lammes verstehen, auch, was das Leiden des Lammes bedeutet, während auf der anderen Seite das Glück der Erlösung steht. Du kennst nur zwei Seiten bei dir, nur Leid oder Glück, die dritte ist dir noch verborgen. Und weil du diese dritte Seite nur erfahren wirst, wenn du beide Seiten des Widerspruchs durchlebt hast, sollst du verstehen, daß dein Glück ein Leiden, ein Opfer zur Grundlage hat. Diese Welt kann nur sein, und auch die Erlösung kann nur sein, weil ihre Grundlage ein Opfer ist. Schon daß Gott diese Welt überhaupt macht, ist ja ein Opfer.

Wie auch schon im alten Wissen gesagt wird: Weil Gott sich bei sich selbst entscheidet, die Welt zu machen, macht er, menschlich gesprochen, den »zimzum«, wie man das nennt; er gibt der Welt Raum, sich selbst aus einem Gebiet zurückziehend. Eigentlich opfert er seine Ganzheit. Er trennt etwas von sich ab und leidet darunter. Und so entsteht die Grundlage, der Boden für das Entstehen der Welt, des Urmenschen, des Adam Kadmon, des ersten Menschen, der tatsächlich der Mensch, der Sohn Gottes sei.

Für uns sind Leid und Glück Widersprüche. Es wird aber gesagt: Wenn du wirklich verstehen willst, was das Opfer bedeutet, und das Leid ganz durchgekostet hast, auch in deinem eigenen Leben, aber nicht nur dein eigenes Leid, was auch oft sehr groß ist, sondern das Leid der ganzen Welt, dann kommst du auch dazu, das Leid Gottes, den »zimzum« Gottes, zu ahnen, und was Gott eigentlich getan hat, damit diese Welt überhaupt entstehen konnte und du da seiest, dich freuen kannst. Damit sogar die Freude komme, die du als Erlösung erwartest, als endgültige Erlösung, wo keine Krankheit, kein Krieg und kein Unrecht mehr ist. Diese große Freude hat ihre andere Seite, so wie alles, was hier erscheint. Nichts erscheint hier anders als halb, aber die andere Seite ist gleich auch mit da. Du sollst aber beide Seiten erfahren und kosten, denn dann erst hast du verstanden, was ist. Deshalb muß man auch eine solche Geschichte, wie sie im Neuen Testament in den Evangelien beschrieben worden ist, als Ganzes bis zum Ende des Verlassenwerdens des Erlösers durchkosten, als alle leugneten, je mit ihm bekannt gewesen zu sein.

Daß er ganz allein dasteht, sollst du durchleiden und verstehen, was es bedeutet. Stell dir einmal vor, was das ist! Man meint damit nicht nur, es im Lesen erleiden und verstehen, sondern es überhaupt im Leben fortwährend durchleiden. Und es bei jedem Ding, das da ist, verstehen, welches der Preis dafür ist, daß es kam, und fragen, wozu ist es da; was ist mein Leben, und was ist der Sinn dieses Lebens? Muß ich nun etwas tun, und was erwartet man von mir? Welchen Zweck hat das alles?

Galiläa

Wenn nun erzählt wird, daß Jesus dann aus Ägypten nach Galil, Galiläa, kommt, worüber wir schon gesprochen haben, so ist dazu zu sagen, daß »gal« die Form bedeutet, den Körper. Nazareth mit dem Stamm »zar« ist ebenfalls Form, wie in »mizraim« und in »jezira«. Er kommt jetzt hier in die Form. Es bedeutet also, wie »zar« auch leiden heißt, daß Form und Leiden identisch sind. In die Form kommen bedeutet, ins Leiden kommen.

Das sollte sich der Mensch in seinem Leben klarmachen und nicht die Sünde begehen, das Neue Testament zu lesen und dann zu sagen: Sieh, wie recht ich habe! Das ist ganz und gar pharisäisch, wenn einer immer sagt, er habe recht. Keiner hat hier recht, denn keiner weiß wirklich etwas, nur Gott hat recht. Und wir sollten versuchen, diesen Weg zu Gott zu gehen, in dem Wissen, dies ist unser eigener Weg. Wie aber können wir wissen, daß wir recht haben?

Unsere Sprache ist ein Stammeln, und wir können nicht genau ausdrücken, was wir wollen und meinen. Wenn dann das Wort heraus ist, so denken wir auch schon, wir hätten es wahrscheinlich viel besser sagen können. Es gibt die rechten Worte nicht, wir können sie nicht finden und wissen, sie sind ganz anders. Es gibt die Worte in keiner Sprache, welche auch immer ich benutzen würde. So ist es eben. Man spürt, mit dem Rechthaben ist es hier eigentlich nichts. Man kann nicht mehr ausdrücken, als daß man dem Bruder, der Schwester, dem Freund sagt: Schau, das ist der Weg, wollen wir ihn nicht gemeinsam gehen? Und hier steht das Opfer, das Leid; Opfer aber, denken wir daran, ist »korban«, ein Näherkommen zu Gott. Dies aber bedeutet wahrscheinlich auch Leid tragen, weil Gott selbst Leid trägt. Das Judentum kennt den Begriff »Galuth Schechinah« – das Exil von Gottes Wohnen in dieser Schöpfung. Dann ist die Erlösung da, die große Freude. Doch erst müssen wir durch das Leiden.

Ägypten ist das Grundmodell der Erlösung. Es wird erzählt: Wenn du die Erlösung haben willst, mußt du verstehen, daß du erst aus Ägypten, aus diesem Zwangsleben im Rausch, erlöst sein mußt. Und wenn du durch diesen siebenten Tag hindurchgehst, mußt du zuerst verstehen, daß diese Welt, so wie sie ist und wie sie gemacht wurde, gut ist.

Wenn du die Erlösung aus Ägypten und den Weg durch die Wüste und somit das ganze Alte Testament erfahren hast, dann kannst du zum achten Tag kommen, und dann weißt du auch, was »achten« ist, dann verstehst du, was kommt, dann hat es für dich einen Sinn.

Wenn daher die Leute sagen: »Ich kann leben, wie ich will, denn ich bin doch schon erlöst«, und sie leben dabei in einem einzigen Zwang durch ihr Geschäft, ihre Karriere, und sind nervös, haben überall Krach, wollen recht haben, machen Kriege, streiten, schließen Bündnisse, gründen Sekten, Kirchen und Synagogen, machen alles mögliche und mischen Dinge durcheinander, dann antworte ich: Ach, du Armer, du mußt zuerst noch aus Ägypten erlöst werden. Du redest zwar schon vom Erlöser, bist aber doch noch sehr eng in Ägypten gefangen und gebunden, und ein Stier ist dein Gott, der Apis-Stier Ägyptens, und er stößt nach rechts und nach links. Dein Leben der Erlösung ist eine Heuchelei, die ich nicht akzeptiere.

Wir haben bereits kurz vermerkt, daß das Gehen nach Galiläa und Nazareth schon dem Namen nach eine Schicksalsbedeutung hat. Galiläa nämlich, im Hebräischen »galil«, hat die Wurzel »gal«, die sich im Hebräischen auch für den Körper und für die Verbannung findet. Es ist ein Wort mit dem hebräischen Zahlenwert 33. »Gal« schreibt sich mit den Buchstaben Gimel und Lamed, also 3-30.

Wir sollen versuchen, uns nicht zu sehr vom Äußeren anziehen zu lassen und danach zu urteilen, also nach geographischen Begriffen, indem wir sagen: Galiläa ist ein Landstrich im Norden Palästinas. Vielmehr heißt der Landstrich deshalb so, weil »gal« und »galil« eben im Wesentlichen das Köperwerden, das Erscheinen in dieser Welt bedeuten.

Ähnliches geschieht in der Geschichte von Laban und Jakob: Jakob flieht vor Laban, der ihm nachjagt; als er ihn dann einholt, einigen sie sich schließlich über eine gemeinsame Grenze. Und diese Grenze heißt »galed«. »Ed« bedeutet Zeuge – das ist dieser Körper hier, sagt der alte Kommentar dazu. Das ist der Zeuge, daß Laban nicht weiter in diesen Körper hineingreifen darf, in diesen »gal«, der die Grenze darstellt. So bedeutet alles, was den Stamm »gal« hat, wie auch »galut«, Verbannung, dasselbe.

Wir sprachen schon vom Geborenwerden der Kinder, wie sie in diese Welt, in die Verbannung, ziehen und dabei an der Stelle vorbeikommen, wo Rachel wartet und ruht. Rachel aber ruft zu Gott und ruft ihn um Erbarmen an für die Kinder, die Menschen, die in diese Welt hineinziehen. In der alten Überlieferung ist Rachel auch der Name der Schechina – Gottes Anwesenheit, Gottes Wohnen, wie man auch sagen könnte, in dieser untersten Welt, in der Welt, die für uns dann die reale Welt ist.

Wie wir sehen, enthält das Sein in »Galil« schon dieses Schicksal, das in der Zahl 33 beschlossen liegt. Es enthält schon den Umstand, daß das hier Erscheinende mit dem Begriff 33 nahe verwandt ist. Aus dem Buch Leviticus ist bekannt, daß eine Frau, die einen Sohn geboren hat, 33 Tage lang »irdisch« ist. Man übersetzt zwar das entsprechende hebräische Wort mit »unrein«, es bedeutet aber eigentlich auch irdisch. Dieser Zahl 33 begegnen wir, wenn wir etwas sehen, das hier auf Erden erscheint. Und das Erscheinen ist dann das Wesentliche. Dann drückt es sich in der Zahl der Erscheinung aus, die aus 3 und 30 zusammengesetzt ist.

Die Niederlassung im Lande Galil also, das dann zu Galiläa verballhornt wurde, ist der Anfang der Geschichte von Jesus. Hier wird von der Erlösung erzählt, wie sie sich im Körperlichen, in dieser Welt, in der Existenz des Menschen in dieser Welt ausdrückt. Nicht nur einmal in der Vergangenheit, sondern immer.

Es handelt sich um eine fortwährende Anwesenheit, die sich immer im Begriff »galil« ausdrücken wird. Es ist deshalb verführerisch und auch ein wenig gefährlich, wenn man sich ganz auf einen geographischen Landstrich festlegt und sagt: Dort in Galiläa geschieht es. Dann haben wir eigentlich das Äußere vom Wesentlichen getrennt, und damit haben wir es im Grunde zerstört. Es besteht keine Verbindung mehr, kein Kanal, kein verbindender Faden vom Wesentlichen zum Erscheinenden hier. Das müssen wir uns vor Augen führen: Man kann die Bibel nicht verstehen, wenn man nicht ganz fest, bis in jede Faser hinein, davon überzeugt ist, daß es keine Trennung zwischen dem Wesen und dem Äußeren gibt, daß es vielmehr eine Einheit ist und daß Himmel und Erde uns Menschen nur als eine Zweiheit erscheinen, daß wir uns aber, was gerade von uns verlangt wird, zum Himmel wenden, um ihn mit der Erde wieder zu einer Einheit zu verbinden. Es ist wichtig, daß wir die Einheit wieder erkennen. Dieses Erkennen der Einheit ist nun eben das Glück des Lebens und dessen Sinn.

Solange man sie nicht erkennt, ist man in Panik, in Angst, in Furcht. Man sucht Rausch, Betäubung, man sucht Ablenkung vom Wesentlichen, weil man es nicht ertragen kann, daß man sinnlos lebt. Deshalb darf man in dieser Geschichte wie bei allen anderen nie versuchen, das Äußere vom Wesentlichen zu trennen und dabei sagen: Nun gut, das war ein Landstrich oben im Norden Palästinas, und es war vor etwa 2000 Jahren, als es geschah. Im Grunde will man damit die Sache los sein. Aber man ist sie nicht los, denn dann drückt einen das alles, weil man sich im Sinnlosen bewegt. Man versteht nicht, was dann nachher geschah und warum es so weiterging, wie es ging. Man hat keine Ahnung.

Wenn man aber weiß, daß es etwas ist, das sich immer ausdrückt, wird es sinnvoll. Immer dort, wo Form ist, wird es sich ausdrücken, wird dieses »galil« die Bedeutung haben, daß es sich zeigt, daß es erscheint oder sich auch entblößt, also sich zeigt, wie es wirklich ist. Entblößen ist »galui«, ebenfalls von »gal«. Der Begriff »gal« ist also mit dem Zeigen des Wesentlichen verbunden.

Deshalb also auch das Sich-niederlassen im Norden, in Galil. Auch der Norden hat damit zu tun, denn der Norden ist unter den Himmelsrichtungen immer die des Körperlichen. Deshalb kommt auch die Verbannung aus dem Norden, wie in Jeremia zu Anfang gesagt wird: Aus dem Norden kommt die Drohung. Das In-den-Norden-kommen bedeutet: Da kommt der Körper in diese Welt, er kommt in eine Art Verbannung. Es bedeutet, er wird verborgen bleiben, man wird ihn nicht verstehen, er kann sich hier nicht ausdrücken. Es ist also nicht eine Welt, von der man sagen könnte, hier werde alles leicht verstanden, es sei deutlich, klar. Nein, es ist vielmehr eine Welt, in der das Wesentliche nur als etwas Verborgenes erscheinen kann. Deshalb soll man sich die Bedeutung des Sich-niederlassens in Galiläa deutlich vor Augen führen.

Der Ort Nazareth

Auch der Ort Nazareth ist deshalb dem Namen nach so wichtig, wie wir schon kurz erwähnten. Nazareth hat als Stamm das Wort »nazer«, wie auch das Wort »zar«, also das Wort für Leiden und auch Formwerden, das identisch ist. Wie erwähnt, kommen beide Worte als Stamm vor. In Galiläa also, wo bereits das »gal«, das Körperliche, bestimmend ist, liegt Nazareth mit dem Stammwort »zar«. »Nazer« ist also auch »unterdrücken«, wie »mizraim« auch das »zar« einschließt: unterdrückt-sein, gefangensein, also in der Form gebunden sein und deshalb leiden. Diese beiden Namen zeigen es also bereits an. Auch der Hinweis auf den Nasiräer zeigt es, der wohl etwas anders geschrieben wird, nicht mit Zade, sondern mit Sajin, dem Klang nach aber eine gewisse Verwandtschaft verrät: Man hat sich dem Tun entzogen, das diese Welt als »normal« empfindet. Man ist, wie man es heute sagen könnte, ein Nonkonformist. Man kennt keinen Kompromiß, man hat sich als Nasiräer außerhalb der Gesellschaft gestellt. Man hat sich einem einzigen Ziel geweiht und sagt: Nur das will ich verfolgen, weil ich das auf mich nehme. Es wird dem Menschen immer gesagt: Sei vorsichtig damit, sieh zu, ob du es auch vermagst, ein Nasiräer zu sein. Nur wer von Gott aus zum Nasiräer geweiht und bestimmt wird, soll es sein. Sonst hat man ein Versprechen auf sich genommen, das man nicht erfüllen kann. Wenn ein Mensch sagt, er wolle sich dem weihen, wolle ein Nasiräer sein, so kann es, wie gesagt wird, an Hochmut grenzen, an Überheblichkeit. Der Mensch soll es also lieber nicht von sich aus versuchen, sondern verstehen, daß sein Weg normalerweise ein anderer ist. Nur Gott kann einen zum Nasiräer bestimmen. Hier wäre auch die Geschichte von Manoach und Schimschon (Simson oder Samson) im Buch Richter zu erwähnen.

Die Stadt Nazareth steht in einem tiefen Zusammenhang, den wir gar nicht mehr verfolgen können. Wir würden sagen, es sei rein zufällig, daß dieser Mann, dieser Jesus, mit seinen Eltern zusammen nach Galil geht und Wohnung nimmt in einer Stadt namens Nazareth. Ich meine, man sollte es noch anders sagen: Man sollte verstehen, der Mensch wird dahin geführt, wohin er gehen und wo er sein soll. Sogar wenn vom Erlöser erzählt wird, erfahren wir, daß er geführt wird und an Orte kommt, an denen das »Schicksal« den Gang in diesem Leben hier, in dieser Erscheinung, schon festgelegt hat. Dann können wir sagen: Wenn das schon so ist, wieviel mehr ist dann alles andere auch schon bestimmt, wo es sich nur um kleine Dinge handelt. Und wir können sagen: Wie schön stimmt es, daß ich gerade dort war, als du auch dort warst, oder daß wir voneinander gehört haben, und daß wir gerade zusammenkamen. Wenn man die Erlösungsgeschichte verstehen will, muß man auch begreifen, daß es eine Führung gibt, die vom Ursprung her schon die Namen geprägt hat, die einmal so sind, weil an diesen Stellen das und das geschieht, sich ausdrückt oder zeigt. Das Geboren-werden an einer gewissen Stelle ist also schon bestimmt. Und so heißt dieses Land und diese Stadt so, weil schon vorherbestimmt ist, daß sich dort alles zeigen wird.

Taufen

Taufen – was heißt das eigentlich? Was bedeutet die ganze Geschichte von Johannes dem Täufer, und zwar von der alten jüdischen Überlieferung aus, das heißt, wie sie die Menschen damals erlebten, zu der Zeit, als diese Erzählungen aufgezeichnet wurden? Die für den Inhalt gewählte Form gilt für alle Zeiten. Die Wahl der Form aber ging aus einem bestimmten Sinnverständnis hervor. Für den heutigen Menschen besteht die Schwierigkeit oft darin, daß ihm das Verständnis für die Eigenart der Form, der gewählten Begriffe, verlorenging. Nur wenn man die hebräischen Worte begreift, ihren Sinn, ihren Begriffswert, versteht man die Meinung der Aufzeichner. Es ist jedoch eine Zerstörung des ursprünglich Gemeinten, wenn man sie durch scheinbar gleichartige andere Begriffe ersetzt. Es ist deshalb auch wichtig, daß wir uns über das im Wasser Untertauchen, das Taufen, näher unterhalten. Im Judentum wird das bis heute noch eingehalten, wenngleich unter einem anderen Namen. Das Wort »Taufe« ist nicht jüdischen Ursprungs. Die hebräische Bezeichnung für den Akt des Untertauchens im Wasser weist hin auf die Sammlung, eigentlich die Einsammlung der Wasser, in die man untertauchte.

Es heißt im Hebräischen »mikweh«, geschrieben: Mem, Kof, Waw und He. Das Wort leitet sich vom Geschehen des dritten Schöpfungstages ab, an dem die Wasser sich an einem Orte sammeln und das Trockene erscheint. Das Sammeln der Wasser will sagen, die Zeit sammelt sich an einem Ort und bedeckt nicht mehr das Trockene, das Lebendige, macht es nicht mehr unsichtbar, sondern zeigt wieder das andere. Dieses Sammeln der Wasser heißt also im Hebräischen »mikweh«. Und im Wort »mikweh« ist als Wortstamm enthalten das Wort für Hoffnung. Das Einsammeln der Zeit ist identisch mit dem, was der Mensch Hoffnung nennt. Sie wissen vielleicht, daß die Nationalhymne des heutigen Israel »Hatikwah« heißt, also »die Tikwah« – verwandt mit »mikweh« –: Hoffnung. Man sagt dann, das ist das Lied der Hoffnung. Es heißt dort: »Noch ist unsere Hoffnung nicht verloren ...«

Was bedeutet nun Hoffnung aus dieser Sicht? Wir sagen alle, wir hoffen etwas, ohne doch genau zu wissen, was wir meinen, wenn wir Hoffnung sagen. Eigentlich meinen wir dann, daß die Zeit eingesammelt und das Geheimnis enthüllt wird, das von der Zeit immer bedeckt wurde.

Was ich hier aus der Geschichte, wie wir sie lesen, abzuleiten suche, ist die Erwartung dessen, was der Mensch auch tun soll, wenn er tauft oder sich taufen läßt.

Es wird von ihm erwartet, daß er eigentlich die Zeit einsammelt, damit das, was die Zeit bedeckt, sichtbar werde. Man soll eben zu sehen versuchen, was diese

Geschichte bedeutet, wenn wir die Zeit einsammeln. Deshalb wird gleich am Anfang hier bei Matthäus auch gesagt: Nun erst fängt das eigentliche Geschehen an, denn bisher war er ein Kind, und jetzt kommt die Bewegung. Unmittelbar anschließend folgen die Geschichten von der Versuchung und von »kfar-nachum« – Kapernaum, wie wir sagen.

Vor dem eigentlichen Geschehen also liegt die Taufe, und die sollte jeder Mensch verstehen. Man darf nun aber nicht nur allein die Taufe buchstäblich nehmen und alles andere in der Bibel nicht. Man muß alles in der Bibel zuerst einmal dem Wesen nach aufnehmen, dann soll man sehen, was das Buchstäbliche bedeutet. Man darf nicht sagen: Wir halten das für eine Art Ritual, eine Gewohnheit und predigen und denken darüber nicht viel nach. Vielmehr sollten wir uns fragen: Was bedeutet eigentlich diese Taufe, die da am Anfang steht? Denn so wie bald nach der Geburt des Menschen die Taufe an ihm vollzogen zu werden pflegt, so auch hier, und das bedeutet also Hoffnung, oder auch: es wird sichtbar, was durch die Zeit bedeckt war. Wenn wir die Zeit alles bedecken lassen, gibt es keine Taufe, auch nicht, wenn wir sagen: Es war damals so und so. Darauf antworte ich: Du hast es die Zeit bedecken lassen. Was bedeutet schon »damals«? Ist Gott nicht ewig, ist die Erlösung nicht ewig? Wenn es nur damals war, kann ich wieder so sagen, wie ich immer sage: Interessant – aber was habe ich damit zu tun? Damals – inzwischen ist vieles geschehen; was bedeutet es jetzt für mich? Wozu bin ich da? Es ist doch sehr wichtig, daß ich da bin. Was will Gott von uns? Ich muß also die Zeit einsammeln, denn ich bin in der Zeit von der Zeit bedeckt, und ich komme aus der Zeit heraus, werde sichtbar, steige aus der Zeit heraus und stehe. Das Wasser ist da, und ich bin da. Immer geht man durch eine Zeit hindurch, bevor man neu geboren wird.

Bekanntlich findet auch beim Auszug aus Ägypten eine Art Taufe statt. Man geht in das Meer hinein, ertrinkt fast, aber dann spaltet sich das Meer, und man findet sich wieder im Trockenen. In den alten Erzählungen über den Auszug aus Ägypten heißt es immer: Man geht zuerst bis zu den Lippen ins Wasser, und dann spaltet es sich.

Am Ende der Wüstenwanderung, am Ende der 42 Stationen, kommt man an den Jordan– »jarden«, wie es im Hebräischen lautet – und geht wiederum durch das Wasser hindurch, das sich spaltet. Das Wasser ist stets eine Grenze, ist eine Zeit, die man durchschreiten muß. Aber man muß sie auch wirklich durchschreiten, darf nicht an ihr stehen bleiben. Gott tut schon das Wunder, daß die Zeit sich spaltet. Wenn du nur verstehst, daß es dich ja danach verlangt, es einmal zu wagen, in die Zeit hineinzugehen, damit sie sich spaltet, und du daran glaubst, daß Gott dir schon helfen wird. Man denke auch daran, wie beim Durchzug durch den Jordan die Lade mit den Tafeln, auf denen Gott sein Wort in Stein gemeißelt hat, unbenetzt bleibt. Für ewig steht das Wort, wie Himmel und Erde, und dann spaltet sich die Zeit, und man kann im Trockenen hindurchschreiten.

Aber man muß immer verstehen, was diese Welt der Zeit ist, ist es doch die Welt, in die wir hineingeboren werden. Wir müssen verstehen, daß wir aus dieser Welt der Zeit als Ganzes hervorgehen werden. Unsere Hoffnung ist es eben, daß sich die Zeit zurückzieht, eingesammelt wird an anderen Orten, die wir übersehen können, während wir im Trockenen sind. Deshalb steht hier auch am Anfang des Matthäus die Geschichte von

Johannes dem Täufer, der, wie wir sagen, die Menschen zu taufen beginnt.

Wer ist nun dieser Johannes? Wie wir bereits wissen, lautet der Name im Hebräischen Jehochanan. Die ersten drei Buchstaben, Jeho, sind vom Namen des Herrn, während »chanan« den Begriff des Sich-erbarmens, Gunst-gewährens darstellt. Es bedeutet eigentlich eine Gunst, für die man nichts getan hat, die man nicht verdient. Es ist jedenfalls kein Lohn, keine Antwort, sondern die erste Mitteilung, die schon gleich eine Gunst ist. Es handelt sich also um etwas, das schon als Grundlage da ist. Bevor du überhaupt nur reagieren kannst, ist sie schon da. Das also bedeutet dieser Begriff »chen« und »chanan«, wie es ja auch den Namen Chananja gibt, der in der Übersetzung ebenfalls »Gott gibt Gnade, Gunst« bedeutet, wobei »ja« als Gottesname hier am Ende steht. Das heißt, mit dem Begriff des Taufens ist etwas gemeint, das schon beim Menschen, im Menschen ist. Er soll verstehen, es ist eine ihm gewährte Gunst, daß er getauft werden kann. Es ist mithin etwas anderes als die Beschneidung.

Oft bringt man diese beiden Begriffe zusammen, und doch ist das schon deshalb nicht ganz richtig, weil die Beschneidung sich zuerst einmal nur auf das Männliche erstreckt, während der Begriff des Taufens auch für das Weibliche im Judentum gilt. Auch das Beschneiden ist eine Tat, die der Mensch verstehen muß. Sie wird mit ihm vorgenommen, wenn er in den achten Tag kommt. Wenn wir schon ungefähr wissen, was der 6., 7. und 8. Tag bedeuten, verstehen wir das. Am achten Tag will sagen, in einer kommenden Welt, eigentlich in der Welt, auf die wir hoffen, weil dann das Wasser eingesammelt sein wird. Am achten Tag wird das Umhüllende, das Umringende, was man die »orla«

nennt, hinweggenommen werden, damit das Wesentliche sichtbar werde.

Eigentlich kann man sagen: Da ist es auch wieder das alles bedeckende Wasser, das hinweggenommen wird, damit das Wesentliche sichtbar werde. Das ist richtig, darin gleichen sich Taufe und Beschneidung. Der Unterschied aber ist dieser: Bei der Beschneidung erwartet man, daß der Mensch auch mittut, daß er eigentlich auch von sich aus die Beschneidung begehrt. Daß aber die Beschneidung eigentlich nur das Männliche betrifft, will folgendes besagen: Das Männliche im Hebräischen heißt »sachar«, das mit Erinnerung identisch ist, also mit dem im Menschen, das alles Vorherige in sich hat. Und weil all das Vorherige von Uranfang an den Menschen begleitet, soll er beschnitten werden, damit die verdüsternde Umhüllung weggenommen wird. Da wird also vom Menschen eine Aktivität erwartet, während bei der Taufe gesagt wird: Die Taufe ist etwas, das dir schon von vorneherein gegeben worden ist. Es ist etwas, das du auf jeden Fall bekommen könntest, das dir schon als Gunst zuvor bereitet worden ist, wenn du in diese Welt kommst, in der du die Erlösung erfahren kannst.

Johannes der Täufer

Deshalb heißt derjenige, der tauft, Jehochanan, gräzisiert Johannes, und deshalb tauft er im Jordan. Der Jordan, »jarden« ist, wie wir schon wissen, die Grenze zwischen dem siebten und achten Tag. Die Wüstenwanderung, davon haben wir auch gesprochen, bedeutet den Gang durch den siebten Tag, so wie Ägypten den sechsten Tag darstellt. So gelangt man schließlich an den Jordan, an die Grenze zum achten Tag. Und das Stehen an dieser Grenze ist der Sinn der Taufe.

Wir verstehen also, es muß nicht sein, daß man sich entsprechend der geographischen Lage heute noch im Jordan taufen läßt, es spricht aber natürlich auch nichts dagegen, es will nur sagen: Jede Taufe soll eben diese Taufe sein, an der Grenze zwischen dem siebten und achten Tag, dort, wo man sich bewußt wird: Wir kommen jetzt in eine andere Welt. Und deshalb heißt auch der Ort der Taufe »mikweh«, Hoffnung, die Einsammlung der Wasser. Denn hier ist Hoffnung, hier wird sie eigentlich erfüllt. Das ist der Ort, an dem das Wort Hoffnung zustandekommt, daß es sich erfüllt, indem man sagt: Hier ist nun die Hoffnung, wir haben die neue Welt, wir steigen heraus aus der Zeit-Welt in die neue Welt.

Deshalb will auch Jesus getauft werden. Er kommt, so kann man sagen, aus dem siebenten Tag und geht in den achten, wie auch Joschua im Alten Testament aus dem siebenten Tag, aus der Wüste, kommt und in den achten Tag führt. Jesus erscheint nicht plötzlich als jemand, der aus einer anderen Welt kommt. Nein, er erscheint hier im siebenten Tag, wird geboren, ist auch in Ägypten gewesen, im sechsten Tag, und kommt über Ägypten nach Kanaan, nach Galil, und kommt dann zum Jordan und gelangt aus dem siebenten in den achten Tag. Das also will die Taufe sagen, so wie die Beschneidung sagen will: Wir wollen uns für den achten Tag bereitmachen, und das will beim Menschen dem Sinne, dem Wesen nach heißen, er soll tatsächlich verstehen, daß die Beschneidung eine Verbindung mit Gott herstellt. Das Umhüllende bei allem und speziell bei allem, was man zeugt, wird hinweggenommen, damit das Menschliche gesehen wird. Das Umhüllende ist nur da, damit das Wesentliche während der sieben Tage geschützt werde. Wir könnten ohne diese Umhüllung gar nicht existieren. Im achten Tag aber wird die Umhüllung weggenommen, wie auch der Brauch ist. Sie wird nicht ganz hinweggenommen, sondern nur zum Teil und etwas weiter zurückgebogen, damit sie immer noch da sei. Die Umhüllung bleibt teilweise, das Wesentliche aber, der Kern, wird sichtbar. So soll man es verstehen.

Daher wird auch gesagt, wenn der Mensch im Garten Eden, im Paradies ist, dann wird ihm bedeutet, er solle den Garten bearbeiten und schützen. Dazu sagt die Überlieferung: Das Bearbeiten bedeutet, er soll den Garten mit Wasser begießen, und das will sagen, man soll, was man in der anderen Welt erfährt und sieht, mit der Zeit begießen, mit der Zeit aus dieser Welt in Verbindung bringen. Nur so kann der Garten gedeihen, sonst verkümmert er, weil er nicht mit dem Leben dieser Welt in Verbindung gebracht wird.

So ist es auch bei der Beschneidung: Man darf die Umhüllung nicht vollständig wegnehmen, wie gesagt wird, es soll hier ein Teil bleiben, und dieser Teil zeigt: Umhüllung bleibt, ist aber nicht mehr so wichtig. Es ist etwas, das zurückgedrängt wird, aber noch lebt. So wie Gott durch die Propheten über Ägypten sagt: Ägypten wird viel weniger wichtig sein, ich schlage es, aber es bleibt. Der Körper bleibt, spielt aber nicht mehr die Rolle, die er oft beim Menschen hat, daß er ihn verführt und triebhaft und instinkthaft mitzieht, ihn hierhin und dorthin bringt. Das ist, wenn der Körper vorherrschen darf, wenn Ägypten regiert und die Seele, Israel, unterdrückt.

Die Taufe will also sagen: Sie findet an der Grenze vom siebten zum achten Tage statt. »Jarden« wird immer erklärt als »jore dan«, als etwas, das von oder aus Dan abfließt. Dan ist der fünfte Sohn Jakobs. Dan ist das

Körperliche im Menschen, das Gesetzmäßige; und im Körperlichen, im Gesetzmäßigen wird eigentlich auch alles geboren. Es muß sich aber davon befreien. Schimschon zum Beispiel ist aus Dan, und Schimschon fängt an zu erlösen, aber er geht dabei unter. Diese Taufe nun im Jordan will sagen: Hier ist der Übergang. Und alles zieht nun hin und freut sich darauf, in den achten Tag zu kommen, will die Hoffnung verwirklicht sehen und glaubt, nun sei der Moment gekommen, wo die Hoffnung wirklich eingelöst wird.

Wir werden sehen, daß es geschieht. Alles zieht hin zum Jordan, und da sagt nun Johannes zu den Pharisäern und Sadduzäern: Was wollt ihr eigentlich hier, und was glaubt ihr? Glaubt ihr, wenn man das tut, sei damit eigentlich schon alles getan? Es gehört doch noch dazu, daß ihr jetzt auch versteht, daß es um die Frucht geht. Nun ist der Moment des Übergangs in den achten Tag gekommen, wo sich zeigen wird, ob alles Vorherige verstanden wurde und man den Sinn des Lebens erkannt hat.

Der Pharisäer im Menschen ist dasjenige – wir werden noch ausführlicher darüber sprechen –, was sich gern vom anderen abtrennt und bei sich selbst das Gefühl nährt, weil er tatsächlich auch den richtigen Weg geht, er gehe für sich den richtigen Weg. Was brauche ich den anderen, ich scheide mich ab und trenne mich von ihnen, ich isoliere mich. Wenn ich mich nur mit meiner Gruppe gut verstehe, dann interessiert mich der Rest nicht. »Peruschim« im Hebräischen leitet sich von »parusch« ab, was sich abtrennen bedeutet. Es besteht also im Menschen die Neigung zu sagen: Also, wir sprechen die gleiche Sprache, ähnlich wie man im Deutschen sagt, wir sind doch Brüder, wir haben uns verstanden, die anderen aber verstehen nun einmal nichts, sind sündig und haben sich die Hölle verdient und alles mögliche andere an Pein und Leid. Die werden schon noch etwas erleben.

Das Schlimme an dieser Eigenschaft des Menschen ist, daß es ihm eine ganz starke Ichbezogenheit, einen Egoismus verleiht. Der Mensch hat dann das Gefühl: Wenn *ich* nur den richtigen Weg gehe, fein, so reibe ich mir die Hände, ich sehe, daß ich die Wahrheit erfahren habe, und wenn ich die anderen anschaue – die wissen eben nichts und wollen ja auch nichts wissen. Das ist eine ganz gefährliche Eigenschaft im Menschen, in jedem Menschen. Und diese Eigenschaft verleiht eine Art Überheblichkeit, eine Art Hochmut, so daß man eigentlich auch von der Erlösung, selbst wenn sie erscheint, nichts wissen will, weil man sich eine Erlösung vorher schon konstruiert hat. Man weiß es schon viel besser, wie die Erlösung ist. Man hat es sich bei sich selbst schon ausgedacht. Man ist ja auch fromm.

Die Pharisäer in der Geschichte und die Pharisäer im Ewigen, im Wesentlichen, sind immer die Menschen, die es sehr gut meinen, die sich opfern, die Tag und Nacht das suchen und danach leben wollen. Aber man soll aufpassen, weil man damit auch in sich den Keim und die Möglichkeit hat, die Anderen zu vergessen, indem man sagt: Wir, unsere Gemeinschaft, wir wissen es.

Über die Sadduzäer haben wir ebenfalls, wenn auch nur kurz, gesprochen. Sie sind, wie man sagt, diejenigen, für die nur diese Welt entscheidend ist. Sie richten ihre Taten, ihr Denken und Nachdenken nur auf das Geschehen in dieser Welt. Von der anderen sagen sie: Sie ist für uns nicht real, sie mag ja schon sein, oder eher nicht sein, wir wissen es nicht, es geht ja nur um das Hier, um das Diesseits. Deshalb sagt man in unserer jüdischen Überlieferung, daß die Sadduzäer die andere

Welt und die Auferstehung der Toten leugnen, weil sie in ihrem Streben keine Ahnung haben vom Begriff des Todes und von der Auferstehung.

Sie haben keine Ahnung, was Auferstehung bedeuten könnte. Für sie ist diese Welt entscheidend. Was sagt diese Welt, was sagt diese Autorität, was sagt die Politik, was sagt der Präsident dieses oder jenes Staates? Was sagt ein Bündnis in dieser Welt? Das ist stets die Haltung der Majorität in der Welt und auch im Menschen. Der Säddduzäer ist das Stärkste im Menschen.

Der Mensch hat sowohl den Pharisäer als auch den Sadduzäer wie auch den Essener in sich. Er hat alle drei in sich, aber die Sadduzäer, die »zedokim« im Hebräischen – wobei das k aus mir unbekannten Gründen zum z geworden ist – sind im Menschen selber immer die Mehrheit. Eigentlich schaut er in seinem Leben doch, was der andere sagt, was die Zeitung sagt, was man in der Versammlung sagt und wieviele Leute da waren. Man würde kaum wagen, zu einem Einzigen zu sprechen, denn eine solche Versammlung wäre zu klein. Die dritte Gruppe im Menschen stellt eine Eigenschaft dar, die dem Menschen ähnelt, der sich einerseits aus der Welt zurückzieht, andererseits aber die Welt nicht vergißt.

Wenn Gott zum Menschen sagt: Seid fruchtbar und mehret euch, so ist das auch für den achten Tag gemeint. In der kommenden Welt soll für dich eine Frucht da sein. Der Mensch ist ja auch in der Schöpfungsgeschichte die achte Schöpfungstat, während das Tier die siebente ist, und in der sechsten Schöpfungstat Fische und Vögel entstehen. Und deshalb meint man mit der Frucht den Menschen des achten Tages. Taufe bedeutet also, daß man da, wo die Zeit eingesammelt wird, an einer Grenze steht: Dort tauche ich unter, steige wieder hinauf und bin nun in der neuen Welt. Aus dem siebenten Tag gehe ich durch den Jordan in den achten Tag hinein.

Deshalb auch trägt Johannes einen Mantel von Kamelhaar, denn Kamel, im Hebräischen »gamel«, ist identisch mit dem Gimel, mit dem Begriff der Drei, mit dem dritten Buchstaben, dem Dritten überhaupt.

Beim Dritten ist eben immer die Wahl, beim Dritten ist auch die Zweiheit. Beim Dritten werden aber auch, wie ich schon erzählt habe, die Wasser eingesammelt, und das Trockene wird sichtbar. Beim Dritten kann man von der Taufe Gebrauch machen, kann sie verstehen, kann aber auch sagen: Ich will sie nicht. Das Dritte bietet die Alternative. Am dritten Tag kommt eigentlich schon der Baum des Lebens, der Baum der Erkenntnis kommt, die Pflanzen kommen und damit auch die Wahl, ob man von diesem oder jenem nimmt.

Johannes zeigt es auch denjenigen, die sich anbieten und sagt zu ihnen: Ihr kommt und glaubt, es gehe so automatisch? Ihr habt jetzt die Wahl. Wißt ihr, was ihr jetzt wollt? Tut ihr das tatsächlich um der Frucht willen? Versteht ihr, daß eine neue Welt anfängt?

Und der lederne Gurt will auch sagen, daß der Gürtel die Unterscheidung im Menschen darstellt. Nicht nur, wenn er ihn trägt, auch wenn er ihn nicht trägt, hat der Mensch einen Gürtel, der zwischen dem Unteren und dem Oberen trennt.

Wie wir bereits sahen, ist das Untere im Menschen das Triebhafte, was ihn beherrschen könnte, das Obere aber dasjenige, von dem es heißt, es solle herrschen als König über das Untere. Das Untere wünscht die Krone für das Obere. Das Untere ist erst befriedigt, wenn der König eingesetzt und gekrönt ist. Das Untere sucht also die Beherrschung durch das Obere, weil es seine Befreiung darstellt. Und deshalb soll der Mensch wissen: Da ist ein Gürtel, darunter ist das Tier. Das Leder braucht man stets auch für Schuhe, man steht dann auf dem Tier. Hier, im Gürtel, trennt es das Untere vom Oberen.

Die Taufe will also sagen: Du verstehst nun den Sinn, das Untere soll fortan dein Diener sein, denn dann ist es befreit, ist es vom König beherrscht. Taufe kann nur sein, wenn das so geschieht. Sie will also mitteilen: Es ist dem Menschen schon von vorneherein gegeben, daß er sich erneuern und daß er neu geboren werden kann. Er muß aber verstehen, was er tut. Es ist ihm schon bei der Geburt oder doch kurz nachher als ein Zeichen geschenkt worden. Du hast es schon und brauchst nicht mehr dafür zu arbeiten. Aber jetzt im Leben, wenn du weiterlebst, sollst du bis zum Ende des Lebens verstehen, daß dich jeder Tag vor die Wahl stellt: Wird dieser Tag für mich neu geboren oder wird er für mich eine Routineangelegenheit sein? Die Neugeburt soll nicht einmal, sie soll täglich geschehen. Deshalb ist es im Judentum auch ein frommer Brauch, daß man jeden Tag tauft, sich selber untertaucht und dabei sagt: Jeden Tag ist das Neugeborenwerden. Zumindest tut man es einmal in der Woche, und je nachdem, wie man sich dazu genötigt fühlte, vollzog man ein richtiges Untertauchen im Wasser, um damit anzudeuten: Ich tue das, weil es im Wesentlichen bedeutet: du sollst jeden Moment neu geboren werden, jeden Tag und auch jeden Moment; was immer dir begegnet, was du erfährst, sollst du neu sehen. Dem Menschen, dem du gestern begegnet bist – er war ein wenig schläfrig, während du es nicht warst –, heute begegnest du ihm auf neue Art. Neugeboren sollst du sein, sollst nicht sagen: Ach, mit dem Menschen ist nichts los. Heute bin ich neu getauft, bin ich neu geboren. Man sagt auch, wenn du aus dem Schlaf erwachst, ist es, wie wenn du neu geboren würdest. Und der Brauch ist dann auch, wenn man nicht untertaucht, daß man sich wenigstens dreimal die Hände mit Wasser übergießt, damit sagt man: Was ich tun werde, soll neu sein, es soll nicht vom Vorherigen bestimmt sein; denn Gott macht die Schöpfung jeden Tag neu, und so will er es und hofft auf die »mikweh«, die Tikwah, daß der Mensch dann auch neu geboren wird, d. h. neu aus der Zeit heraussteigt und nicht sagt: Dieser Tag heute ist der 12. Juni, gestern war der 11., morgen wird der 13. sein, und so geht es immer weiter; dann habe ich wieder einmal Geburtstag, dann kommen Vatertag und Muttertag und weitere schöne Tage. Und so lebt man in der Routine weiter und weiter. Es ist ein Schlaf, ein Tod, und deshalb bedeutet das Getauftwerden: Es wird dir am Anfang deines Lebens geschenkt, und nun verstehe, es ist für dich entscheidend, daß jeder Tag neu ist.

Man muß nicht tun, wie es im orthodoxen Judentum getan wird. Das steht jedem frei. Das ist kein Zwang für den Menschen. Man kann es, aber man braucht es nicht zu tun. Aber es wäre eine Aufgabe für den Menschen, jeden Tag zu verstehen, wenn er wach wird, es ist ein neuer Tag, und alles ist neu geboren und auch die Chancen sind für jeden ganz neu wie bei der Schöpfung, wie bei der Erlösung. Und jeder Mensch, dem ich heute begegne, ist neu für mich da, und ich kann daher nicht sagen: Der versteht es ja doch nicht. Im neuen Tag ist es neu, das bedeutet jene Taufe, die ewig ist, wenn sie ihrem Wesen nach verstanden wird. So wie bei der Beschneidung soll das Wesentliche auch immer sichtbar sein und soll zeugen. Nicht das Umhüllende soll zeugen, sondern das Wesentliche. Zeugung aber bedeutet jede Begegnung mit Menschen, jede Begegnung mit Dingen, mit Erfahrungen, mit einem Buch – sie ist immer neu.

Das Wesentliche soll man sehen, mein Wesentliches soll versuchen, im anderen das Wesentliche aufzuspüren, ihm zu begegnen und zu sagen: Jetzt haben wir uns richtig erkannt. Die Wasser, die es immer bedeckt hatten, wie die Sintflut die Erde bedeckt, sind der Untergang. Wenn die Zeit die Erde bedeckt, ist es schrecklich. So wie die Kinder der Kinder Israel ins Wasser geworfen werden müssen, damit sie vom Wasser bedeckt werden und untergehen. Aber dort gelangt schließlich Moses in die »Teba«, das Wort, und wird zum Erlöser. So soll ich das Wasser verstehen, das die Welt bedeckt, die Zeit, die mich immer wieder bedrängt und mir sagt: Sieh, was ich dir sage und wie ich es sage! Nein, entgegne ich darauf, ich will lieber sehen, wie die Zeit eingesammelt wird.

Auch das Neue Testament will ich lesen, wenn die Zeit eingesammelt ist. Wenn man mir sagt: Das war damals so und so und zeigt mir Bilder von dort und dort, dann antworte ich immer: Das ist Heidentum, reines Heidentum, und es tut mir leid, wenn ich das in aller Öffentlichkeit sagen muß. Das ist eben nicht die Art, wie das Neue Testament gelesen werden will, das auf der Hoffnung beruht, daß die Taufe stattgefunden hat, die Zeit eingesammelt ist, man aus der Zeit aufsteigt und, von der Zeit befreit, alles als ewig ansieht. Ist es aber nur Zeitgeschichte, die einmal geschehen ist, kann man es nur anderen aufzwingen, im Guten oder Bösen aufzwingen. Ist es von der Zeit befreit, hat jeder leicht Zugang dazu. Er ist dann vollkommen frei, weil er sich sagen kann: Ja, es ist immer da, auch heute, kein anderer Mensch gibt es mir, sondern Gott allein.

Jeder hat diese Taufe selber, jeder steht selber bei diesem Punkt, an dem ihm das begegnet, und jeder soll selber wissen, was es bedeutet, daß er aus dem Wasser aufsteigt, die Wasser eingesammelt sind und er die Geschichte von der Zeit gelöst, über der Zeit stehend versteht.

Wenn er diese Geschichten des Neuen Testaments liest, soll er sie so lesen wie eine Geschichte, die immer da ist, jeden Tag. Ich darf nie sagen: Es war. Wenn man hebräische Texte übersetzt: Es war dann und dann, so ist das eigentlich falsch übersetzt. Denn die Geschichte war einmal, sie ist, und sie wird sein.

Weil das Hebräische das eben so in sich hat, die Zeit als etwas Relatives zu sehen, sollen wir verstehen: Zeit umhüllt uns, damit wir erlöst, auch aus der Zeit erlöst werden. Das ist das Hineinsteigen in die Zeit und das Heraussteigen aus der Zeit. Es ist das Gehen nach Ägypten und das Heraufsteigen aus Ägypten. Immer wieder das Untertauchen und das Herauskommen. Es ist der Weg der Schöpfung, das Einatmen und das Ausatmen, das Schlafen und das Erwachen. Immer dieser Rhythmus hin und zurück, das ist eben der Sinn des Ganzen. Von daher sollte man einmal weiter über die Taufe nachdenken, so daß man sich jeden Tag taufen läßt, durch diese Urtaufe, die jedem Menschen, dem die Bibel begegnet ist, tatsächlich in seinem Schicksal erzählt: Du sollst verstehen, daß am Eingang des Ganzen die Erlösung steht.

Taufe mit Feuer und Heiligem Geist

Ich möchte noch über eine andere Taufe sprechen, von der in unserem Zusammenhang ebenfalls gesprochen wird, nämlich von der Taufe mit Feuer und Heiligem Geist; denn es will sagen: Die Welt, von der auch bei der Schöpfung erzählt wird, ist eigentlich auf drei Arten, man könnte auch sagen, auf vier Arten zu sehen.

Diese Dreiheit besteht darin, daß man auf der rechten Seite den Begriff sieht, den wir »Feuer« nennen, auf der linken den, den wir »Wasser« nennen und – eigentlich als Verbindung zum Ganzen – weil Feuer und Wasser wie ein Gegensatz aussehen, der Geist, der das Leben, das Dritte, das nach den Gegensätzen Neue, zustandebringt.

Nun ist dieses Leben, diese Welt, auf Wasser gegründet, wie es am Anfang von Psalm 24 ausgedrückt wird. Das heißt, wir haben die Zeit hier bekommen, bestimmt für diese Welt. Zeit drückt sich für uns auch so wie Wasser aus: Es ist ein Entstehen der Dinge aus etwas, von dem wir nicht wissen, woher es kommt. Der Zeit nach sollte es eigentlich ewig da sein, es kann kein Anfang und kein Ende sein. Wir wissen aber, so wie jedes Leben plötzlich erscheint, so sagen wir auch: Es scheint, daß es geboren wird, weil vorher Eltern da waren. Aber so wie es erscheint, sieht es wie etwas ganz Neues aus. Aus nichts, aus fast nichts, kommt es zu einer ganzen Entwicklung. Und Zeit ermöglicht nun, was wir die Entwicklungsphasen nennen. Es ist ein Nacheinander, ein Nebeneinander der Dinge, die eigentlich eine Einheit sind.

So ist eine jede Sekunde und jeder Teil einer Sekunde eine solche Phase, und so bildet sich das ganze Leben von Anfang bis Ende aus einer Folge von Phasen. In Wirklichkeit, wird gesagt, ist es eine Einheit. Die Phasen werden nur gegeben, das ist die linke Seite, aus »rachamim«, aus Erbarmen, aus Barmherzigkeit mit dem Menschen, damit er zurückkehren kann.

Wenn er in einer Phase töricht war, falsch gehandelt hat, schläfrig war, so kann er in der nächsten zurückkehren, eine Wende machen und sagen: Ich habe es eingesehen, es war falsch, ich handle jetzt anders. Deshalb wird die Zeit nebeneinandergelegt, heißt es.

Das ist das Wasser, auch das »Milchige«, das dem Menschen dann gegeben wird. Nur kann es ihm zuviel werden, so daß er eigentlich nur noch Zeit sieht. Dann ertrinkt er in der Zeit. Wenn er es aber als ein Geschenk betrachtet, kann er auf der Zeit leben, immer aber geborgen im Wort wie Mose im Kästchen – »teba« bedeutet bekanntlich »Wort« –, dann drängt er das Wasser zurück, das die Entwicklung in Phasen enthält, und er versteht nun auch: Was immer er getan haben mag, bis zum letzten Tage seines Lebens kann er umkehren. Wie auch ein alter Spruch in der Überlieferung sagt: Kehre zurück, kehre um zu Gott eine Stunde vor deinem Tode! Da fragt man natürlich: Wer kennt die Stunde vor dem Tode? Es könnte doch jede Stunde sein. Man soll also immerfort zurückkehren, sich umwenden. Das ist eben die Zeit, die dem Menschen gegeben wird: Was er auch getan haben mag, er kann zurückkehren. Er ist nie verloren, deshalb ist die Zeit da.

Und das Getauftwerden mit der Zeit, das durch die Zeit Hindurchschreiten, will sagen: Man hat nun einmal dieses zeitliche Leben, sieht die Zeit auch weiterhin, steht aber darüber und weiß zugleich: Zeit ist immer da. Das Wasser fließt immer weiter. Aber, wird auch gesagt, verstehe gut, es könnte im Wesentlichen anders sein – und es ist auch anders. Denn der Gegensatz, der andere Teil des Wassers, ist eben das Feuer, und das Feuer verzehrt auf einmal, das Feuer frißt es gleich. Wenn man über Gottes Zorn spricht, vor dem man sich fürchtet, so will das heißen, Gott könnte urteilen, ohne mit der Möglichkeit zu rechnen, daß der Mensch noch eine Rückkehr vollzieht: So, es war falsch – Schluß mit dir! Darum bittet man um Erbarmen, um Gunst, um die Gnade Gottes und sagt: Gib mir Zeit, und du wirst sehen, ich werde mir diese Chance nicht entgehen lassen, aber gib mir Zeit. Wenn du jetzt gleich urteilst, in dem Moment, wo ich falsch gehandelt habe, so habe ich keine Chance mehr. Vernichte mich nicht!

Auf der anderen Seite aber wird gesagt: Wenn du nicht verstehst, welche Gnade dir in der Welt der Zeit widerfährt, daß du in Phasen lebst und deshalb fortwährend zurückkehren könntest, so hast du eigentlich jeden Tag verspielt, hast jeden Tag getötet, an dem du die Rückkehr nicht vollzogen hast. Du hast ihn verlorengehen lassen mit allem, was an Möglichkeiten, an Leben mit ihm da war. Was an Freude und Glück da war, hast du gestrichen und vernichtet, verstehe das. Deshalb wird gesagt: Begreife gut, diese Welt ist nicht die ganze Welt. Die ganze Welt hat auch die Seite des Feuers. Ein Durchgehen durch das Feuer würde bedeuten, daß deine Existenz hier ganz aufhört. Wenn der Geist, der Heilige Geist, spricht, dann wirst du aus dieser Welt herausgezogen. Deshalb wird auch in diesem Zusammenhang das Bild von der Tenne gegeben, auf der Spreu und Weizen geschieden werden. Wir wissen, daß Weizen die Entwicklung, den Weg des Wachstums darstellt. Deshalb steht am Ende der Entwicklung, wie bereits gesagt, das Haus des Brotes, »beth lechem«. Wenn der Weizen geschnitten ist, kommt er – ehe er zu Brot wird – auf die Tenne. Dort wird die Spreu vom Kern getrennt. Die Spreu wird verbrannt, der Kern aufbewahrt. Das will sagen: Verstehe doch als Mensch, daß du auch etwas zu tun hast mit einer Welt und dazu gehörst, die nicht nur auf dieser Seite, beim Wasser, steht. Du bist überall da, fürchte dich nicht. So wie du hier geführt und gelenkt wirst und dir am Anfang Gnade gegeben wird, so auch dort. Aber es kommt eine Zeit, in der tatsächlich die Umhüllung so geschlagen und verbrannt wird, daß nichts mehr von ihr übrigbleibt. Wie auch bei den

Propheten gesagt wird: Am Ende ist das Haus Esau wie Spreu, und das Haus Jakobs und Josefs die Flamme, und sie wird die Spreu verbrennen. Vergiß nicht, was dein Körper ist, eben das Haus Esau. Esau ist der Körper. Wenn wir uns selber auch durch den Körper regieren lassen, dann herrscht Esau, wie es immer bei vielen Menschen ist.

In der Welt, wie wir sie kennen, hat der Mensch alles in sich. Verstehe gut, bevor das Brot entstehen kann, muß die Spreu verbrannt sein. Verdränge das nicht. Es hat Generationen gegeben, von denen du gar nicht mehr weißt, wo sie sind. Sie sind ins Grab gesunken, zum Teil sogar verbrannt, richtig verbrannt und zum Teil auf andere Art verzehrt. Sogar ihr Skelett ist nicht mehr da, es ist nichts mehr da. Du würdest sagen: Ja, wo sind sie? Der Kern dessen, was ins Leben kommt, ist immer da und wird immer auf der Tenne eingesammelt. Die Spreu aber ist verbrannt. Verstehe die Taufe auch so, daß du nicht Angst hast vor einer anderen Taufe. »Der nach mir kommen wird«, sagt Johannes, »der wird anders taufen.« Verstehe das gut, sei nicht derart in dieser Welt, daß du sie festhalten willst und sagst: Nur dies ist real, und alles andere gibt es nicht. Von jedem Ding, das du hier siehst, gibt es die Gegenseite. Alles hat sein Anderes. Wenn du hier als Körperliches erscheinst und du sogar zu sehen vermagst, wie das Körperliche verschwinden kann, so verstehe, wie du als Sichtbares erscheinst, so bist du auch als Unsichtbares, als Verborgenes zur gleichen Zeit da. Wie die Taufe hier im Sichtbaren an deinem Körper geschieht, so auch im Unsichtbaren an dem anderen.

Wo der Körper verbrannt, verzehrt ist, steigt das Andere tatsächlich auf, denn die Spreu, die Umhüllung hält es nicht mehr fest. Wir sehen immer, in allen Bildern wird die Umhüllung weggenommen. Bei der Beschneidung wird das Umhüllende, bei der Taufe wird das umhüllende Wasser, beim Weizen die Spreu weggenommen. Wir sollen verstehen, so wie wir hier sind, sind wir umhüllt, aber es ist etwas Verborgenes da, nicht in unserem Körperlichen, sondern tief in unserem Wesentlichen. Dort, wo wir durch unseren Körper denken, glauben und hoffen können, dort ist ein Kern, der unsterblich ist, der wie der Kern des Weizens weitergeführt wird, bis hin zur Tenne. Dann wird er sogar gemahlen und zu Brot gemacht. Aber er ist ein Teil des Ganzen, der bleibt. Nichts geht verloren, alles bleibt, denn der Kern ist eigentlich auch das Fruchtbare, durch ihn kommt das neue Leben. Die Saat ist der Kern, das andere ist unwichtig. Durch die Saat kommt es zustande. So soll man, wenn man hier die Taufe vollzieht, verstehen, daß gleichzeitig auch die andere Taufe da ist. Die Verbindung mit der anderen Taufe geschieht durch den Heiligen Geist, der eben erlöst, der hinführen kann. Das sehen wir auch bei der Taufe Jesu. Wie zuvor gezeigt wurde, kommt auch er aus dem siebenten Tag und geht in den achten. Er ist nicht eine Erscheinung, die nur im achten Tage gilt. Durch den ganzen siebenten Tag geht sie hindurch, ja kommt eigentlich sogar aus dem sechsten, aus Ägypten.

Bei der Erlösung geschieht es dann auch tatsächlich, daß man sagt: Sieh, jetzt kommt die Taube zurück. Die Taube, die am Anfang wie Jonah ausgesandt wird, damit sie den Weg durch die Welt gehe mit dem Menschen. Taube heißt im Hebräischen »jonah«.

Beim ersten Untergang der Welt, könnte man sagen, in der Zeit, wenn die Zeit die Welt völlig bedeckt, wie das bei der Sintflut geschieht, ist es die Taube, die die Botschaft von der Rückkehr bringt. Die Taube ist dann auch immer wieder die Botschaft, und die Botschaft ist der Heilige Geist, hebräisch »ruach ha-kodesch«. »Ruach« ist nicht allein Geist, sondern auch Richtung, Wind. Es will sagen, daß etwas von anderswoher zu uns kommt. Es ist etwas, das das andere mit uns verbindet. Denn so wie die Zeit eine Illusion ist, so ist auch Raum eine Illusion. Wir sagen, wir seien durch den Raum getrennt, so wie wir auch sagen, wir seien durch die Zeit getrennt. Das ist aber nur so, weil sich der Mensch fürchtet, aus dem Wasser herauszusteigen.

Das Wasser spielt eine große Rolle. Sobald wir nach der Versuchungsgeschichte in der Wüste weiterlesen, stoßen wir wieder darauf: es folgt die Erzählung von den Fischern am See. Wir sehen, es geht immer darum, aus dem Wasser herausgezogen zu werden, wie die Fische von den Fischern aus ihrem Element herausgezogen werden. Das heißt: Aus der Zeit herausziehen ist zugleich auch aus dem Raum herausziehen. Wir fühlen uns durch den Raum getrennt, weil wir den Raum so wichtig nehmen. Wir sollten uns eigentlich viel mehr »einsfühlen«, als einer, wenn wir das Wesentliche wichtiger nähmen. Wir sagen: Wir fahren dann gleich weg, der eine hierhin, der andere dorthin. Dann verstreicht wieder eine Zeit, und der Raum trennt uns wieder. Das ist schade, denn so wie wir die Zeit überwinden sollten, so sollten wir auch den Raum überwinden.

Der »ruach«, von uns mit »Geist« übersetzt, ist mit der Entwicklung der Zeit unter den Menschen zu etwas Fremdartigem geworden, vor dem man sich fürchtet. Oder man sagt: Was ist nun überhaupt Geist? Geist ist eben die Verbindung. Durch den »ruach« verbindet sich das eine mit dem anderen. Wie auch gesagt wird: Wenn ich einen Gegenstand sehe, so bedeutet es, daß meine Augen und der Gegenstand eins sind. Wenn ich eine Stimme höre, bedeutet es, daß der Mund, der das sagt, und mein Ohr eins sind. So heißt es im alten Wissen.

Wir finden das heute ein wenig komisch und fragen, wie das sein könne? Aber es ist eben doch so, denn durch Raum ist der Tod da, durch Raum sind wir getrennt, vergessen, werden einander fremd. Wenn wir den Raum aufheben könnten, bliebe eine Art Einheit, die viel weiter reichte als eine Bruderschaft. Wenn die Mitglieder einer solchen Bruderschaft erklären: Wir sind Brüder und Schwestern, so antworte ich: Ganz schön, aber ihr geht auch einmal auseinander. Es sollte so sein, daß der »ruach« bindet und uns zu einem Ganzen macht, so daß man einander nicht mehr losläßt. Der »ruach ha-kodesch« ist der Geist, der ganz macht, der alles, was getrennt ist, zur Ganzheit zusammenfügt. Das bedeutet dann auch Erlösung, wenn man das erkannt und den Erlöser als solchen erfaßt hat. Nicht als einen Lehrer, der das mitteilt oder als ein Medikament, das gegen alle Schmerzen, die man haben könnte, hilft. Nicht so! Ich schließe die Augen und gehe zum Erlöser; der wird mir helfen. Nein, so nicht. Er ist zu ernst, der Erlöser, zu wichtig. In bezug auf ihn kann man nicht sagen: Ich habe einen Wunderarzt, worauf dann ein anderer erwidert: Und ich habe einen besseren, und ein Dritter erklärt: Ich habe den besten Wunderarzt. Nicht in diesem Sinne ist der Erlöser Arzt, wie wir später auch bei der Besprechung der Heilungsgeschichten sehen werden.

Arzt im hier gemeinten Sinne ist derjenige, der den Menschen das Leben überhaupt gibt, für diese Welt wie für alle Welten. Wenn es nur für diese Welt wäre, so wären ja diese Heilungen Jesu auch nur relativ. Die Leute, die er geheilt hat, sind doch alle schon lange tot, könnten wir sagen. Sie sind damals wohl geheilt worden, haben vielleicht sogar noch lange danach gelebt, aber jedenfalls kam der Tag, da Kinder und Enkel sie beweinten und zu Grabe trugen und hätten sagen können: Ja, er hat es für damals getan, aber für ewig hat er doch nicht geholfen. So wäre die Geschichte, wenn wir sie gleichsam im Wasser liegen ließen. Holen wir sie aber aus dem Wasser der Zeit heraus, so bedeutet sie: Er hat das Leben für immer gegeben.

Und das ist die Erlösung: das Leben für immer geben. Es gibt Leben, die am selben Tage schon wieder verschwinden, das hat damit nichts zu tun. Ich weiß, ich kann nicht urteilen, als Menschen können wir das nicht sehen, aber es hat damit nichts zu tun. Heilung will jedenfalls sagen: Ganzmachen für das ganze Leben. Nun, so ist auch der »ruach ha-kodesch«, der Heilige Geist, er verbindet alles aus allen Welten mit dieser Welt.

Wenn ich an andere Welten denke, so bedeutet es, sie sollen ein Teil meines Lebens hier werden. Sonst ist »ruach ha-kodesch« ein schönes Wort, eine Phrase, die ich auch wieder benutze, um andere zu beeindrucken. Er soll vielmehr verbinden, und man soll verstehen, Verbindung – die wir in unserer heutigen Gesellschaft ganz verloren haben – bedeutet, es soll zuerst einmal zwischen den Menschen anfangen. Denn »den Nächsten zu lieben wie dich selbst« bedeutet: Werde eins mit ihm. Es bedeutet auch: »wie dich selbst« – wenn nicht wie dich selbst, so bleibt der Nächste immer ein andrer.

Über das Einswerden sagt die Überlieferung: Was geschieht in dieser Welt mit dem Menschen? Er bildet um sich herum Schalen, harte Schalen wie Nüsse, und er stößt den anderen, will ihn zerknacken, kaputtmachen. Er selbst aber will immer größer und härter werden, denn das macht ein Leben erfolgreich. Deshalb entstehen in der Gesellschaft, und je größer die Großstädte werden, immer härtere Schalen. Man will nichts vom anderen wissen, nur wie man ihn brauchen kann und der andere zu einem Teil des eigenen Einkommens wird. Aber der Geist soll eben verbinden und so zu einem Ganzen machen. Durch eine Täuschung in der Zeit meinst du, das eine und das andere würden weit auseinanderliegen.

Nein, sagt die Überlieferung, in der Bibel gibt es kein Vorher und Nachher. Die Bibel ist eine Einheit, ein Ganzes. Und so ist es auch im Raum. Es gibt kein Hier und Dort. Der Ruach verbindet es im Raume zu einer Einheit. Wenn du siehst und sprichst und hörst und erfährst etwas, so versuche doch, den anderen bei dir aufzunehmen, daß er mit dir eine Einheit bilde. Aber in dem Sinne, daß du ihn dabei frei läßt, und er doch mit dir eins ist, sonst hättest du ihn verschluckt, verschlungen, und er wäre nicht mehr da.

Es ist mir bewußt, man kann es in diesem Rahmen nicht vollkommen deutlich machen, aber man soll doch wenigstens anfangen zu verstehen: Nun will ich mit dem anderen so zu leben versuchen. Der andere soll zugleich mit mir einer sein. Ich will mich ganz hingeben, und er gibt sich mir, denn sonst gibt es keine Erlösung, sondern nur Rechthaberei: Ich habe mehr recht, ich habe es besser verstanden, oder er hat es besser verstanden. So kommen wir nie weiter. Die Erlösung aber ist eine ernste Sache. Man kann nicht mit ihr spielen, denn gerade mit dem Heiligsten soll man nicht spielen, sonst hat man es verdorben und verloren. Man soll die Erlösung sehr ernst nehmen und aufpassen, ob man nicht selber als ein Pharisäer hingeht und sagt: Hier bin ich, seht, wie gut ich stets war; ich habe es schon immer verstanden, ich habe viele Traktätchen und Bücher geschrieben. Lies es einmal nach, ich habe schon zuvor gewußt, daß es so kommen würde. – Das wäre pharisäerhaft. Man kann nur hoffen, daß man irgend jemandem von der Wurzel her geholfen hat, dort zur Frucht zu kommen, daß er merkt, die Wurzel ist die gleiche. Als Sadduzäer kann man sagen: Sieh, welchen Erfolg wir haben, wir haben Hunderttausende von Mitgliedern. Auch du müßtest froh und genauso glücklich sein, wenn du einer bist. Frage nicht den anderen, wenn er nicht da ist, und wenn er da ist, versuche eins mit ihm zu werden, aber nicht in dem Sinne, daß du ihn verschlingst. Vielmehr sollst du ihm seine Freiheit lassen und so versuchen, eins mit ihm zu werden, wer er auch sei.

Gott hat uns gezeigt, was wir auch wollen und auch erstreben, es gibt immer Menschen, die – zum Glück, möchte ich fast sagen – so weit entfernt von uns stehen, daß wir uns fragen: Sind das überhaupt Menschen? Ja, sie sind in Gottes Bild gemacht, haben genau solche Augen, Nase, Mund, Zähne und sind genau so treu, wenn ich sie näher kennenlerne. Und sind auch so hilfreich und opferbereit, obwohl sie nie von der Bibel gehört haben.

Wo also kommen die her, und was wollen sie? Ihre Wurzel ist doch die gleiche. Wenn ich mit ihnen eins werde, wenn ich sie liebhabe, auch als Fremde liebhabe, werden wir schon sehen, daß sie die gleiche Erlösungsgeschichte kennen und haben, vielleicht verschüttet, aber in der Wurzel eben doch, und dann wird die Frucht zustandekommen, und sie wird eine und dieselbe sein.

Die Versuchung

Das Ganze stellt den Anfang dar, nun ist er da. Unmittelbar darauf folgen die Versuchungen. Es geht dabei um Großes. Der Erlöser ist also nicht gleich fertig da und siegt. Wir fragen uns nach dem Warum. Wenn der Erlöser schon da ist und die Taufe stattgefunden hat, warum dann gleich dieser Angriff von der anderen Seite? Wenn wir weiter denken, dann fragen wir: Warum geht das alles so mühsam, mit so vielen Tränen, so vielem Elend, so vielen Verleumdungen? Wenn es mit dieser Botschaft der Taufe beginnt, wäre es nicht richtiger, daß gleich die »Armen am Geist« zu Jesus kommen dürfen? Es fängt alles herrlich an, und wie gut wäre es doch, wenn es gleich fertig wäre und alle sagen könnten: So lange haben wir darauf gewartet, nun sind wir endlich am Ziel. Das ist es, und nun sind wir glücklich.

Was ist denn der Sinn der Geschichte, die jetzt beginnt? Die Taufe ist vorbei, und wir wissen also, die Umhüllung der Zeit ist gefallen, und nun erscheint er als Erlöser, man könnte ihn sehen, aber noch erkennt man ihn nicht. Wohl könnte man schon verstehen, was die Erlösung bedeutet, denn viele kommen doch zur Taufe. Alle, heißt es, ganz Jerusalem. Man kann sich das zwar nicht vorstellen, aber das ist dann wieder bildhaft gedacht. Es ist richtig: Ganz Jerusalem, aber nicht im geographischen oder soziographischen Sinne. Wie könnte denn das geschehen sein? Das müßten ja Millionen gewesen sein. Man stelle sich nur einmal den Johannes vor, der Millionen taufen muß! Wieviele Jahre braucht er dazu wohl? Natürlich ist es mit allen diesen Bildern das gleiche, auch im Midrasch; sie zwingen uns eben zu sagen: Verstehe doch, laß dich taufen, bedeutet: stehe auf aus der Zeit und sieh es einmal von der anderen Seite. Wenn du es so in der Zeit siehst, kannst du einen schönen Film darüber drehen, einen Film über alle die Juden, wie ganze Kolonnen zum Jordan marschieren. Und ein Johannes steht da und muß sie alle taufen. Wenn man nur den Jordan sieht, ein wie schmales Strichlein Wasser das ist, so hat man schon Angst, daß es nicht gehe. Gleich zeigt auch wieder das Neue Testament: Verstehe doch, ich erzähle dir die Taufgeschichte, verstehe sie nun wie die anderen Geschichten und erlöse sie aus der Zeit. Du sollst diese Geschichten aus der Zeit herausheben. Wohl habe ich dir das Bild in der Zeit gegeben, sonst könntest du es überhaupt nicht verstehen. Das Wasser, die Zeit, ist ja deine Grundlage. Nun verstehe aber diese Geschichte im ewigen Sinne.

Im ewigen Sinne auch dies Andere. Was tut der Versucher, der Satan, der Teufel, wie man auch übersetzt? Der Satan bedeutet der »Hinderer«, der den Weg zurück zu Gott nicht gehen lassen will. Er widersetzt sich der Erlösung. Wir haben schon einmal gesagt, es sei die andere Seite des Glücks der Erlösung. Wo das Glück gegeben wird, steht auf der anderen Seite das Opfer. Wenn der Erlöser da ist, steht gleich das andere Zeichen, das Zeichen dessen da, der ihn hindern will oder desjenigen, das ihn hindern will und auch bis zum Ende hindern wird, bei jedem Menschen.

Das ist die andere Seite, wie sie im Anfang der Geschichte des Menschen im Garten beschrieben wird: Dem Baum des Lebens steht der Baum der Erkenntnis gegenüber, und dann kommt der Versucher, die Schlange – »nachasch« – heißt es dort. Im Hebräischen aber sind die Wörter für Schlange und Satan ganz nahe verwandt; es ist lediglich der Buchstabe Cheth von »nachasch« beim Worte »Satan« zum Buchstaben Teth geworden, d. h. die Acht ist zur Neun geworden, sonst ist alles vollkommen gleich.

Auch dort steht die Versuchung und sagt: »Sieh, du hast die Welt und kannst wie Gott werden, nimm doch von diesem Baum!. Das gleiche wird auch hier gesagt: »Nimm nur!« Jeder kennt wohl die Geschichte von Joseph und Potiphar, in der die Frau des Potiphar sich anbietet und sagt: »Nimm mich nur!« Joseph sagt aber: »Ich nehme dich nicht!« Und am Ende wird sie nach der Überlieferung doch seine Frau, so wie gesagt wird: Am Ende wird der Satan verschlungen werden.

Wer »Schöpfung im Wort« gelesen hat, weiß, daß das Wort Israel, wo Jakob zu Israel wird, bedeutet: Jakob, der Überwinder des gegen ihn kämpfenden Satans, das ist Israel. Der Satan hat nur auf dem Wege Kraft, am Ende des Weges aber wird er verschlungen. Er bittet, daß man ihn gehen lasse, aber Jakob läßt ihn nicht gehen, er ist ein Teil der Einheit, er wird in das Ganze eingefügt und hat in diesem Sinne keine Freiheit mehr. Er wird beherrscht, er bittet eigentlich die ganze Zeit darum, beherrscht zu werden. Darum kann man sagen: Sobald der Mensch der Versuchung widersteht, ist er erlöst. Aber dann fängt das ganze Elend erst an, wie man bei Joseph sieht, nachdem er die Frau des Potiphar abgewiesen hat. Auch bei Jesus könnte man sagen, sobald er das Angebot des Satans abgewiesen hat, fängt eine Geschichte an, die nur hier und da einmal »ganz schön« ist, aber sehr rasch im Elend endet.

Das ist eben auch die Erlösung, wie man es verstehen soll. Man stellt sich die Erlösung oft so vor, daß sie hier in diesem Leben Erfolg bringen müsse. Man will reich werden und Belohnungen einheimsen. Aber Erlösung könnte gerade das Umgekehrte bedeuten, und wir sollen auch das sehr ernst nehmen, daß man es in dieser Welt gerade schwer bekommt. Wenn man es leicht hat, sollte man sich fragen: Wie verdiene ich nur ein solches Wirtschaftswunder – wie es sich etwa die Deutschen nach 1945 fragen sollten. Ja, du verdienst es, könnte man antworten, geradeso wie Kain seine Kultur verdient, nachdem er Abel getötet hatte. Denn Kain wird nicht getötet, er wird zum Städtebauer, wird ganz groß.

Die Welt hat die Kainskultur, das Kainszeichen, sagt die Überlieferung. Es ist der Wohlstand, der die Welt nicht ehrt. Also sollte man aufpassen und sich fragen: Wie komme ich dazu, daß es mir so gut geht? Warum teile ich nicht das Los derer, die fliehen müssen? Kain ist unstet und flüchtig, aber so, wie der Mensch der heutigen Welt: Er fällt von einem Rausch in den anderen, und je berauschter er wird, desto weniger Vergnügen hat er an seinem Wirtschaftswunder. Der Wohlstand steigt höher und höher, er aber wird immer neurotischer. Das ist zwar eine andere Sache, aber das Äußere zeigt: Ich, Satan, habe dir die Herrschaft gegeben. Das ist eben die Gefahr, in die man hineingerät, wenn man dem Satan folgt und sagt: Ich tue, was ich will und worauf ich ein Recht zu haben glaube. Ich muß mich doch verteidigen, muß mein Recht haben. Dann geschieht eben dies, aber bei Jesus geschieht es nicht.

40 Tage und Nächte ohne etwas zu essen, ist etwas Großes. In diesem Zusammenhang sei darauf hingewiesen, daß auch Mose 40 Tage am Sinai gefastet haben soll. Wie wir schon wissen, ist 40 im Hebräischen der Begriff »Zeit« überhaupt. Es will sagen: Man hält durch über die ganze Zeit, am Ende aber erscheint der Satan. Wie in der Wüste, wenn das Volk 40 Tage auf Mose gewartet hat (man vergleiche dazu »Schöpfung im Wort«), so erzählt die Überlieferung, erscheint der Satan und sagt: »Und nun, was ist der Erfolg des Ganzen? Soll ich dir

nun von mir aus geben, denn du hast doch Hunger und du erwartest doch etwas?« Hunger bedeutet nicht in unserem Sinne Hunger nach Brot. Auch der Hunger ist ein Bild, das wir gleich verstehen sollen. Wenn wir es aus der Zeit herausholen, bedeutet »Hunger« immer das Verlangen nach himmlischer Nahrung, nämlich daß Gott zu uns sprechen möge.

Wenn der Himmel trocken wird, bedeutet es, wie im Deuteronomium erzählt wird: Wenn du falsche Wege gehst, wird der Himmel trocken, wie Kupfer, und das heißt: Gott antwortet nicht mehr aus dem Himmel, er spricht nicht mehr. Jeder Mensch hat dann dieses Gefühl und sagt sich: Jetzt hatte ich geglaubt, ich müsse nur bis zum Ende durchhalten; aber es stimmt nicht, Gott schweigt einfach. Was soll das heißen? Dann kommt gleich der Satan und sagt: Ich habe eine gute Lösung für dich; du mußt nur so und so sagen, dann wird es stimmen. Und eben dies ist die Versuchung, die dann jedem Menschen begegnet. Wenn man aber der Mensch ist, der mit der Erlösung verbunden ist, dann darf man nicht sagen: Der Erlöser wird schon für mich sorgen, was habe ich damit zu tun? Darf ich mich in der Versuchung verführen lassen? Darf ich das so ohne weiteres tun? Wenn es mit mir geschieht, ist es schon schlimm genug, aber darf ich es bewußt tun? Nein, wenn ich lange Zeit – und es sind nicht 40 Kalender-Tage damit gemeint, es kann auch nur eine Stunde sein oder auch ein Leben – etwas gesucht habe und finde keine himmlische Lösung und sage daher: Aber diese irdische Lösung stimmt nun, und ich intrapoliere jetzt einmal das – dann habe ich der Versuchung nachgegeben. Und Erlösung bedeutet – und das ist eben der Erlöser –, es ist nur die Antwort vom Himmel, nicht von hier. Denn der Mensch lebt nicht nur von diesem Brote allein, sondern das Wort ist das

Leben. Ich erwarte das Wort, und vom Wort werde ich Antwort erhalten. Es muß nicht sogleich hier stimmen und Körper werden. Das Wort kann auch nur als Wort bei mir sein. Ich kann es noch nicht verkörpern; es muß nicht Brot werden. »Brot werden« bedeutet: Ich bin imstande, es hier zu zeigen. Wort bedeutet: Es ist in mir, ich erkenne es, kann aber keine Form dafür finden.

Deshalb sagt man, wenn man Brot esse, sähe man Gott, der das Brot aus der Erde hervorkommen läßt. Wenn man hingegen sagte, das Brot habe man doch selber gemacht, zuerst gesät, dann den Weizen geschnitten usw., so ist das nicht richtig. Nein, Gott hat das Brot gemacht. Das will sagen, alles was hier erscheint, hat Gott gemacht. Ich aber habe das Wort, und mit dem Wort werde ich sprechen. Aber das Brot habe ich nicht.

Das will also heißen und liegt schon in dieser ersten Versuchung vor in der Aussage: Du, Jesus, wirst hier am Ende der Zeit keinen Erfolg haben. Es wird hier kein Brot sein. Ich könnte dir zwar das Brot geben, du aber wirst nur das Wort haben. Und er antwortet darauf: Wir leben vom Wort und nicht vom Brot allein. Das Brot bekommen wir nicht von dir.

Es wäre nicht so schwierig gewesen, taktisch und politisch vorzugehen und zu sagen, er hätte einen Kompromiß machen können: Predigen, um den Vorschlag Satans zu befolgen und dann von ihm das Brot zu erhalten. Nein, man soll verstehen, wenn hier etwas kommt, dann soll man es eben von Gott empfangen.

Es ist dasselbe, was man auch immer beim Menschen sieht, wenn er ungeduldig ist, den anderen zu überzeugen. »Verstehst du denn noch nicht, was ich meine?« Nein, Gott wird ihn zu seiner Zeit verstehen lassen. Ich kann ihn nur mit Hilfe des Satans verstehen lassen, wenn ich Erfolg haben will. Ich kann natürlich wie Billy

Graham ein großes Stadion mieten mit Filmvorführung usw. Das will keineswegs sagen, daß er schlecht ist, aber das wäre ein solcher Weg. Man könnte natürlich Wege finden, auf denen man auf gleiche Art vorginge mit großen Mitteln und gut ausgedachter Taktik. Nein, man soll warten, bis das Brot von Gott kommt. Ich bekomme das Wort. Vom Worte lebt der Mensch, und das Brot kommt auch von Gott. Das ist das Wunder von Bethlechem.

Bethlechem ist nicht konstruiert worden. Der Stern, die 42, bleibt über Bethlechem stehen. Es kommt keine 43 mehr, keine 44. 42 Generationen, 42 Stationen in der Wüste, immer 42. Und so muß man auch die Geduld haben, daß das Brot durch das Wort kommt. Es wird schon kommen. Man soll es nie erzwingen. Diese Ungeduld ist falsch, und man ist dann gleich mit Satan zusammen, der Mittel und Wege offeriert, die zum Erfolg führen. Aber es ist in Wirklichkeit kein Erfolg, es endet in Fäulnis, in Schrecken, in der Katastrophe. Satan kann nichts halten.

Das zeigt sich auch in der Wüste nach den 40 Tagen der Abwesenheit des Mose, als das Volk sagt: Wir sehen keinen Erfolg. Da kommt der Satan und spricht: Mose kommt nicht. Du siehst doch, er ist nicht da. Aber ich kann dir geben, was du brauchst. Und dann kommt das Goldene Kalb, so erzählt die Überlieferung – der Kreis. Satan läßt ihn schließen und gewährt den Erfolg. Dann sagt man: »Siehe, das ist unser Gott«. Der Kreis schließt sich; es stimmt alles, es klappt alles. Es muß zwar nicht klappen – es könnte sogar sein, daß es so gut stimmt, daß man keinen Vers in der Bibel finden kann, der es beweist. Und doch stimmt es.

Es muß nicht stimmen, was ich mit Versen oder auf andere Art beweise, es kann aber doch stimmen. Das Brot gibt Gott. Gott wird schon den Vers zeigen, durch den es stimmt, oder nicht nur einen einzigen Vers. Plötzlich stimmt die ganze Bibel von A bis Z. Du hattest es nur nicht gesehen, du hattest zu viel Zeit, warst noch vom Wasser umhüllt und hattest das Wort nicht herausgezogen. Wir sollen diese erste Versuchung deshalb als das verstehen, was sie wirklich ist. Nicht nur eine schöne Geschichte, sondern eine Mitteilung, daß Gott das Brot, das Resultat, selber geben werde. Und das Neue Testament zeigt auch, daß der Weg für viele Menschen kaum faßbar ist. Ja, in sentimentalen Stunden kann man es falsch auffassen. Aber vom menschlichen Verständnis her ist es unfaßbar, daß das Grausame, Traurige, so geschehen muß. Und doch ist es der Weg der Erlösung. Das ist eben das Opfer, das dem Glück, das der Erlöste hat, gegenübersteht. Er hätte nie das Glück erfahren können, wenn dem nicht dieses Opfer gegenübergestanden hätte. Es hätte sonst nie diesen Einfluß auf die Welt haben können. Auch bei der ganzen Schöpfung bringt ja Gott selber eigentlich das Opfer, damit die Welt überhaupt zustandekommen kann. Beim Zustandekommen der Welt ist auch schon die Erlösung da. – So ungefähr, glaube ich, müßte man die erste Versuchung sehen.

Stellen wir uns die Frage, was Versuchungen eigentlich sind. Wir müssen acht geben, wenn wir bestimmte Worte verwenden und ihnen einen Sinn unterlegen, ohne genau zu wissen, was sie bedeuten. Im Hebräischen nämlich heißt das Wort Versuchung »nissajon« – was vom Worte »nes« abgeleitet ist. Und das Wort »nes« meint ein Wunder oder auch ein Zeichen.

Wenn man also der Welt mit einer Erwartung entgegentritt, es müsse jetzt etwas Außerordentliches geschehen, was die Gegenwart Gottes beweise und auch was uns selber von der Gegenwart Gottes überzeugt, dann erwartet man Wunder. Dem Teufel ist daran gelegen, daß der Mensch beweisen will. Er verlockt ihn und will ihn überreden, nur das Beweisbare zu glauben, überhaupt nur dann zu glauben, damit man in seinem Wunsche nach Wundern bestätigt werde und bestärkt und dann erst sage: Nun glaube ich.

Denn wenn tatsächlich aus diesen Steinen Brot würde, wenn also ein Wunder geschähe, dann könnte man mit Leichtigkeit glauben. Die zweite Versuchung lautet, der Erlöser solle sich auf das Dach des Tempels begeben und sich von dort hinunterstürzen, weil ja im Psalm 91 stehe, die Engel würden ihn beschützen. Mit anderen Worten: Es steht doch geschrieben, daß ich Schutz bekomme, wenn ich falle, also werde ich mich hinabstürzen und werde aufgefangen werden. Der Versucher legt dem Menschen nahe, die Probe aufs Exempel zu machen und gewissermaßen Gott auf die Wahrheit seiner Worte zu prüfen.

Die dritte Versuchung: Dem Menschen sollen alle Königreiche der Welt untertänig werden. Das kann auch nur durch ein Wunder in Erfüllung gehen.

Das sind die Wunder, nach denen man verlangt, und gleichzeitig ist jedes eine Versuchung. Eine Versuchung ist also nicht eine Verführung, oft glaubt man das. Verführungen sind natürlich immer da, aber davon ist hier nicht die Rede. Wo bereits Verführbarkeit ist, besteht ein Mangel, ein Mangel an Stärke, auch nur einigermaßen zu verstehen, wozu man lebt, wozu man da ist, und wozu die Welt geschaffen ist. Wer aber soviel versteht, wird sich nicht so leicht verführen lassen. Eine Versuchung geht auf viel Größeres aus. Sie besteht darin, daß man mit dem Wunder rechnet, und übernatürliche Dinge sehen will, Wunderbares, welches die Norm der Natur durchbricht. In dieser Beziehung versteht man auch sehr oft die Wunder, die im Neuen Testament geschehen und dort erzählt werden. Man ist dann eigentlich auch den Versuchungen preisgegeben. Es werden z. B. Kranke geheilt, und die Folge ist etwa ein Ausspruch: Sieh einmal an! Sie waren krank, kein Arzt konnte sie heilen, er aber konnte es. Ein Wunderarzt! Und man glaubt an ihn. Ich halte dies für einen falschen Weg zum Glauben. Die Heilungen und die Versuchungen stehen sich als äußerste Extreme gegenüber. Echte Heilungen gehen über dieses Leben hinaus. Wenn hier aus Steinen Brot würde, wäre es Trug, ein Hokuspokus. Etwas Großes aber ist es, daß das Wort Gottes uns als Nahrung geboten wird.

Die zweite Versuchung lockt mit den Worten Satans: Stürze dich von der Zinne des Tempels, auf die ich dich führe, hinunter! Es geht auch hier um mehr als um eine Zauberei.

Was bedeutet denn das, auf das Dach geführt werden? Die Bibel, das Alte Testament, erzählt: Wenn du ein Haus mit einem Dach hast, so mache eine Umzäunung, damit niemand, der auf das Dach steigt, hinunterfällt. Was in dieser Geschichte der Versuchung berichtet wird, steht in Verbindung mit dem Begriff Dach. Das Dach eines Hauses ist im Hebräischen »gag«, was in Zahlen 3-3 ist. Die Sechs. Das deutet ein wichtiges Verhältnis an. Die Welt ist in sechs Tagen entstanden, drei Tage und dann in der Wiederholung nochmals drei Tage der Schöpfung, gleichsam eine Art von Projektion der ersten drei. In den zweiten drei Schöpfungstagen geschieht das Nämliche wie in den ersten drei Tagen, nur auf einer anderen Ebene, viel konkreter und ausgeformter.

Das Auf-das-Dach-steigen will sagen, daß man sich über die Schöpfung stellt. Es wird auch in der Tradition vom Haus erzählt, daß es die Schöpfung ist. Die Schöpfung ist die Welt, und die Welt ist ein Haus, worin du wohnst. Und deshalb fängt auch die Bibel mit dem Buchstaben Beth an. Beth bedeutet nämlich das Haus. Und man sagt auch von jeher, daß die Schöpfung, das Weltall, das Haus sei. Die Grenze dieses Hauses ist so weit von uns entfernt, daß wir es uns gar nicht vorzustellen vermögen, wo sie, das Dach des Weltalls, ist. Es grenzt an eine andere Welt, den Himmel, den wirklichen Himmel, nicht das astronomische Weltall. Die Bedeutung des Steigens auf das Dach ist diese, daß der Mensch den Sinn der Schöpfung erfahren will und wozu die Welt gemacht ist. Er möchte vom Dach seines Hauses, von oben, die Schöpfung der Welt betrachten. Er will verstehen, was die Welt ist. Deshalb heißt es schon im Deuteronomium: Bei dir ist das Dach des Hauses, das du bewohnst. Wenn aber einer auf das Dach steigt, besteht immer die Gefahr, daß er herabfällt und auf der Erde zerschmettert wird. Denn der Weg dorthin ist sehr schwierig. Das Dach soll eben für dich nicht die Grenze sein, die scheidet, und über die du erst einmal hinüberklettern mußt, sondern das Dach deines Hauses soll so verstanden sein, daß du den Himmel durch das Dach erblickst. Es soll nicht kompakt sein, so daß es den Himmel von dir absperrt, sondern durchsichtig.

Vom Sinn des dritten Festes der drei biblischen Feste, dem Laubhüttenfest, wird gesagt: Du wohnst dann in einer Hütte, unter einem Dach von Laub.

Die »Sukka« wird deshalb Hütte genannt, weil ihre Bedeckung, »sechach« – der Name »sukka« wird abgeleitet von der Bedeckung, dem »sechach« – so beschaffen ist, daß man in den Himmel schauen kann.

Wenn dein Haus nicht so ist, daß du den Himmel siehst, dann bist du eigentlich in einem falschen Haus, im richtigen kannst du nämlich zu Gott wallfahren, zu

Gott nach Jerusalem hinaufsteigen, ins Zentrum des Lebens. Im falschen Haus kommst du nicht weiter. Das Dach versperrt dir die Sicht und schließt dich aus. Du fühlst dich zwar in diesem Hause stolz, wähnst, darin ein König zu sein, zu schalten und zu walten, aber begreife, daß das Dach durchsichtig sein sollte.

Wenn die Juden für die Wiederherstellung des Reiches beten, dann sagt man: Gott erbaue wieder die gefallene und eingestürzte »sukka« Davids. Also dieses Haus möge Gott wieder erbauen.

Auf dem Dach sind auch die Völker am Ende der Zeit, die Kriege führen, die 70 Völker, die einander bekämpfen, eines gegen das andere, ohne daß man noch weiß, wer zu wem gehört, – die Dachvölker: »gog« und »magog«. »Gog« heißt Dach, und »magog« heißt vom Dach. Die 70 Völker bekämpfen einander. Im wahren Hause aber, wie die Bibel, das Alte Testament, erzählt, werden gerade am Fest der »sukka«, dem Laubhüttenfest, dem dritten Wallfahrtsfest nach Jerusalem, jeden Tag Stiere dargebracht. Zählt man die Stiere der 7 Tage dieses Festes zusammen, so sind es genau 70 Tiere. Das sind die 70 Völker in uns, in jedem von uns, die Gott dargebracht werden.

Wenn hier also von Dach gesprochen wird, so ist gerade das Dach der Welt gemeint. Man spricht von einem Dach, das die Welt abschließt. Für dich aber soll das Dach so sein, daß es lebendig ist, und daß du hindurchsehen kannst. Du brauchst nicht auf das Dach zu klettern. Du siehst den Himmel dort, wo du bist. So deutlich, wie wenn du auf dem Dache stehen würdest. Und dieses Dach ist so beschaffen, daß man gar nicht darauf stehen könnte.

Das Dach ist durchsichtig. Denn vom Tempel aus soll man in den Himmel sehen können. Sagt aber der Hinderer, der Satan: Ich werde dich hinaufbringen auf das Dach des Tempels, und wenn du dich hinabwirfst, dann soll ein Wunder geschehen, Gott werde dich beschützen im Niederfallen, so lasse dich nicht täuschen. – Die Worte wollen uns deutlich sagen, die Erlösung kommt, aber so soll sie eben nicht geschehen, daß man sich sagt: Jetzt bekommen wir unseren himmlischen Lohn. Einen so großen Lohn und soviele Wunder, da bin ich gleich einverstanden. Nein, die Erlösung kommt eben auf ganz unauffällige Art. Der Mensch soll die Gelegenheit haben, Gott genauso, auf die gleiche Art, zu lieben, wie Gott die Welt liebt, nämlich ohne Lohn, ohne etwas zu erlangen, ohne Dank! Daß der Mensch kein aufregendes Geschehen braucht, einen Erlöser auf dem Dach des Tempels, der sich hinunterstürzt und dennoch heil und wunderbar die Erde erreicht.

Dies Schauspiel würde gleich überzeugen. Man hielte es für Zauberei, und man würde finden, das sei wirklich bedeutend und groß. Genau diese Art von Wunder wird abgelehnt.

Die Erlösungsgeschichte weist in ihrem Anfang einen Leitgedanken auf. Versuche Gott nicht, lasse dich nicht versuchen, Gott auf diese Art zu erproben. Lasse dich nicht versuchen, dir durch großartige Wunder den Weg zeigen zu lassen. In jedem Geschehen ist das Wunder. Schon in den einfachsten Begebnissen eines jeden Tages. Unterlasse überhaupt jeden Beweis, denn mit dem Beweis soll der andere dahin gebracht werden, daß er erstaunt erklärt: Davon habe ich gar nichts gewußt, das ist ein wahres Wunder. Es hat mich überzeugt.

Aus diesem Grunde hütet man sich schon von altersher, den Leuten mit großartigen Gesten imponieren zu wollen. Sie würden sich einen tiefen Eindruck machen lassen, und dann für das Allergrößte einfach kein Verständnis mehr haben, nämlich für das unauffällige Wunder, das im Kleinsten jeden Tag geschieht. Der Mensch wird aber schnell gleichgültig. Die Wunder eines jeden Tages sagen ihm nichts mehr. Wie ein Rauschgiftsüchtiger will er stets ein neues Stimulans, immer mehr. Daß es schon ein großes Wunder ist, wenn man atmet, geht und steht, wenn der Kreislauf spielt, wird nicht mehr begriffen. Wieso soll man noch auf mehr Wunder warten? Der Verhinderer reizt die Wundersucht. Es ist nicht nur dem Erlöser gesagt, es wird jedem gesagt: Tu Wunder, und du wirst den Erlöser beweisen. Der Erlöser soll durch das Wunder bewiesen werden.

Deshalb auch die Versuchungsgeschichte ganz am Anfang des Matthäus-Evangeliums, vor dem Wirken Jesu. Gleich nach der Taufe folgt die Versuchung, mit dem Sinn, daß man auf das Wunder Verzicht leistet.

Das »nes«, das Wunder, soll nicht erbeten werden. Der Mensch lerne verstehen, daß ihn nicht der Schock heilen soll, sondern das ganz Gewöhnliche. Der Alltag sollte ihn gesund machen. Dort kann er tatsächlich Wunder sehen, Wunder in allem. In einer Blume, im Grashalm das größte Wunder, in einem kleinen Tier, in jedem Menschen, in allem Geschehen, im Zusammentreffen von Menschen, und wie sie sich treffen. Das sind die Wunder.

Die dritte Versuchung des Erlösers: Der Erlöser soll den Teufel auf einem Berge anbeten, dann würde ihm der Hinderer, der Satan, die Reiche der Welt untertan machen. Ja, das wäre wiederum ein Wunder. Man könnte dann sagen: Ein solcher Erfolg ist der Erlösung beschieden? Da muß ich mich als Mitglied anschließen. So etwas sucht der Mensch. Man hört es oft: Schau einmal, wieviele Mitglieder wir haben, Millionen, zu allen unseren Versammlungen strömen Tausende. Das ist weiter keine Kunst. Das ist eben die Versuchung des Teufels, daß er diese Menschen in Haufen zusammenbringt und ein großes Hurra erschallen läßt. Das Resultat ist, alle sind einverstanden, ich bin auch einverstanden. Man vergißt dann, daß man Gott auch in seiner eigenen Einsamkeit gegenüberstehen sollte und in seiner Einsamkeit Gott spüren und die Erlösung erfahren soll, statt in einer großen Masse zu leben und zu sagen: Also, dann muß es gut sein. So viele, auch angesehene und gelehrte Leute sind Mitglieder? Da muß etwas dran sein, da bin ich dabei! Die Versuchung will, daß man sich vor der Einsamkeit fürchte. Denn Jesus wählt eigentlich die Einsamkeit, und er weiß, daß er am Ende auch der Einsame sein wird. Sogar noch schlimmer: nicht nur der Einsame, sondern der Verlassene, der, der erst den Eindruck erweckt hatte, daß sich die Jünger um ihn scharten. Aber am Ende verleugnet ihn jeder und läßt ihn ganz allein. Die geglückte Versuchung aber ist es, daß alle Völker mitmachen. Wir sollten, wenn wir der Meinung sind, die Erlösung erfahren zu haben, uns selber danach richten, daß wir nicht dem Wunder verfallen, aus Steinen Brot machen zu wollen und uns auf das Dach zu begeben, um heil herabzufliegen, weil Gott versprach, er werde uns stützen. Gott stützt uns doch jeden Augenblick, daß wir überhaupt leben. Er hält uns in unserem Fall, denn wir fallen fortwährend. Die Engel Gottes unterstützen uns, sie fangen uns auf, und sie tragen uns auf Händen. Du sollst also verstehen, daß es immer ganz allein um dich geht, auch wenn du der allereinzige wärest, so ist die Erlösung genauso wichtig und machtvoll, vielleicht sogar noch wichtiger und machtvoller, als wenn du in einer großen Menge Menschen auftreten würdest, und alle sagten:

Wir haben es selbst gesehen, daß es richtig ist und in Ordnung geht.

Die Geschichte der Erlösung ist eine Geschichte des Einsamseins, des Nichtverstandenwerdens. Daß hie und da ein großes Hurra kommt, ist ein Mißverständnis, weil du nicht verstehst, worum es eigentlich geht. Wenn es auf das Äußerste ankommt, so zieht sich alles zurück. Der Erfolg stellt sich eben nicht ein.

In den Seligpreisungen wird denn auch gesagt: Die verfolgt und die verleugnet werden, sie sind es, auf die es ankommt, sie geben ein großes Beispiel. Kein Wort fällt über jene, denen man zujauchzt und die sich großer Erfolge rühmen. Aber wir verstehen das noch immer nicht. Der Mensch will bewiesen haben, daß er selbst oder seine Gruppe Erfolg hat. Doch dann leugnet er schon die Grundlage der Erlösung.

Erlösung hat nichts mit dem Erfolghaben zu tun. Wer das glaubt, begeht eine Sünde. Gehe deinen Weg, unscheinbar, ohne Herausforderung, einsam, von keinem Massenrausch getragen.

Diese Welt ist nur ein Teil des Ganzen, und das Leben hier ebenfalls. Dieses Leben ist eine Hälfte, und soll mit der anderen Lebenshälfte verbunden werden. Diesseits und Jenseits sind die Einheit. Das ist die einzige Art, die Welt zu verstehen.

Wir lernen bei Matthäus, daß die Erlösung nicht vom äußeren Erfolg abhängt, und daß man sich vor trügerischem Erfolg hüten soll. Es sollte dir aufgehen, daß es allein um dich geht und um den anderen genauso, auch wenn wir eine Gemeinschaft bilden, weil wir das Wunder darin erfahren, daß jeder für sich dem Anderen gegenübersteht. Dann kommt eine echte Bindung zustande; die Bindung an die Welt mit ihrem Erfolg, mit großen Aufmärschen, Fahnen, Musik ist Betäubung und

Rausch. Es ist eigentlich Trug und Betrug, und wir fühlen es auch nachher: Es war ein ganz schöner Nachmittag, aber jetzt bin ich müde, muß mich stärken, schlafen – und schon ist das Ganze wieder verflogen. So wie auch diese Ekstasen, die man im Rausch erfährt. Nachher schlagen sie ins Gegenteil um, in Unfrieden, Unlust, Schläfrigkeit und Ekel. Man gibt zu verstehen, ich habe mich erniedrigt, daß ich bei alledem mittat.

Diese drei Versuchungen soll der Mensch nicht nur als Geschichte lesen, um dann zu urteilen: Das ist groß von Jesus, daß er so mannhaft Widerstand geleistet hat. Man verstehe, es ist die Erzählung der Erlösung. In diesem Zusammenhange ist es der Mensch, der diesen drei Versuchungen widersteht, weil er die Geschichte vom Erlöser erfährt, der durch seine Kraft die Überredung des Satans überwindet. Ohne die Erzählung dieses Geschehens wäre der Mensch vielleicht hilflos.

Jetzt ist er im Bilde und weiß sich die Bedeutung zu erklären: Ich soll diesem »nissajon«, dieser Erprobung, dieser Versuchung, nicht anheimfallen. Ich soll mir darüber im klaren sein, daß ich einen anderen Weg zu gehen habe.

Das Brot kommt von Gott, das Brot des Wortes ist das Wunder, wie es gesagt wird, Gott stützt jeden Moment den Fall. Dadurch können wir leben, dadurch sind Engel da, und dadurch kann die Erlösung sein. Und Gott schickt die Engel. Der Vers in Psalm 91 gilt nicht nur für das eine Mal, es ist ein fortwährendes Geschehen. Bei einem jüdischen Begräbnis, beim Hinaustragen des Körpers des Toten zum Grab, wird der Psalm 91 gesprochen, so will es der Brauch. Es wird gesagt: Nunmehr wird der Tote von Gott getragen, von einer Welt in die andere. Gott schickt seine Engel, die ihn tragen, damit er sich nicht an einem Stein stoße. Das aber geschieht fortwährend, nicht nur als eine einmalige Wundertat, wie es etwa die Erbschaft über die Reiche und Völker wäre. Gott herrscht sicher über alle Völker, das sollen wir verstehen, nur auf eine andere Art als wir glauben. Denn wir sehen nur das Diesseits. Würden wir das Diesseits und das Jenseits zusammensehen, dann erschiene uns auch die Geschichte und die Politik in einem ganz anderen Lichte. Diese Politiker und Oberhäupter wären für uns gar nicht mehr so wichtig. Aber wir würden dafür ausrufen: Sieh an, endlich sehe ich das Andere, in der Verbindung von da und dort. Eigentlich wird die Welt durch das Sein von einigen wenigen Menschen bestimmt oder auch durch einen einzigen bestimmten Menschen, nicht von den bekannten Tagesgrößen. Es ist genau, wie es die Bibel erzählt. Gott zeigt schon dort, welche Menschen ihm wichtig sind, aber die Welt kennt diese Menschen nicht.

Wenn wir uns für einen Moment einmal geschichtlich einstellen wollen, so hätte die Welt zu Abrahams Zeiten gesagt, daß ein Nimrod und Seinesgleichen die Könige seien, die die Welt beherrschen, bestimmt aber nicht Abraham.

Abraham gilt als lästiger Bürger, mit dem man immer Schwierigkeiten hat. Daß er die Welt beherrsche – reiner Unsinn! So geht es auch weiter zur Zeit von Jesus. Wer herrscht dort? Der Kaiser in Rom, Herodes, der Statthalter Pontius Pilatus. So sieht es aus, es ist Schall und Rauch, ein Trug.

Der Satan will immer nur, daß wir uns mit dieser Welt abgeben und den Beweis erbringen, daß alles logisch zusammenstimme. Satan will, daß der Kreis sich schließe. Und wenn wir mit Wundern aufwarten und Glauben fordern, so ist das immer sehr verdächtig. Daß hier Wunder geschehen, ist sicher. Aber es geschehen auch »nissajon«, also Versuchungen. Wenn ich ein echtes Wunder sähe, würde ich sagen: Das Wunder bedeutet, daß ich verstehen soll, wie diese Welt mit der anderen verbunden ist, und daß sie beide eine Einheit bilden. Und diese Dinge geschehen nicht nur in dieser Welt. Wir hätten die Wunder gerne hier, zu unserer Verfügung, daß wir von dem Anderen loskommen, weil wir eine schreckliche Angst davor haben.

Wir haben uns davon getrennt. Doch wenn man mit dem Anderen in Verbindung steht, so gibt es keine Angst mehr. Man kann sich schon einmal im Moment fürchten, und niemand wird sagen können, er besitze eine so perfekte Verbindung, daß er nie in einer Gefahr Furcht empfunden hätte. Aber mit dieser Verbindung ist die Angst auch verschwunden. Es gibt sie nur für den, der wie der Sadduzäer nur an diese Welt glaubt und für das Andere lediglich schöne Worte übrig hat, aber im Grunde denkt: Ich hoffe nur, daß es nie so weit mit mir kommt, daß ich auch dorthin muß. Ich will auf immer hier bleiben.

Man dankt dem Arzt, der das Leben um ein paar Jahre verlängert. Man hält das, was der Arzt uns gegeben hat, für sehr wichtig. Die Verbindung mit dem Anderen wird der Arzt aber nicht geben können. Denn diese Verbindung kann man nur bekommen, wenn man selber den Weg geht. Man kann den Weg mit einem Freund oder Lehrer gehen, aber schließlich muß man den Weg doch selber gehen. Geschenkt bekommt man ihn nicht. Und wenn die drei Versuchungen, die drei Wunder, abgewiesen werden, und die Versuchung nicht gesiegt hat, das »nissajon« bestanden wurde, dann kommen die Engel und dienen. Etwas wirklich Großes ist dann geschehen. Jetzt kann die ganze Erlösungsgeschichte eigentlich erst richtig anfangen.

Die Geschichte von den Versuchungen deckt auf, mit welchen »Wundern« der Satan arbeitet, um im Diesseits zu betören. Es ist das Spiel des Satans, dem Menschen die Rolle des Erlösers unterzuschieben, ihn zum falschen Messias zu erheben.

Es hat schon seine Richtigkeit, wenn wir davon hören, daß der wahre Messias verkannt und abgelehnt wird. Dann ist es sicherlich der richtige. Wenn er aber hier von den Massen und den Massenmedien als Erlöser bejubelt würde, dann müßte man sehr auf der Hut sein. Ein solcher Erfolg ist verdächtig. Der Schein trügt. Die Bibel sagt dies ausdrücklich.

Ich muß gestehen, ich hätte es auch ganz gern, daß alles Beifall klatschte und das Verborgene gleich sichtbar und deutlich sich zeigen würde, ohne daß man erst lange fragen müßte, ob man auf dem richtigen Wege sei. Es wäre angenehmer. Ich spüre aber zugleich in meinem Innersten, daß es so nicht geht. Gott hat die Welt nicht so gewollt. Gott hat sich selbst ins Verborgene zurückgezogen, und Gott verlangt keine Pauken und Fanfaren. Gott fragt nur und macht mich aufmerksam: Gib acht, auch wenn ich unsichtbar bin, und meine Handlungen, meine Geschichten, für dich unverständlich sind, so versuche doch, mich, wo ich im Unsichtbaren weile, zu verstehen. Verstehe mich in meinen jenseitigen Handlungen. Daran zeigt sich dein Glaube an mich. Du wirst sagen, das ist nicht die ganze Welt. Ein Unsichtbares, Verborgenes, Unnennbares, läßt nicht zu, daß alles logisch erklärt und bewiesen werden kann. Bestimmt nicht!

Das ist schon so. Es gibt eine andere Realität. Diese Realität zusammen mit der unseren ist ein Einklang. Jedenfalls will ich den Weg aus dieser in die andere Welt gehen. Das ist auch der Weg aus Ägypten nach Kanaan.

Ich wähle die Erlösung aus dieser Welt Ägyptens. Ich gehe durch die Wüste, den siebenten Tag hindurch, in die Welt Kanaans, in den achten Tag, um schließlich dort zu bleiben und zu erkennen, was wahrhaft ist.

Sebulon und Naphtali

Nun beginnt die Geschichte des Ganges von Nazareth nach »kfar nachum«, die Verballhornung sagt Kapernaum. Kapernaum heißt »das Dorf des Nachum«, Nachum heißt der Tröster. Es ist ein kleiner Ort. Also fängt es nicht in einer großen Stadt an, bei dir selber beginnt es im stillen. Kfar nachum liegt an einem See, im Gebiet von Sebulon und Naphtali. Wenn man das hört, sagt man sich: Gut und schön, das steht ja auch so in den Propheten. Und ist zufriedengestellt.

Ich will etwas Weniges über Sebulon erzählen. Sebulon wird im Hebräischen geschrieben mit Sajin – Beth – Lamed – Waf – Nun, und es enthält die Zahl 95 (siehe »Zahl, Zeichen, Wort. Das symbolische Universum der Bibelsprache«). Im Hebräischen sind Buchstaben auch Zahlen. Die Zahlen bestimmen die Reihenfolge der Buchstaben, z. B. eins ist Aleph, zwei ist Beth usf. Die Summe der Zahlenwerte der Buchstaben, welche das Wort Sebulon enthält, ist also 95. Naphtali mit den Buchstabenwerten Nun – Peh – Taw – Lamed – Jod erreicht die Zahl 570. Nun begreift man mit Leichtigkeit, daß 6 x 95 eben 570 sind, also Naphtali. Naphtali ist aber auch der sechste Stamm, der sechste Sohn Jakobs. Wir sehen hier eigentlich eine Sechs, Naphtali, und die Eins, Sebulon, vor uns. Die Siebenheit also, die sich aus 6 + 1 zusammensetzt. So ist auch die Schöpfung aus den sechs Schöpfungstagen und dem siebenten Tage zusammengebaut. Zuerst erscheint Naphtali, die

Sechs, und es folgt Sebulon, wodurch der siebte Tag gebildet wird, als Abschluß. Und dies macht deutlich, daß das Land im Dunkeln liegt, wie es der Text sagt, solange die Verbindung Sebulon-Naphtali nicht hergestellt ist.

Das Volk lebt im Dunkeln, denn das Licht entsteht nur dank dieser Verbindung. Die Erlösung findet tatsächlich dort statt, wo die Sechs mit der Sieben verbunden ist. Hier findet der Name Kapernaum, hebräisch »kfar nachum«, der Tröster, in diesem Zusammenhange auch seinen Sinn. Kapernaum ist der Tröster, denn es kündet sich an, daß die Erlösung auf dem Wege ist.

Bei Sebulon und Naphtali sieht man, daß immer der sechste Tag an den siebten gebunden wird. Nie darf der sechste vom siebten getrennt werden, weil Gott selber in der Schöpfungsgeschichte mit seinem Namen als »Herr« den sechsten und den siebten Tag zusammenbindet.

Die zwei letzten Worte des sechsten Schöpfungstages, und zwar die beiden ersten Buchstaben der Worte, tragen den Anfang des Namens des Herrn. Die beiden ersten Worte des siebenten Tages in der Bibel, und auch hier die beiden ersten Buchstaben der Worte, sind die beiden letzten Buchstaben des Namens des Herrn. Zusammen bilden sie die vier Buchstaben, die den Namen des Herrn, das Tetragramm ausmachen. Und so, spricht Gott selber, binde ich als Herr den sechsten an den siebenten Tag.

Man könnte ja sonst einwenden, warum steht hier eigentlich Sebulon und Naphtali, schöner wäre doch zu sagen, um ein Beispiel zu nennen, Juda und Ephraim, oder Joseph und Juda. Es wäre gewiß schöner und erklärte noch besser die Einheit. Aber nein, Sebulon und Naphtali werden genannt, weil in deren Namen schon das Wunder der Sechs und der Eins verlautet.

In den Namen ist es, so wie sie gegeben sind. Sie werden im Anfang schon im Himmel gegeben. Denn wenn der Mensch sich hier ausspricht, wenn Bilha, die Magd Rachels, ihrem Sohne den Namen Naphtali gibt, dann ist damit schon ausgesprochen, daß die Bindung des sechsten Tages an den siebten stattfindet. Und wenn Leah ihrem Sohne den Namen Sebulon gibt, kommt diese Bindung zustande. Unbemerkt von dieser Welt, wird der Name gegeben, der schon darauf hinweist: Merke es dir, dieser und jener Name, sie gehören zusammen, die Sechs und die Eins. Sie, die sieben formen zusammen das Wunder. Die beiden Namen sind so gebildet, daß sie eine Einheit darstellen.

Immer ist es so. Wir wissen nicht, welche Wunder wir im Sprechen vollbringen, welche Wunder Gott durch uns vollbringt, wenn wir sprechen, daß ein Wort so fällt und einen Menschen trifft und den anderen nicht. Es ist längst bestimmt, wie die Worte gebildet sind. Auf Deutsch anders als auf Holländisch. Das Wunder ist immer, sei es in den »Bildern von der Versuchung« oder im Blick auf das Alltägliche.

So ist es denn alter jüdischer Brauch, den sechsten und den siebten Tag der Woche miteinander zu verbinden. Es wird nämlich der letzte Teil des sechsten Tages, die letzte Stunde, genommen und an den siebten Tag gebunden. Das heißt, man läßt dadurch den siebten Tag früher als üblich beginnen. Wie ein Lied, dessen Verse in die nächste Strophe hinübergreifen, so verbindet sich das Ende des sechsten Tages mit dem Anfang des siebten Tages, damit die Einheit werde und die Erlösung zustandekommen kann, in der Siebenheit. Und solange die Verbindung nicht zustandegekommen ist, ist es dunkel. Verständnislos ist man im Unverstandenen.

»Kfar nachum« liegt am See Genezareth. Hebräisch heißt der See »jam kinereth«, und »kinereth« bedeutet, ins Deutsche übersetzt, die Harfe, eine Laute, ein Musikinstrument. David singt zur »Kinor«. Moderne Geographen und Geologen behaupten, der Name des Sees erkläre sich aus der Form desselben, die tatsächlich, vom Flugzeug aus gesehen oder auf der Landkarte gezeichnet, einer Harfe gleiche. Es ist modern gedacht, daß man erst fliegen muß, um dann einen passenden Namen für einen See zu finden. Nach der alten jüdischen Tradition ist es aber die Laute von David. Diese »Kinereth« ist ein wunderbares Instrument. In den Psalmen wird davon erzählt, und in der Überlieferung über die Psalmen. David sitzt da und spielt. Aber es ist nicht wie auf den alten Bildern mit dem singenden und Harfe spielenden König. Die Melodien entstehen nicht so. Da wird gesagt, die Laute Davids hängt über seinem Bett, und um Mitternacht kommt der Wind aus dem Norden auf und streicht über die Saiten der Laute, und ihre Melodien sind die Melodien der Psalmen. So erfährt David die Psalmen. Gott fährt durch die Saiten. Es besagt: alles, was hier geschieht, kann nur geschehen, weil es oben geschieht. Du tust im Grunde gar nichts dazu. Wenn du sprichst, so kannst du das nur, weil es durch dich redet. Von oben wird gesprochen, und du machst nur den Mund auf und sprichst. Wenn du meinst, du selber würdest sprechen, so wäre das Unglaube. Du glaubst noch zu wenig an deine große Bedeutung, an deine Verantwortlichkeit, wenn du sagst: Also gut, ich rede mal etwas. Du sprichst niemals, es spricht. Du könntest nicht einmal den Mund öffnen. Das Wort »kinereth« will dich daran erinnern, daß im Instrument, durch die Harfe Davids, Gottes Wind mit dir spricht. Sprechen ist ein Singen, ist eine Melodie. Die Melodie ist »schirah«, ein Lied. Es klingt schön, du kannst von seinem Rhythmus nicht abweichen, es käme eine häßliche Dissonanz heraus. Wenn es aber plötzlich falsch tönt, so stimmt es innerlich nicht mehr. Die Melodie ist zerbrochen. Diese Melodie, so wird gesagt, die immer alle Melodien enthält, ertönt im Norden von Galiläa, dort beim »gal«, im Körperlichen, wo diese ganze Welt anfängt, dort liegt der See Kinereth. Und dort erscheint tatsächlich das Wort als Verständigung, das dir erzählt, was von oben dem Menschen gesagt wird. Es ist nicht unten gesagt, es kommt von oben. Verstehe das Wort von oben. Wenn du es wagst, über die Erlösung zu sprechen, dann verstehe die Vorbedingungen – die Vorbedingung, daß du die Welten einigst. Es ist eine riesige Verantwortung, ich muß es sehr betonen, die man auf sich nimmt, wenn man darüber spricht. Es ist die schwere Verantwortung, die auf den Menschen zukommt, wenn er sich dessen bewußt wird.

Mache aus dem Diesseits und Jenseits die Einheit. Dann verstehst du, was von dieser Melodie erzählt wird, die jetzt im Worte verborgen ist und aus dem See heraufsteigt.

Es ist ein alter jüdischer Brauch und die Überzeugung, daß man die Bibel nicht einfach lesen soll – man soll sie singen. Auf welche Weise denn singen? Die Überlieferung sagt, es stehe in überlieferten Zeichen fest. Die Variation der Melodie steht indessen jedem frei. Nur die Grundtöne, die Kadenz der Melodie, ist vorgeschrieben. Bezeichnenderweise hat die Bibel in ihrer ursprünglichen Schreibweise weder Verse, Sätze, noch Lesezeichen, sowie sie auch keine Vokale kennt, nur Konsonanten. Wie soll man da wissen, wo ein Vers endet und ein neuer beginnt? Nur die Melodie läßt es erkennen. Wo der Ton der Melodie fällt, ist auch ein

Vers zu Ende. Die Bibel ist sonst zeichenlos durch den ganzen Text. Melodie will Maß sagen. Der Gesang tönt sehr schön, und wir sind beeindruckt, weil wir spüren, daß alles Melodie sein sollte. Es ist wunderbar, wenn es harmonisch stimmt. Ich kann sprechen, laut oder sanft, so oder so. Eigentlich singe ich aber, wenn ich rede. Aber ich singe nicht gerade schön. Es könnte weit schöner sein, wenn ich überzeugt wäre, daß alles, was ich sage, einmalig ist und eindeutig. Deshalb heißt es auch, die Bibel sei so geschaffen, daß man sie nur singen könne. Es gebe nichts anderes.

Wenn du es nur wüßtest, wie du sie singen sollst, die Psalmen. Gott selbst gab die Melodien. Er ließ den Wind durch die Harfe spielen, und David hörte die Melodie und sang mit. Das war sein Singen, das sind die Psalmen. Die Psalmen sind schließlich Erfahrungen im Leben des Menschen im siebten Tage, wo er wirklich erfährt, daß alles, was hier geschieht, schon von Gott gemacht ist, so wie er es ihm hier zeigt. Man hört, man hat die Harfe aufgehängt. Der Wind spielt durch das Fenster, und die Melodie ertönt. Sie singt sich, nein, es sind nicht die geschickten Finger, die in die Saiten greifen. Die Melodie singt sich selber.

Und am See »kinereth«, im »kfar nachum«, dem Dorf des Trostes, hebt die Matthäus-Geschichte eigentlich an.

Friedrich Weinreb

Schöpfung im Wort

Die Struktur der Bibel in jüdischer Überlieferung

Dritte Auflage
Ungekürzte Ausgabe. 956 Seiten.
Leinen im Schuber. Format 15,5 x 22,5 cm.
ISBN 978-3-905783-35-3

Dieses Buch hat mit seinem Erscheinen 1963 eine eigentliche Neuentdeckung der Bibel des Alten Testamentes eingeleitet. Zum ersten Mal erhält jeder am Wort der Bibel Interessierte umfassenden Einblick in das alte jüdische Wissen als Schlüssel zum Verständnis biblischer Erzählweise. Dabei wird zugleich so anschaulich und profund eine Kenntnis des Hebräischen, der Bibelsprache, vermittelt, daß man bald Geist und Fülle des Urtextes miterleben kann.

Die Erzählungen des Buches Genesis von der Geschichte der Erschaffung der Welt und des Menschen über Kain und Abel, Sintflut, Turmbau zu Babel, Abraham und Isaak, Jakob und Esau bis zur Josephsgeschichte werden ebenso ausführlich interpretiert wie der Auszug Israels aus Ägypten, der Durchzug durchs Meer und die zahlreichen Geschehnisse auf der Wanderung durch die Wüste bis zur Grenze des Gelobten Landes. Immer geht es dem Autor darum, die überwältigende Vielgestaltigkeit der Welt und allen Lebens im Wort der Bibel einzusehen. Auf die vielen Fragen, die das Verständnis der Bibel so erschweren, erhält der Leser überraschende Antworten: Wie ist das mit verschiedenen moralisch zweifelhaften Geschichten, zum Beispiel, daß die Erzmutter Sara die Hagar in die Wüste schickt, daß Jakob den Segen bekommt, obwohl er seinen Bruder Esau und sogar seinen Vater betrügt, daß Joseph von seinen Brüdern verkauft wird? Wozu wird in der Bibel so viel von Opfern, besonders Tieropfern, gehandelt?

Ein umfangreicher Anhang enthält die Anmerkungen und Quellenangaben des Autors, eine Bibliographie der wichtigsten Quellen der Überlieferung, editorische Notizen, biographische und bibliographische Angaben zu Friedrich Weinreb sowie einen ausführlichen Registerteil: Personen- und Sachregister, Register der hebräischen Wörter, Zahlen-Register, Register der Bibelstellen.

Eine gekürzte Ausgabe dieses Werkes erschien 1965 unter dem Titel ›Der göttliche Bauplan der Welt‹. In seinem Vorwort bezeichnete sie der Autor ›als Einführung in die hoffentlich bald zu erwartende vollumfängliche deutsche Ausgabe ... das Buch braucht nämlich ... tatsächlich jedes Wort der ursprünglichen Fassung, um in seiner ganzen Bedeutung einigermaßen richtig eingeschätzt zu werden.‹

VERLAG DER FRIEDRICH WEINREB STIFTUNG
ZÜRICH

Friedrich Weinreb

Innenwelt des Wortes im Neuen Testament

Eine Deutung aus den Quellen des Judentums

Dritte Auflage
260 Seiten. Gebunden. Format 13,2 x 21,2 cm.
ISBN 978-3-905783-18-6

Mit diesem Buch liest, erlebt und versteht man die Bibel ganz neu. Wo wir eine Lehre vermuten, finden wir uns in eine persönliche Begegnung versetzt. Wir, unsere Welt, die Welt der Naturgesetze begegnen Jesus. Eine umwälzende Erfahrung, in die der Autor den Leser einbezieht. Dabei zeigt sich die Einheit der Bibel in beiden Testamenten.

»Wie ist das zu verstehen: die unmögliche Geburt am Anfang, und die unmögliche Auferstehung am Ende? Da heißt es, die Oberfläche der Worte zu verlassen und ins Innere vorzudringen, bis zum Wendepunkt, wo man sich überrascht in der Tiefe der eigenen Existenz wiederfindet. Dort lebt unsere Zukunft als gute, als frohe Botschaft. Wer könnte sich ihr verschließen?«

Verlag der Friedrich Weinreb Stiftung
Zürich

Friedrich Weinreb

Zahl, Zeichen, Wort

Das symbolische Universum der Bibelsprache

Vorwort von Eugen Baer
Sechste Auflage
144 Seiten. Kartoniert. Format 12,8 x 20,8 cm.
ISBN 978-3-905783-49-0

Der Philosoph Ernesto Grassi, der diese Zusammenstellung aus Weinrebs Werken für Rowohlts Deutsche Enzyklopädie besorgte, wollte damit eine »beispielhafte Vergegenwärtigung symbolischen Denkens anhand der hebräischen Bibelsprache« vorstellen. So entstand eine kurzgefasste Einführung in die Welt jüdischer Überlieferung, zugleich ein Zugang zum Werk Friedrich Weinrebs.

Aus dem Inhalt: Altes Wissen und Überlieferung, Wort und Zahl, Urgrund der Sprachen, Schöpfungsschema im 1. Kapitel der Genesis, Schriftzeichen des Hebräischen.

VERLAG DER FRIEDRICH WEINREB STIFTUNG
ZÜRICH

Friedrich Weinreb

Das jüdische Passahmahl und was dabei von der Erlösung erzählt wird

Zweite, erweiterte Auflage
375 Seiten. Gebunden. Format 13,2 x 21,2 cm.
ISBN 978-3-905783-19-3

Der Leser wird zum Tischgenossen bei der traditionellen Mahlzeit, dem ›Seder‹, zum Gedenken an den Auszug aus Ägypten. Den Text der ›Hagadah‹, die Handlungen und Bräuche, die diesen Abend und diese Nacht seit jeher bestimmen, erschließt Friedrich Weinreb für unser heutiges Lebensgefühl und läßt damit jenes immerwährende Geschehen von Gefangenschaft und Erlösung im Kern jedes Menschen zum Erlebnis werden. Die alltäglich gelebte Vertrautheit des Autors mit der jüdisch-chassidischen Tradition hat in diesem Buch ihren vollendeten Ausdruck gefunden.

Das 1984 erstmals erschienene Buch ist in der Neuausgabe um einen umfangreichen Registerteil erweitert: Personen- und Sachregister, Register hebräischer und aramäischer Wörter, Zahlenregister, Register der Bibelstellen.

VERLAG DER FRIEDRICH WEINREB STIFTUNG
ZÜRICH

Friedrich Weinreb

Der mystische Weg

Textfassung Christian Schneider
88 Seiten. Broschiert. Format 13 x 21 cm.
ISBN 978-3-905783-32-2

Die viel kommentierte Geschichte um die Gestalt des Rabbi Akiba deutend dringt Weinreb zum Kern eines verborgenen Sinns vor. Wie der Mensch zu sich selbst findet, die Verborgenheit in sich kennenlernt und als Verwandelter in die Welt des Alltags zurückkehrt. Die zentrale Geschichte der jüdischen Mystik als Weg durch die himmlischen Hallen und als Rückweg in die Gegenwart, wo jetzt alles als herrliches Geschenk mit großer Freude empfangen werden kann.

VERLAG DER FRIEDRICH WEINREB STIFTUNG
ZÜRICH

Informationen zum Werk, zu den Büchern, zu den Tonträgern von Friedrich Weinreb sowie zu aktuellen Veranstaltungen finden Sie auf der Website der Friedrich Weinreb Stiftung www.weinreb-stiftung.org